격려 리더십
(Leadership by Encouragement)

LEADERSHIP BY ENCOURAGEMENT

격려 리더십

Don Dinkmeyer · Daniel Eckstein 공저
김광운 · 오명자 · 김미례 공역

INNER BOOKS 이너북스

Leadership by Encouragement
by Don Dinkmeyer and Daniel Eckstein

Korean Translation Copyright ⓒ **2009** by Hakjisa Publisher
The Korean translation rights arranged with New Harbinger Publications, Inc.

All Rights Reserved
Authorized translation from English language edition published by CRD Press,
part of Taylor & Francis Group LLC.

본 저작물의 한국어판 저작권은
Taylor & Francis Group LLC와의 독점계약으로 학지사가 소유합니다.
저작권법에 의해 한국 내에서 보호를 받는 저작물이므로
무단전재와 무단복제를 금합니다.

역자 서문

현재 우리가 살아가고 있는 21세기를 감성의 시대 또는 여성의 세기라고 한다. 이 말은 21세기에는 과업중심의 사람보다는 감성적이고 여성적인 관계중심의 사람이 능력을 발휘하는 데 유리한 세상이 된다는 의미를 담고 있을 것이다. 더군다나 그러한 성향을 갖고 있는 사람은 섬세할 뿐만 아니라 자발적이며, 창조적인 특성이 있어서 지식과 문화 중심의 사회에서 능력을 발휘하는 데 유연하며 그래서 더 성공적일 것이라는 점 때문에 그렇게 말하는 듯하다.

격려는 아들러 개인심리학 상담에서 변화를 자극하는 인지적 요소인 자연적 결과, 논리적 결과와 함께 중요한 동기적 요소다. 아들러는 이 땅의 모든 사람이 민주적으로 행복하게 살기를 바랐다. 특히 아동과 청소년이 자존감과 용기를 가지고 책임감 있게 삶을 선택하고 타인과 더불어 건강한 공동체를 형성하며 살기를 소망하였다.

아들러의 소망처럼 격려를 받으며 자란 사람은 가슴이 따뜻하고 용기가 있는 사람이다. 아들러 이론과 관련하여 격려받은 사람은 높은 사회적 관심, 높은 자아존중감, 높은 자기효능감, 내적 통재소재 등을 갖고 있는 사람이라고 생각한다. 따라서 격려받은 사람은 잘 적응하면서 자기의 능력을 충분히 발휘할 수 있는 감성적인 관계중심의 사람이 될 가능성이 높고, 지도자로서 훌륭한 자질을 갖춘 사람이 될 것이다.

아들러는 "나의 아들에게 한 가지 선물을 한다면 그것은 '용기' 일 것이다."라고 말하면서 격려에서 용기의 개념이 핵심임을 강조하였다. 아들러 학파는 모든 사람들이 삶의 어려운 상황에서 용기 있게 대처해 나갈 수 있도록 격려하는 것을 가장 중요하게 여긴다. 역자들은 아들러의 개인심리학을 공부하면서 '격려' 주제를 접할 때마다 항상 가슴이 따뜻한 느낌을 받곤 했었다. 이 책을 통해서 모든 사람들이 따뜻한 가슴을 갖기 바라며 이러한 점에서 역자들은 『격려 리더십(Leadership by Encouragement)』을 번역하여 소개할 수 있는 것을 매우 뜻깊게 생각한다. 의견 조정과 통합이 필요한 요즈음과 같은 때에 가정, 학교, 조직, 사회에서 서로 다른 의견들을 건강한 방향으로 조정할 수 있는 지도자는 격려하는 지도자일 것이라는 점에서 특히 그러하다.

딩크마이어와 엑스타인(Dinkmeyer & Eckstein, 2000)이 저술한 이 책은 경영과 조직의 분야에서 어떠한 리더십이 바람직한지에 대한 지혜를 제공하고 있다. 그들은 이 책을 통해 조직과 사회가 어떠한 방향으로 변화해야 할지에 대해서 자세하게 설명하고 있으며, 현장에서 격려를 어떻게 사용할지에 대해서 구체적으로 적용 가능한 지침을 제시하고 있다. 저자들과 마찬가지로 역자들도 현장에서 권위적 리더십이 아니라 지지적이고 배려하는 격려 리더십이 추세라고 생각한다. 역자들은 이 책이 조직과 회사를 이끌고 있는 리더들에게 경영과 관리의 중요한 지침서로 활용될 수 있기를 희망한다.

역자들은 번역을 하면서 저자가 의도한 바를 독자들에게 충실하게 전달하려고 노력하였다. 하지만 그러한 노력에도 미흡한 점이 많을 것이다. 번역의 미숙한 부분에 대해서는 넓은 아량과 함께 많은 격려를 바란다.

이 책을 출판하기까지 많은 격려를 아끼지 않으신 전남대학교 노안영 교수님, 광주교육대학교 오익수 교수님, 목포대학교 강만철 교수님과 한국아들러연구회 회원님들에게 감사의 마음을 전하고 싶다. 더불어 좋은 책을 만들기 위해 노력하시는 학지사·이너북스 김진환 사장님께 깊은 감사를 드리며, 이 책의 편집을 위해 고생하신 편집부 직원들께도 감사의 말을 전한다.

2009년 7월
역자 일동

감수의 글

우리가 한 팀이라면 어찌 내가 거기에 있지 않겠는가? 이 질문은 우리 회사에서 가장 표현할 수 없는 감정이 무엇인지 보여 준다. 딩크마이어(Don Dinkmeyer)와 엑스타인(Daniel Eckstein)의 책을 읽은 후에 나는 나를 사로잡고 있던 이 질문에 대한 답은, 개인으로서나 조직으로서나 우리는 격려의 의미에 대해 알지 못하고 그것을 어떻게 실행하는지에 대해 확실히 모르고 있다는 것이 분명하다는 것이다.

우리 대부분은 격려라는 단어를 매일 사용한다. 그러나 우리는 "나는 찰리(Charley)에게 시간을 잘 지킬 수 있도록 격려해야 해."라는 식으로 밋밋하고 자극이 없는 지지를 보내면서 그 단어를 헛되이 사용한다.

이 책을 읽을 때에는 수동적인 사고를 버려라. 이 책은 사람들과 조직들이 중요한 정서적 위험을 배려하고, 다가가고, 참여하고, 무롭쓰는 것에 대해서 쓰고 있다. 우리 자신이나 타인을 격려하는 것은 용기를 심어 주는 것이다. 나는 인간 본성이 가진 고집스러움 때문에, 우리를 가장 두렵게 만드는 많은 도전과제들은 정확히 우리가 고개를 숙이고 그것을 참아낼 때 즐거움을 느끼게 되는 것들이라고 확신한다. 프랑스의 철학자이자 신학자인 자크 마리탱(Jacques Maritain)은 『용기 있는 사람이 앞으로 나아간다.(The man of courage flee forward)』를 집필했다.

딩크마이어와 엑스타인은 우리가 앞으로 나아갈 수 있게 도와주고 우리 조직에 새로운 긍정적인 변화를 주었다. 만약 우리가 팀에 가치를 부여한다면, 우리의 팀은 조직에 가치를 부여하고, 우리의 조직은 더 큰 세계에 가치를 부여하게 된다. 그렇다면 우리는 우리 자신과 동료의 독특한 장점을 주고받는 방법을 배워야 한다. 다시 말해 우리는 우리의 재능을 공유해야 한다.

우리 중 대부분은 직장에서 재능을 표현할 수 있는 분위기가 형성되어 있지 않다는 것을 안다. 자신의 재능에 자신이 있는 사람이나 아직 재능을 다듬지 못한 사람 모두 재능을 표현할 시도조차 두려워한다. 저자들은 이 사실을 잘 알고 있고 우리가 이러한 부정적인 사고로 인한 곤경에 빠지지 않게 해 준다. 그들은 구체적이고 적용 가능한 처방을 가지고 있다.

격려심리학의 실용성은 사실상 모든 페이지에서 발견할 수 있지만 그중에서도 특히 두드러지는 몇 가지를 언급하겠다. 무엇보다도 여덟 개의 장 모두 세 가지 요소, 즉 (1) 요점 (2) 격려 리더십의 적용 (3) 격려기술을 포함한다. 이 세 가지 요소는 주요 요점을 요약하고 리더가 행동지침과 역량을 갖게 해 준다.

5장 "격려자와 동기부여자로서의 리더"의 내용은 매우 훌륭하다. 5장은 격려적인 리더의 20가지 확신과 조직 전체에 걸쳐 격려적인 체제를 확립하기 위한 관점을 제공한다. 나는 당신이 이것들을 실행에 옮긴다면 당신과 당신 동료의 인생을 긍정적인 방향으로 영원히 변화시킬 수 있다고 확신한다. 4장은 긍정적인 업무평가를 실행하는 방법에 대한 신선한 통찰과 지침을 제공한다.

마지막에 제공된 부록은 그 자체만으로도 매우 가치가 있다. 부록에는 우수한 성과를 위해 자신과 타인을 격려하는 짧은 과정이 제시되어 있다. 격려순환 과정은 당신이 확실히 도움을 받을 수 있는 내용일 것이다.

오랜 시간 동안 나는 효율적인 경영진은 넓고 장기적인 관점을 적용하여 상세사항들을 조합하는 것이라고 여겨 왔다. 이에 관해 딩크 마이어와 엑스타인은 이 책을 통해 우리에게 점차 익숙해지고 있는 중요한 개념인 격려에 대한 그들의 지혜를 제시해 주고 우리가 그것을 올바르게 사용하는 방법을 명확히 알려 준다.

Allan Cox & Associates 사의 Allen Cox[*]

---

[*]알렌 콕스(Allen Cox)는 최고 경영층 팀 효율성과 경영개발을 전문화하는 시카고에 있는 Allan Cox & Associates사의 사장이다. 그는 또한 경제지 *Success*의 편집자다. 그의 책은 『기업 헤드헌터의 고백(Confessions of Corporate Headhunter)』 『성취하는 사람 만들기(The making of an Achiever)』 『미국 기업에 대한 Cox 보고(The Cox Report on the American Corporation)』 그리고 『먼데이 모닝에 대한 솔직한 이야기(Straight talk for Monday Morning)』가 있다.

차·례　Leadership by Encouragement

역자 서문 **5**
감수의 글 **9**
서 론 **15**

CHAPTER 1 격려심리학 **34**

CHAPTER 2 리더십 철학 **78**

CHAPTER 3 직장인의 심리학 **128**

CHAPTER 4 리더십과 경영성과 증진 **158**

Contents

CHAPTER 5
격려자와 동기부여자로서의 리더
228

CHAPTER 6
격려훈련
270

CHAPTER 7
격려를 통한 참여 경영
308

CHAPTER 8
격려하는 조직 만들기
330

부록 **357**
후주 **396**
후기 **404**
찾아보기 **410**

| Leadership by Encouragement |

서 론

"우리는 격려에 의해 살아가고, 격려 없이는
서서히, 슬프게, 분노에 차 죽게 된다."

셀레스트 홈 Celeste Holme

『웹스터(Webster)』 사전에서는 격려를 "새로운 용기, 새로운 정신, 새로운 희망으로 다른 사람에게 생기를 불어넣는 행동"이라고 정의한다. 데이비드 제레미아(David Jeremiah)는 그의 책 『사랑의 행위: 격려의 힘(Act of Love: The Power of Encouragement)』에서 격려의 중요성을 지지하는 영성적 토대에 대해 말하고 있다. "신약 성서에서 격려로 번역되는 단어는 parakalein인데, 이 단어는 para와 kaleo라는 두 개의 희랍어에서 왔다. para는 '~의 곁에'를 의미하고, kaleo는 '부르다'를 의미한다. 즉, 우리가 어려운 처지에 있을 때 사람들이 새로운 용기, 새로운 정신, 새로운 희망을 주기 위해 우리 곁으로 오는 것, 그것이 바로 격려다."[1]

윌리엄 바클레이(William Barclay)[2]는 우리가 그 용어의 역사적 배경을 이해할 수 있도록 다음과 같이 설명하고 있다.

"우리는 parakalein이 재결속을 요청하는 단어라는 것을 알고 있다. 그것은 서로를 격려하는 지도자와 군인들의 연설에서 사용되는 단어로, 두렵고 겁먹어 주저하는 군인들을 용감하게 전장에 보내기 위한 연설문에서 사용된다. 즉, Parakletos는 나약한 사람에게 용기를 주는 사람, 두려움에 떠는 병사에게 용기를 북돋우는 사람, 매우 평범한 사람을 위험하고 위태로운 상황에 용감하게 대처하도록 하는 사람, 바로 격려자를 말한다."

또한 울머(W. F. Ulmer)는 "리더십은 개인이 타인의 신뢰와 참여를 끌어내고 공식적 지위나 권위에 의존하지 않고 집단으로 하여금 하나 또는 그 이상의 과업을 성취하도록 이끄는 행위—영향력의 과정—다."[3]라고 하였다. 그리고 리더십은 지도자와 추종자가 공유한 목표의 달성을 위해서 타인들을 동원하는 것이라고 말할 수 있다.

리더십에 대한 수많은 정의가 공유하는 한 가지 요소는 리더십은 목표 추구를 위해 적어도 두 사람 사이의 상호작용을 포함하는 집단 과정이라는 것이다. 최근 리더십 이론들은 직원들의 목표를 변화시키고, 그들을 자극하며, 그들이 닮고자 하는 모델을 제공하고, 개인의 목표를 버리고 리더의 목표를 따르도록 그들에게 영향을 주는 리더의 인격의 힘에 초점을 맞춘다. 이러한 이론들은 카리스마적(charismatic) 혹은 변혁적(transformational) 리더십에 속하고, 현재 조직 훈련가들뿐만 아니라 대학의 연구자들 사이에서 가장 흥미 있어 하는 대상이다.

제임스 참피(James Champy)[4]는 그의 베스트셀러인 『기업의 재구축

(Reengineering the Corporation)』과 후속 『리엔지니어링 경영혁명 (Reengineering Management)』[5]에서 리더십 유형을 다음과 같이 네 가지로 정의했다.

① 자기경영자: 스스로 경영자라고 생각할 수 없는 사람들이다. 그들은 결국 고객 서비스 대리인, 연구원, 판매원, 법률가, 회계사와 같이 자기 업무의 질에 대해서만 책임을 지기 때문이다.
② 과정 및 인간 경영자: 이들은 타인들의 과업에 대해 책임을 지고 있는 사람이다. 즉, 대개 고객과 밀접하게 관련되어 일하거나, 특정한 과정을 거쳐 일하는 개인, 팀 또는 팀들로 구성된 그룹을 말한다.
③ 전문기술 경영자: 과학기술 경영자와 인적 자원 개발 프로그램의 경영자다.
④ 전문경영자: CEO, 부서장, 손익의 책임을 지는 사람이다.[6]

오늘날 대부분의 회사들은 창조력을 적극적으로 개발하고 육성하기 위한 충분한 노력을 기울이고 있지 않다. 대신 모험과 혁신을 단념시킴으로써 직원들의 창조적 본능과 에너지를 억누르고 있다.

오늘날 조직은 점차 특성이 다양해지고, 그 구성원은 회사의 소유자에게 별로 충성심을 가지고 있지 않으며, 인력 등 회사의 규모가 점차 작아지고 있다. 그러한 조직을 동기화시키고 함께 모을 수 있는 리더들이 필요하다. 또한 리더와 규정에 대한 신뢰가 항상 낮은 상황에서 노동력을 한번에 집결할 수 있는 사람이 필요하다.

사업은 '흔들어 뒤엎는(대개혁을 하는) 사람', 혼란스럽고 분주한 세상에서 일할 수 있는 사람을 필요로 한다. 리더십은 새로운 어떤 것을 창조하는 능력을 요구하지만, 지금의 리더들은 현 상태를 유지하는 능력에 대한 훈련을 받아 왔다.[7]

오늘날 리더십 이론들 중에서 경로-목표(path-goal) 이론은 많은 관심을 불러일으켰다. 경로-목표 이론의 기본 개념은 조직이 바라는 결과를 산출해 내기 위하여 수행해야 할 어떤 과업들이 있다는 것이다. 결과는 목표이고, 과업은 경로(path)다. 적절한 시기에 개개인에게 보상이 제공되어야 한다. 경로-목표 이론에서 리더의 역할은 (1) 부하직원에게 목표에 이르는 경로를 분명하게 이해시키고, (2) 목표 성취에 방해되는 장애를 제거하며, (3) 목표 성취에 따른 직원 개개인의 금전적 보상을 증가시키는 것이다.[8]

리더는 급변하는 경제 상황에서 자신의 직분을 유지하고자 한다면 권력의 특성을 바꾸는 것과 권력이 다시 어떻게 활용되는지를 배워야 한다. 소위 '실질적 리더십'[9]은 정보망으로 구축된 이동 가능한 기본단위들, 유연한 노동인구와 노동시간, 외주(outsourcing) 그리고 전략적 동반자 관계망과 같은 기술상의 변화에 기반한다.

지위에 근거한 권력이 점차로 쇠퇴함에 따라, 오늘날의 리더는 두 가지 만만치 않은 도전에 직면하고 있다. 첫째는 회사가 성취하려고 하는 것을 명료하게 하고 전개하는 것이다. 둘째는 직원들에게 특정한 고객과 직무욕구에 대한 결정을 하게 하고, 그 두 가지를 어떻게 하면 효율적으로 충족시킬 수 있을지에 대한 결정을 내리게 하는 것이다.

전통적인 체계에서 빠르게 승진했던 관리들은 종종 두 가지 영역에서 어려움을 겪는다. 그들의 양적인 기술은 의사소통하는 데 도움이 되지 않고, 높은 지능, 에너지, 야망 그리고 자기확신은 종종 오만으로 받아들여져 다른 직원들과의 관계를 더욱더 멀어지게 한다.

새로운 '실질적 리더'는 '나는 스스로 그 모든 것을 해야 한다.'는 행동양식을 갖고 있는 영웅심에 찬 독립적인 독불장군들을 변화시키고 있다. 실질적 리더는 스스로 모든 문제를 다 해결할 수 없다는 것을 알고 있으며, 대신 점차 다양하고, 다문화적이 되어 가는 일터에서의 팀워크를 강조한다. 또한 그들이 장려하는 것이 무엇인지에 대한 모델링과 훈련을 통해 현장에서 일하며 대화한다.

과거에 회사는 회계과 숫자에 의해 조직되어 매우 유능한 중간 경영자들의 노력을 통하여 최고의 리더 없이도 운영될 수 있었다. 현재는 기술과 경제가 중간 경영자들을 시대에 뒤떨어진 존재로 만듦에 따라, 많은 회사들이 과거의 전통적인 경영업무를 직원들에게 물려줌으로써 그들의 위계는 '수평구조'가 되었다. 중간 경영이 실질적으로 사라짐에 따라, 상층의 경영은 지금 심각한 리더십 도전 과제에 직면해 있다.[10]

그리고 이에 적응하지 못하는 회사들은 공룡처럼 화석이 되어 가고 있다. 그리고 1800년대 서구의 야만적인 개척자들처럼, 새롭게 벼락출세한 많은 기업가들은 업무수행 방식을 개혁하고 있다. 예를 들어, 9~12개월 동안 책 출간을 기다리는 대신, 한두 주 내에 즉석 다큐멘터리들이 가판대에 진열되고, 그 결과 오 제이 심슨(O. J. Simpson) 사례처럼 선풍적 인기를 끄는 이야기가 생겨난다. 지금 실시간 원거리통신은 우리의 정보를 전 세계로 실어 나르고, 우리가 잠들어 있는 동안에 지구의 반대편에 있는 사람들에 의해 손쉽게 처리된 정보는 다음날 아침 우리가 눈을 뜨는 동시에 우리에게 되돌아온다.

『감성지능(Emotional Intelligence; EQ)』에서 뉴욕타임즈의 기자인 대니얼 콜만은 성공한 삶에 IQ는 기껏해야 20%만 기여를 한다고 쓰고 있다. 그는 실질적으로 높은 IQ를 갖고 있는 많은 사람들은 소위 낮은 IQ를 갖고 있지만 높은 EQ를 갖고 있는 많은 사람들을 위해 일한다고 믿고 있다.[11]

성공적인 리더는 타인과 협동할 수 있고, 설득할 수 있으며, 공감할 수 있는 사람이고, 의견일치를 이루어 내는 사람이다. 한 연구에서는, 엔지니어 두뇌집단에서 진정한 스타는 위기 시에 비공식적인 의사소통망을 개발하고, 이메일을 통해 질문하고 즉각적인 응답을 얻는 사람들이었음을 밝히고 있다.

격려 리더십은 사람들의 감성지능(EQ)을 끌어올리도록 도울 수 있는 실질적인 대인관계를 위한 '인간' 기술들 중의 하나다. 그것은 '영리한' 지도자들의 특징을 규명하는 현실적 접근이다.

● ●

"현재 미국 경영자들의 95%는 바람직한 것을 말한다.
5%는 실제로 그것을 실천한다."

제임스 오툴 James O'Toole

리더가 된다는 것은 조직체계에서의 수직적 위치로 정의되는 것은 아니다. 진정한 리더십은 종종 회사에서의 중요도가 낮은 분야에서 더 현저하게 드러난다. 이 책의 사례들은 과업지향적 상황에 근본적인 초점을 맞추고 있지만, 가정, 학교, 교회나 집회, 자원봉사기관, 정신건강기관 등을 포함하는 생활의 모든 측면에서의 리더는 격려의 일반적인 기술로부터 도움을 받을 수 있고, 바로 격려가 이 책의 기본 주제다. 사실 많은 기본적인 개념들이 20세기 초 중반에 알프레드 아들러(Alfred Adler)와 루돌프 드레이커스(Rudolf Dreikurs)가 기초를 놓았던 아동지도, 가족상담 그리고 학급지도 이론들로부터 시작되었다.

"임금을 지불하는 사람은 주인이 아니다.
주인들은 단지 돈을 관리할 뿐이다.
임금을 지불하는 사람은 고객이다."

헨리 포드 Henry Ford

때로 격려는 직면을 포함한다. '사랑의 매'라는 철학은 비록 감정을 상하게 할 수도 있지만 고통스럽더라도 진실을 말하는 것을 의미한다. 격려는 직원들을 '부추기기' 위해서 거짓 아첨을 하는 것이 아니다.

● ●

> "바람직한 경영은 대개 사랑하는 일이다. 혹은 당신이 사랑이란 말을 적절하지 않다고 느낀다면, 그것을 배려라고 불러라. 적절한 경영은 사람들에 대한 배려지, 그들을 조종하는 것이 아니다."
>
> 제임스 오트리 James Autry

격려 리더십의 본질

격려하는 리더=
격려받은 직원=
격려받은 조직=
감사하는 고객

격려는 자기존중감과 자기수용을 향상시키기 위하여 개인의 자원과 잠재력에 초점을 맞추는 과정이다. 낙담은 해결책을 찾을 수 있고 긍정적인 변화가 가능한 개인의 능력에 대한 믿음의 부족 때문에 생긴다. 격려는 삶의 낙관주의적 철학과 강력한 연관을 맺고 있는 반면, 낙담은 너무 빈번하게 염세주의와 유사한 단어로 사용된다.

낙담의 심리학적 근거는 높은 기준, 완벽에 대한 기대, 부적절하다는 생각 그리고 자신의 능력에 대한 회의를 포함한다. 반면에 용기 있는 사람은 동기화되어 있고, 정열이 넘치며, 열성적이다. 즉, 그는 가치 있는 것을 위해 도전하고, 스스로 "예."라고 말하며, 문제를 도전이라 여기고, 자기존중감과 자기수용을 가지고 있다.

서 론

격려하는 리더의 구체적인 능력은 다음과 같다.

- 경청하기
- 감정을 반영하기
- 피드백 주기
- 강점과 자원에 초점 맞추기
- 지각적 대안들을 발달시키기
- 균형 잡힌 관점을 위해서 유머를 이용하기
- 유사성을 확인하기
- 노력과 기여에 초점 맞추기
- 비관적인 허구적 신념을 찾아내고 투쟁하기
- 실행과 변화를 격려하기
- 자기격려와 정신적 기술을 증진시키기
- 낙관적 철학에 대한 자신의 믿음을 표현하는 한 가지 방법으로 자신의 낙담에 대처하기

◉ **격려하는 리더**

1. 상황을 문제로 보지 않고 도전과 기회로 본다.
2. 모든 상황과 모든 개인 안에 존재하는 긍정적인 잠재력을 찾아낸다.
3. 독특함과 개인차를 존중하고 가치 있게 여긴다.
4. 개인적인 변화, 향상, 기여에 대한 인식을 전달한다.
5. 개방적으로 그리고 정직하게 의사소통한다.

6. 가치와 존엄을 가지고 스스로를 타인과 동등하게 보며, 상사, 동료 그리고 부하를 과정 속에서 동등한 참여자로 여긴다.
7. 긍정적인 수행평가를 제공한다.
8. 협력, 협동, 동의 그리고 윈윈(win-win) 관계를 통해서 대등한 언어로 의사소통한다.
9. 단기적 그리고 장기적 조직목표 혹은 업무목표 기술서에 대해 개방적으로 의사소통한다.
10. 피드백 주고받기에 전념한다.

◉ 격려하는 리더의 방법
1. 긍정적인 기대와 신념을 전달하기
2. 지속적으로 직원들의 자기존중감 형성을 위해 힘쓰기
3. 노력과 향상 인식하기
4. 개선적인 경영 생산성 사이클 활용하기
   A. 문제확인
     • 기술문제
     • 동기문제
     • 기술문제와 동기문제 두 가지 모두
   B. 자산목록: 지각적 대안을 개발하기
   C. 목표설정과 목표조정
   D. 성과평가
   E. 결과

● 격려하는 조직

- 신뢰구축, 개방된 피드백 그리고 정직한 의견 나누기
- 공유된 비전을 제공하고 의견 나누기
- 최적의 의미 있는 투입 시점에서 결단을 내리기
- 동료들에게 권능 부여하기
- 동등성을 믿고 실행하기
- 수직적 위계구조가 아닌 수평적 위계구조 만들기
- 개인보다는 팀을 인식하기

● ●

"음악은 존재하지 행동하지 않는다. 그것은 악보에 써 있지만, 연주되어 들리기 전까지는 아무런 의미도 없다. 최상의 음악처럼 좋은 리더는 새로운 가능성들을 보도록 우리를 자극한다."

맥스 디프리 Max DePree

격려 리더십은 자신 스스로를 동기화하고, 에너지를 부여하고, 보람 있는 리더가 되게 하는 동시에 동기화되고, 활력 넘치고, 기여하는 직원을 만들어 내는 방법이다.

이 책에서는 행동과학의 실용적인 적용을 통해 업무와 관련된 원리를 제시할 것이다. 가정, 학교, 정부 등의 조직에서 활용이 가능한 리더십을 위한 구체적인 지침을 제공할 뿐만 아니라, 전 세계의 많은 조직에서 필요하고 구체적인 중재전략에 적용되는 행동과학적 조언을 제공할 것이다.

> "위대한 지도자가 일을 완수하였을 때, 사람들은
> '우리가 그 일을 스스로 해냈다.'라고 말할 것이다."
>
> 노자 Lao Tzu, 기원전 5세기

격려와 리더십

격려한다는 것은, 조용히 그리고 종종 주목과 인정을 받지 못하지만 타인에게 긍정적인 신념을 드러냄으로써 차이를 만드는 리더가 되는 것을 의미한다. 비록 격려하는 사람이 된다는 것이 분명히 좋은 의미를 갖고 있을지라도, 우리는 제대로 활용되지 않지만 매우 중요한 명확하고 구체적인 리더십 기술의 사례들을 제시할 것이다.

격려는 공적이기보다는 사적인 경향이 있기 때문에 격려의 가치는 당연한 것으로 여겨지거나 그냥 지나쳐 버리기도 한다. 격려에 관한 확인 가능한 말이나 행동이 있기는 하지만, 격려는 대개 배려와 공감을 비언어적으로 전달하는 태도에 의해 가장 잘 표현된다.

> "세상에서 가장 부드러운 것이 가장 강한 것을 이길 수 있다."
>
> 노자

격려는 자기존중감과 자기확신을 형성하도록 돕기 위해 개인의 자원과 잠재력에 초점을 맞추는 과정이다. 격려는 용기와 확신을 갖

서 론

는 데 필요한 기술의 적용을 통해서 현실화되는 이론이다.

격려하는 리더는 다음과 같은 기술을 적용한다.

- 주의 깊게 경청한다.
- 공감적으로 반응한다.
- 존경과 열정을 보인다.
- 장점과 자원에 초점을 맞춘다.
- 어떤 특성에 대한 긍정적인 대안을 찾는다.
- 균형 잡힌 전망과 유머를 통해 도전 과제를 바라본다.

논문 「서번트 리더(The leader as sevant)」는 격려하는 리더의 철학과 밀접하게 연결되어 있다. 서번트 리더는 다음과 같은 특성이 있다.

1. 사람들과 그들의 일을 매우 진지하게 받아들인다. 이것은 권능을 부여하는 것 이상이다. 인간을 타고난 권리를 가지고 있는 존재로 받아들인다.
2. '구성원들'의 말을 경청하고 그들을 이끈다. 이러한 리더들은 항상 답을 갖고 있지 않고 오히려 종종 적절한 질문을 한다. 답은 고객들과 함께 일하는 사람들로부터 나온다.
3. 치유한다. 그들은 약점을 많이 가지고 있으며, 개방되어 있고 실수를 기꺼이 나누면서도 끊임없이 인정하고 격려한다.
4. 자기를 내세우지 않으며, 자신에게 주의를 끌어오려고 하지 않는다. 그들은 칭찬을 쫓지 않으며, 성공의 공헌자처럼 보이고

싫어 하지 않는다.
5. 자신을 봉사자로 생각한다.[12]

1992년 기업의 명예전당에 헌정된 맥스 디프리(Max DePree)와 샘 월턴(Sam Walton)은 배려하고 격려하는 환경과 상업적 성공은 서로 관계가 있음을 증명하였다. 디프리는 1980~1987년까지 경영 실적이 220% 증가되었고, 『포춘(Fortune)』 조사에서 미국에서 가장 높이 평가되는 회사 중 하나로 선정된 헤르만 밀러(Herman Miller)의 CEO였다. 디프리는 서번트 리더의 철학을 실천하였고, 말한 것을 실천하는 능력을 보여 주었다. 그의 리더십은 그의 이러한 신념을 반영하였다.

월 마트의 창설자인 샘 월턴(Sam Walton)은 그의 두 가지 주요한 목표를 달성함으로써 소매업에 혁명을 일으켰다. 즉, 그의 목표는 소비자들에게는 가장 싼 가격에 제품을 제공하고, 직원들에게는 최고 수준의 동기를 제공하는 것이었다. GE의 CEO인 잭 웰치(Jack Welch)는 월 마트의 경영부서들을 방문하고서 다음과 같이 말하였다. "그곳에 있는 모든 사람은 어떤 생각을 실현하기 위한 정열을 가지고 있으며, 모든 사람의 생각은 중요하게 여겨진다. 그러나 위계는 중요하지 않다. 그들은 한 방에 80여 명이 일하며 위계적 구조 없이 서로서로를 다루는 법을 알고 있다." 샘 월턴은 그가 죽기 1년 전 『유에스에이 투데이(USA today)』에 동료로서 직원을 대하는 철학에 대하여 다음과 같이 말하였다. "당신은 사람들에게 말을 걸어야 합니다. 당신은 최대한 그들의 말을 경청해야 합니다. 당신이 그들의 동반자라는 것을 그들이 알게 해야 합니다."[13]

"정작 중요한 것은
알고 난 뒤의 깨달음에서 온다."

존 우든 John Wooden

효율적인 리더가 되기 위해서는, 지속적으로 자아성찰과 자아갱신에 참여해야 한다. 『리더십과 고객혁명(Leadership and the Customer Revolution)』에서, 헤일(Heil), 파커(Parker), 테이트(Tate)는, 효율적인 리더는 다음과 같은 질문에 대한 대답에 초점을 맞추어야 한다고 제안한다.

- 최근에 나는 무엇을 배웠는가?
- 지난 6개월 동안, 나의 마음에는 어떠한 변화가 일어났는가?
- 최근 나의 추측이 완전히 틀렸던 때는 언제인가?
- 올해 나의 사고 방식에 있어서의 변화는 무엇인가?
- 최근에 나의 사고방식에 대하여 미심쩍게 여겼던 것은 무엇인가?
- 비효율적인 것 같아 보였던 지난달의 나의 행위에서 이번 달에 무엇을 배웠는가?
- 누가 나보다 더 색다른 생각을 많이 하는가? 최근에 그들로부터 무엇을 배웠는가?
- 지난달에 나의 사고방식과 향상을 위해 고안한 구조에 대해 의

문을 가지면서 얼마나 많은 시간을 소비하였는가?[14]

『갈매기의 꿈(Jonathan Livingston Seagull)』의 저자인 리처드 바흐(Richard Bach)는 그의 책 『착각(Illusions)』[15]에서 "당신은 가장 배우고 싶은 것을 제일 잘 가르칠 수 있는 사람이다."라고 말한다. 장기간에 걸쳐 이 책을 쓴다는 것은 우리에게 매우 도전적인 과정이었다. 초기 공동저자였던 도그 블록스마(Doug Blocksma)의 갑작스러운 죽음은 우리에게는 커다란 슬픔이 아닐 수 없었다. 우리는 우리 자신의 개인적이고 직업적인 자아들의 실망스럽고 부정적인 측면들을 탐색하였기 때문에, 격려에 대한 글쓰기는 조직 자문가들로서 우리를 위한 여행이었다.

우리가 격려와 같은 심오한 주제를 다룬 책을 소개하는 것은 겸손한 마음을 가지고 있어서다. 우리는 우리 자신의 인간적인 약점이 있음에도, 격려라는 것이 최종 목적지가 아니라 향상을 위한 끊임없는 노력임을 보여 줄 수 있기를 희망한다.

학생: "선생님, 도(道)란 무엇입니까?"
스승: "도는 네가 먹을 때 먹는 것이고, 일할 때 일하는 것이고, 쉴 때 쉬는 것이다."
학생: "그러나 선생님, 그것은 너무 단순합니다!"
스승: "그렇다. 그러나 진정 그렇게 하는 사람은 거의 없다."

격려 리더십은 처음에는 자신을 격려하려고 노력하는 것에서 시작된다. 처음부터 완전한 사람은 아무도 없다. 격려는 끊임없이 연습하고, 계속적인 지도와 피드백을 받으며, 최선의 노력을 다하여 헌신함으로써 계속적인 성취를 추구하기 위한 수행이다. 이러한 접근은 우리 자신의 격려/낙담 '타율(batting average)'을 증진시킬 수 있다.

> "존경, 성실, 안전, 존엄은 신식 경제에 대한 구식 특성이다. 20세기 초에 기계는 땅에서 하는 힘든 일들로부터 우리 조상들을 해방시키는 데 도움을 주었다. 이 세대의 놀랄 만한 기술은 일관 작업 라인의 고되고 힘든 일로부터 우리를 자유롭게 하였고, 우리에게 원거리 시장에 새로운 생산품을 빠르게 운송할 수 있도록 하였다. 새로운 세기를 살아가면서, 우리를 앞으로 나아가게 하는 것은 바로 사람이다. 서비스로 구축된 경제에서 우리가 성공하는 정도는, 자신과 타인을 교육하고, 즐겁게 하며, 권능을 부여하고, 고귀하게 하는 우리의 능력에 달려 있다."
>
> 『포춘(Fortune)』

개개인의 정치적, 종교적 혹은 철학적 입장과는 무관하게, 우리는 격려가 마음의 통로, 즉 배려와 온정의 마음을 표현하는 보편적인 상징이라고 믿는다. 우리는 이 책이 격려에 대한 여러 가지 창조적 접근과 아이디어를 자극하는 데 도움을 주는 긍정적 기여를 하기를 희망한다. 우리는 행동 측면에서 격려의 과정을 다듬고 설명하는 데 도움이 될 만한 다른 아이디어를 환영한다.

우리는 새로운 세기를 살아가고 있다. 지난 시대에서처럼, 과거에 집착하는 사람들은 대개 완고하고 독단적이며, 변화에 적응하지 못한다. 꾸준히 발전하고, 미래에 주어질 보상을 받을 만한 자격이 가장 충분한 사람은 바로 공상가, 개척자다. 이 책은 자기 자신과 타인이 더 나은 삶에 대한 꿈을 추구할 수 있게 하는 또 하나의 긍정적인 진보를 원하는 개척자들을 위해 쓰였다. 격려라는 아주 간단한 개념의 활용을 통해 작업세계의 질을 향상시키는 것은 그러한 꿈을 현실로 만드는 실제적인 방법 중 하나다.

· ·

명예의 소유자

명예는 실제 경쟁의 장에서 용맹스럽게 분투하고
열정과 헌신의 위대함을 알며
가치 있는 목적을 위해 자신의 정력을 다하는 자의 소유물이다.
전성기에 있고 높은 성취의 승리감을 아는 자는
최악의 경우, 만약 그들이 과감히 도전하다 실패하더라도
그들의 자리를 승리도 모르고 실패도 모르는
차갑고 겁 많은 영혼에게 빼앗기지 않을 것이다.

테오도르 루스벨트 Theodore Roosevelt

CHAPTER

1

Leadership by Encouragement

격려심리학

"훌륭한 사업 경영의 주요한 요소는 정서적 태도이고,
그 나머지는 기술이다."

― 해럴드 기닌 Harold Geeneen

격려의 개관

가장 기본적인 개념은 으레 당연하게 여겨지고, 무시되고, 극단적인 경우에는 잊히게 된다. 경영자의 변화와 도전적인 역할은 그에 따른 새로운 기준을 필요로 한다. 사실상 전제적이고, 독재적이고, 통제하는 성향을 상징하는 '경영자'라는 용어는 사라지고 있다. 그 대신 전설적인 불사조처럼, 새로운 새인 '리더'가 잿더미에서 새롭게 부상하고 있다.

격려 리더십은 생산성 증가를 위해 직원들에게 긍정적인 동기부여를 하기 위한 핵심 전략 중의 하나다.

● ●

"모든 활기 있는 조직은 계약서에 있는 문구보다
전념과 열정에 더 의존하기 때문에 번창한다."

맥스 디프리 Max DePree

리더십이란 무엇인가

컨(Kern)은 효과적인 리더십에 대한 연구결과를 아홉 가지로 요약하고 있다.

① 훌륭한 리더는 업무 행동과 대인관계 행동 모두에 관심을 기울인다.
② 행동에 대해 기술하는 것(Behavioral descriptions)은 리더의 효율성을 향상시킬 수 있다.
③ 리더는 훈련될 수 있다. 처음부터 리더의 자질을 가지고 태어나는 것은 아니다.
④ 지적 능력은 개인이 조직에서 승진하는 하나의 요인이 된다.
⑤ 스트레스의 증가는 효율적인 리더십을 방해한다.
⑥ 타인의 피드백은 리더들의 발전에 중요하다.
⑦ 좋은 리더는 생산성의 25% 증가 효과를 가져온다.
⑧ 훌륭한 남성 리더와 여성 리더 간에 현저한 차이점이 있다는 증거는 없다.[1]
⑨ 리더와 구성원 간의 상호 조화는 성공을 이룬다.

격려란 무엇인가

격려는 개인의 자기존중, 자기확신 그리고 가치감을 형성하기 위하여 그 개인이 가진 자원에 초점을 맞추는 과정이다. 격려는 유용한 자질과 강점으로 변화될 수 있는 어떤 자원에 초점을 맞추는 것을 포함한다.

딩크마이어(Dinkmeyer)와 로손시(Losoncy)[2]는 격려를 다음과 같이 정의하고 있다.

"…… 긍정적으로 변화하도록 개인의 내적 자원과 용기의 발달을 촉진시키는 과정이다. 격려하는 사람은 낙담한 사람이 자기 자신에게 부과한 장애물을 제거하도록 조력한다. 그래서 격려의 목표는 개인이 '나는 할 수 없어.'를 연상시키는 인생관으로부터 보다 더 생산적인 '나는 할 수 있어.'로 변화하도록 돕는 것이다."

특히 낙담한 상태에서 더 격려된 신념과 행동으로의 변화는 '꺼져버린'(낙담한) 상태에서 '켜진'(격려된) 상태로 변화하는 것이다. 구체적인 예로, '나는 할 수 없어.' '나는 하지 않겠어.'에서 '나는 할 수 있어.' '나는 하겠어.' 그리고 '나는 ~한다.'로 변화하는 것이다. 낙담/격려와 같은 양극단에 속하는 다른 예는 정체된/성장하는, 책임 없는/책임 있는, 무력한/중요한, 완고한/유연한, 그릇된 에너지/바람직한 에너지라 할 수 있다.

정신과 의사인 루돌프 드레이커스(Rudolf Dreikurs)에 따르면, 식물이 물을 필요로 하듯 인간은 격려를 필요로 한다. 그는 모든 사람들은 다른 사람들이 자신에게 어떻게 행동하느냐에 따라 기분이 더 좋아지거나 더 나빠질 수 있다고 믿었다. 드레이커스는, 우리는 끊임없이 우리 주변의 다른 사람들을 격려하거나 낙담하게 함으로써, 능력에 현저한 영향을 미친다고 말하였다.[3]

● ●

"…… 소녀와 꽃다운 소녀의 차이는 그녀가 어떻게 행동하느냐가 아니라 어떻게 대우받느냐에 있다. 나는 히긴스(Higgins) 교수에게 항상 꽃다운 소녀가 될 것이다. 왜냐하면 그는 항상 나를 꽃다운 소녀로 대하고 앞으로도 그럴 것이기 때문이다. 그러나 당신은 나를 항상 평범한 소녀로 대하고 앞으로도 그럴 것이기 때문에 나는 그냥 소녀가 될 수도 있다."

조지 버나드 쇼 George Bernard Shaw의 『피그말리온(*Pygmalion*)』에서

엘리자 둘리틀 Eliza Doolittle

특정한 인생관이나 심리는 격려적인 결심이 형성되는 토대로 작용한다. 그것은 '컵에 물이 반이나 차 있는가? 혹은 반이나 비어 있는가?'라는 전형적인 질문에 의해 실증될 수 있다. 낙관적이고 격려받은 사람의 대답은 컵이 반이나 차 있다는 것이고, 이는 앞으로 더 채워질 것이라는 긍정적인 변화를 의미한다. 반대로 염세적이고 비관적인 대답은 이미 없어진 것에 초점을 맞춘, '반이나 빈' 접근을 나타낸다.

『사랑은 두려움을 극복하게 한다(*Love Is letting Go of Fear*)』에서 제럴드 젬폴스키(Gerald Jampolsky)는 인간에게는 단 두 가지 기본 정서, 즉 사랑(격려받은)과 두려움(낙담된)이 있다고 제안한다.[4] 격려의 철학/심리학은 인간이 낙담하고자 하는 본성보다는 격려받고자 하는 본성이 더 강하다는 신념에 기초하고 있다.

『인간의 힘에 대한 칼 로저스의 견해(*Carl Rogers on Personal Power*)』에서, 내담자 중심 치료의 창시자인 칼 로저스(Carl Rogers)

는 지하실의 조그만 창문 아래에 보관된 그의 가족의 겨울 식량용 감자를 떠올린다. 열악한 조건임에도 감자들은 싹을 틔우기 시작하였다. 비록 그 싹은 봄의 토양에서 자라난 건강한 녹색 새싹과는 다르게 하얗지만, 지하실의 이런 파리한 새싹은 위에 있는 등불을 향해 2~3피트 정도 자랐다. 로저스는 "그것들은 결코 식물이 될 것 같지도, 성숙되지도, 진정한 잠재력을 성취하지도 못할 것 같았는데, 기묘하리만큼 번식력 있는 성장을 통해서 일종의 방향지향적 경향성을 필사적으로 표현하였다. 가장 불리한 환경에서 그것들은 스스로 성장해 가려고 노력하였다. 생명이라고 하는 것은 비록 잘 자라지는 못할지라도 결코 포기하지는 않는다."[5]라는 것을 깨달았다.

우리 모두가 인간 안에 있는 신성의 빛과 함께 창조되었다는 생각은 격려하는 삶의 철학을 반영한다. 그것은 우리가 개인적 성장과 사회적 변화를 통해서 우리 자신과 세계를 더 향상 시킬 수 있다는 것을 암시하고 있다.

'반이나 찬 vs. 반이나 빈'

"열정은 전염된다. 긍정적으로 사고하는
사람이 있는 곳에서 중립을 지키거나 무관심하기는 어렵다."

데니스 웨이틀리와 레미 위트 Denis Waitley and Remi Witt

심리학자 마틴 셀리그먼(Mattin Seligman)은 소위 '학습된 무기력(Learned Helpessness)'이라고 하는 연구에 크게 기여하였다. 셀리그먼은 우리 각자는 마음속에 다음과 같은 단어를 지니고 있다고 믿는다.

> 우리 중 누군가에게 그 단어는 '예'다. 예, 우리는 성공할 수 있다고 믿어요. 예, 우리는 배울 수 있어요. 예, 우리는 차이를 만들 수 있어요. 다른 사람들은 모든 부정적인 방해물을 가지고 다니면서 '아니요'를 실행한다. 리더로서, 우리는 우리가 어떤 단어를 사용하고 있는지 그리고 그 단어가 우리의 지도 능력을 어떻게 향상시키거나 방해하는지를 깨달아야 한다. 기술과 욕망은 성공하기에 충분하지 않다. 우리는 또한 우리가 해낼 수 있고 다른 사람 역시 해낼 수 있다고 설득시킬 수 있다는 확신을 가져야 한다. 우리가 열렬한 낙관주의자라면, 아마 우리의 낙관주의는 전파될 것이다.
>
> 『학습된 낙관주의(Learned Optimism)』 중에서(p. 256)

지난 이십 년 동안, 셀리그먼은 더 적극적으로 사는 방법에 대한 연구에 초점을 맞추어 왔다. 그의 베스트셀러인 『학습된 낙관주의』에서 그는 낙관적(격려된) 태도와 비관적(낙담한) 태도 간에 중요한 차이가 있음을 지적하는 많은 연구논문을 발표하였다. 그의 독창적인 연구는 삶의 도전과제에 대한 접근방법을 '반이나 찬 vs. 반이나 빈'의 중요한 차이에 대한 새로운 믿음을 제공한다.[6]

낙관적 태도와 비관적 태도 간에는 근본적인 심리학적 차이가 존재한다. 비관주의자들의 핵심적인 신념은 '학습된 무기력'이거나, 자신의 상황을 변화시킬 수 있는 것은 아무것도 없고, 많은 것들이 단지 자신의 통제 밖에 있으며, 다른 사람들은 그저 그들의 삶을 살아가고 있을 뿐이라는 것이다. 인지심리학자인 앨버트 엘리스(Albert Ellis)는 결과 C를 야기하는 것은 사건(A = 촉진하는 사건)이 아니라 신념(B)이라는 것을 설명하기 위하여 ABC모델을 창안하였다. 예를 들어, 낮은 성과가 직원을 우울하게 만드는 것이 아니고, 대신 중간에 개입하는 신념(예: '나는 실패자다.')이 반응을 촉발시킨다. 인지치료의 격려적인 측면은 신념이라는 것이 주관적이고 개인은 그러한 신념을 변화시킬 수 있는 힘을 가지고 있다는 것이다. 그래서 신념은 낙담한, 비관적인 스타일로부터 격려된, 낙관적 스타일로 변화될 수 있고, 종종 변화될 필요가 있다.

"비관론자가 될 만큼 정말 많이 알고 있는 사람은 없다."

노먼 쿠즌스 Norman Cousins

"인생에서, 나에게 무엇이 일어날지가 10%이고,

내가 그것에 어떻게 반응하느냐가 90%라고 나는 확신한다.

그리고 당신도 그렇다.

우리 인생은 우리의 태도에 달려 있다."

찰스 스윈덜 Charles Swindoll

"인생은 낙관주의자에게도 비관주의자와 똑같은 좌절과 비극을 주지만, 낙관주의자는 그것을 더 잘 뚫고 나간다. 우리가 보았듯이 낙관주의자는 패배를 극복하고, 삶이 더 궁핍해졌다고 하더라도 기운을 되찾고 다시 시작한다. 비관주의자는 포기하고 우울에 빠진다. 자신의 회복력 때문에, 낙관주의자는 직장에서, 학교에서, 경기장에서 더 많은 것들을 성취한다. 낙관주의자는 신체적으로 더 건강하며, 심지어는 더 오래 살 것이다. 미국 사람들은 낙관주의자가 그들을 이끌기를 원한다. 비관주의자는 일이 잘되고 있을 때마저도, 실패에 대한 불안감에 늘 사로잡혀 있다."

마틴 셀리그먼

셀리그먼은 낙관적 태도의 세 가지 중요한 요소인 영속성, 확산성, 개별화에 대해 설명한다. 격려된, 낙관적인 리더는 좋지 않은 일의 원인이 일시적이고, 국소적이고, 자신의 자존감과는 관계가 없다고 믿음으로써 무기력에 저항한다. 반면, 낙담된, 비관적인 리더는 좋지 않은 일의 원인이 영속적이고, 확산적이며, 자신과 어느 정도 관계가 있다고 믿는다.

다음은 영속성 요소에 대한 몇 가지 사례다.

영속적(비관적)	일시적(낙관적)
"우리의 원료공급자는 결코 우리에게 제시간에 원료를 공급하지 못한다."	"우리는 최근에 필요한 원료공급에 어려움을 겪고 있다."
"나의 사장은 나를 항상 괴롭힌다."	"나의 사장은 나의 보고서가 늦을 때 정말 실망한다."
"나는 정말 이 일에 맞지 않아."	"지금 이 순간은 특별히 힘든 시간이다."

낙관주의의 영속성 요소는 좋은 사건을 설명할 때는 정반대의 효과를 갖는다. 좋은 사건이 영속적인 원인을 갖고 있다고 믿는 지도자들은 그것이 일시적인 원인을 갖고 있다고 믿는 사람들보다 더 낙관적이다.

일시적(비관적)	영속적(낙관적)
"때때로 나는 직무에서의 문제점을 해결할 수 있다."	"나는 업무 관련 문제의 해결책을 잘 찾는다."
"우리 부서가 어느 때와는 달리 할당량을 생산했다."	"우리 부서는 판매 할당량을 충족시킬 능력이 있는 훌륭한 부서다."

영속성은 시간, 확산성과 관련되는 반면에 두 번째 주요한 요소는 공간과 관련된다. 실패에 대한 일반적이거나 전반적 원인은 그 문제가 개인의 삶의 다른 영역으로까지 전이되게 한다.

일반적(비관적)	특정적(낙관적)
"모든 CEO들은 직원에게 거만하고 냉담하고 무관심하다."	"우리의 CEO는 직원들보다는 회사의 재정과 기술적 측면에 더 관심이 있다."
"컴퓨터는 우리가 필요할 때 꼭 고장난다."	"컴퓨터가 고장 나면, 우리는 중요한 계획을 수행할 수가 없다. 그 사이에 우리가 참여할 수 있는 다른 중요한 일이 없을까?"

낙관적 스타일의 최종적 요소는 개별화다. 자기존중감이 낮은 사람은 일반적으로 나쁜 일이 생기면 내적인 자기비난으로 반응한다. 그러한 반응의 예로는 "그런 손해를 보다니 나는 진짜 멍청해." 혹

은 "사장님의 제안을 내가 유보한 것에 대해서 나는 정말 사장님께 솔직하게 말씀드릴 수가 없다."[6]

● ●

만약 당신이 패배한다고 생각하면, 당신은 패배한다.
만약 당신이 결코 그렇지 않다고 생각하면, 당신은 패배하지 않는다.
만약 당신이 승리하고 싶지만 그럴 수 없다고 생각하면,
당신이 승리할 수 없다는 것은 분명하다.

만약 당신이 실패할 것으로 생각한다면, 당신은 실패한 것이다.
세상 밖으로 눈을 돌려 보면 당신은 발견할 것이다.
성공은 당신의 의지로부터 시작된다.
그것은 모두 마음 안에 있다.

많은 게임에서 전부 실패하고
또 게임은 계속되고
그리고 많은 겁쟁이들은 실패하고
또 그의 일은 시작된다.

크게 생각하라, 그러면 당신의 행동은 커질 것이다.
작게 생각하라, 그러면 당신은 뒤처질 것이다.
할 수 있다고 생각하라, 그러면 그렇게 될 것이다.
그것은 모두 마음 안에 있다.

만약 당신이 훨씬 앞서 간다고 생각하면 당신은 앞서 간다.

당신은 높이 오르기 위해서는 높이 생각해야 한다.

당신은 스스로에 대한 확신이 있어야 한다.

당신이 승리하기 전에.

더 강하고 더 빠른 사람이

인생의 전쟁에서 항상 승리하는 것은 아니다.

그러나 머지않아 승리하는 사람은

할 수 있다고 생각하는 사람이다.

애넌 Anon

앞에서 엘리스의 ABC모델을 소개하였다(A는 촉진하는 사건이나 역경, B는 신념, C는 결과 혹은 감정). 셀리그먼은 이 모델에 D(=논박)와 E(=효과)를 추가함으로써 ABCDE접근으로 확장하였다.

논박은 증거("증거를 대라."), 대안(변화할 수 있는 것에 초점 맞추기), 영향(끔찍하고 돌이킬 수 없는 상황을 불쾌하고 변화시킬 수 있는 상황으로 바꾸어 불행을 감소시키기) 그리고 유용성("이러한 신념이 파괴적인가?" 그리고 "나에게 이러한 태도의 결과는 무엇인가?")에 대한 질문을 사용한다.

힘을 내기는 스스로를 낙담시키고 자기비난을 하게 하는 사고에 저항하는 것으로부터 나온다. 그것은 생활 속에서 긍정적인 변화에 대한 보상이다.[7]

다음 상황을 고려해 보자.

A. 역경: 부사장이 나의 분기 업무평가를 어제 끝마쳤다. 그는 내 부서 직원의 사기가 낮다고 평가하였다. 그는 또한 나의 보고서들이 우리의 성과 목표를 설명하기에는 짧고 불충분하며 때로는 부적절하다고 기술하였다.
B. 신념: "나는 실패했어. 나는 아마 퇴직당할지도 몰라."
C. 결과: 나는 걱정을 하며 불안을 느낀다. 그리고 나의 관리 능력을 의심한다. 54세인 나는 아마 다른 일을 할 수 없을 것이기 때문에 타 부서에 배치되는 것이 두렵다. 나의 가족은 나에게 경제적으로 의존하고 있다. 내가 지금 느끼는 지나치게 거친 비판은, 사장에게까지 분노를 느끼게 한다.
D. 논박: 나의 수행 평가에는 여러 가지 장점들이 나타나 있는데, 특히 광고와 판매 영역에서 그렇다. 나의 보고서들이 적절하지 않았다고 해도 나는 그것들을 더 잘할 수 있다. 나는 수행 기준을 재검토해서 좀 더 구체적으로 표현할 것이다. 직원들의 낮은 사기는 나의 리더십보다는 다른 요인들에 기인할 수 있다. 나에 대한 전반적인 호의적인 평가를 고려할 때 퇴직의 가능성은 매우 낮다. 내가 퇴직한다고 하더라도 나의 배우자와 다른 가족들이 가정의 총 수입에 기여할 수 있다. 나 또한 사장님이 나의 성과에 대해 어떻게 보느냐에 대해서 나의 사장님을 부당하게 비난하고 있다. 나는 그의 판단을 변화시키기 위해 열심히 일할 것이다.
E. 힘을 내기: 나는 나의 장점에 대해서 자부심을 가지고 있기 때문에 이러한 부족한 영역들에 대해서 기분이 좋지 않다. 나는

더 높은 평가를 받고 싶었지만 나 또한 자신에 대해 낮게 보아 왔었고, 그것이 심지어 나의 생산성을 더 떨어뜨리는 원인이 되었다. 비록 처음에는 이 사실이 우울했지만, 실제로 그것은 나의 부서를 개선시키도록 나 자신을 동기화시키는 데 긍정적인 역할을 했고 내가 어떤 부분에 초점을 맞추어 노력해야 하는지 그 구체적 영역들을 알게 해 주었다. 나는 할 수 있고 개선될 것이다.

■ 당신 자신의 ABCDE 격려·낙관주의 지도력 수행의 두 가지 구체적인 사례에 대해 기록해 보시오.

사례 1:
- 역경: _____
- 신념: _____
- 결과: _____
- 논박: _____
- 힘을 내기: _____

사례 2:
- 역경: _____
- 신념: _____
- 결과: _____
- 논박: _____
- 힘을 내기: _____

긍정적 마음가짐 만들기

"밝은 햇빛에 얼굴을 마주하고 있으면
어두운 그림자를 보지 않게 된다."

헬렌 켈러 Helen Keller

　베스트셀러인 『카네기 인간관계론(How to Win Friends & Influence People)』의 저자인 데일 카네기(Dale Carnegie)는 한 라디오 프로그램에서 그가 지금까지 배웠던 가장 중요한 교훈을 세 문장으로 말하도록 요청받은 적이 있다. 그는 "우리가 무엇을 생각하느냐는 매우 중요하다. 당신의 생각이 당신의 존재를 결정하기 때문에 내가 당신이 어떤 생각을 하는지 안다면, 나는 당신이 누구인지를 알게 된다. 우리의 생각을 바꾸면 인생이 바뀐다."[8]라고 대답하였다.

풍부한 경영자

　『원칙 중심의 지도력(Principle-Centered Leadership)』에서 스티븐 코비(Stephen Covey)는 그의 베스트셀러인 『성공하는 사람들의 7가지 습관(The Seven Habits of Highly Effective People)』에 제시된 가르침을 전개한다. 소위 '풍부한 경영'은 격려하는 지도력과 밀접하게 연관되어 있다. 그는 '풍부한 심성'을 다음과 같은 철저한 신념이라고 정의하였다. "나의 꿈을 실현시킬 수 있는 천연자원과 인적자원이 충분하다." "타인의 성공이 나의 성공을 막지 않는 것과 마찬가지로 나의 성공이 반드시 타인의 실패를 의미하지는 않는다."

 대조적으로 '부족한 심성'은 자원이 한정되어 있다는 신념으로부터 나온다. 그러한 신념은 오직 모두에게 조금씩 할당될 만큼의 자원만 있다는 사고로 인해 업무와 대인관계에 승–패적 접근으로 나타난다.

 코비는 풍부한 경영자의 일곱 가지 특징을 다음과 같이 구체적으로 규명한다.

① 종종 (내적 안전감이 되는) 바람직한 원천, 즉 타인들의 성공에 대해서 정중하고, 개방적이며, 신뢰하고 진심으로 행복해하도록 해 주는 원천에 시선을 둔다.
② 고독을 찾고 자연을 즐긴다.
③ 규칙적으로 '톱을 날카롭게 간다.' 즉, 지속적으로 심신을 훈련함으로써 자신을 꾸준히 교육시킨다.
④ 타인에게 익명으로 봉사한다.
⑤ 타인과 장기간의 친밀한 대인관계를 유지한다.
⑥ 자신과 타인을 용서한다.
⑦ 문제해결자. 특히 사람을 규명된 문제로부터 분리해 내는 능력이 있다.[9]

반이나 찬 접근(half-full approach)과 관련해, 풍부한 경영자는 세상이 부족하기보다는 진정으로 풍부하다고 믿는다. 이러한 내적인 안전의 자원은 그가 격려하는 태도로 직원들에게 다가가도록 해 준다. 직장에서 명백히 드러나는 직원들의 장점과 자산은 상사에게는 위협적으로 보일 수 있으므로 강하게 부인되거나 꺾여 버리는 경우가 너무도 많다. 자신의 부하 직원이 성공적으로 일하기 위해서는 항상 자신의 희생이 필요하다고 믿는 리더는 한 개인의 성공에 위협을 받을 수밖에 없다. 능력이 풍부한 경영자는 자신의 정체감이 어떤 것으로도 흔들리지 않을 자신이 있기 때문에 최상의 직원들을 고용하여 양성하는 데 있어서 충분히 안전함을 느낀다. 그래서 격려는 풍부의 철학과 낙관주의와 함께 시작된다.

* *

"최고의 수완을 갖고 있는 사람들을 당신의 주위에 두라. 일등급의 사람은 일등급의 사람을 고용하고, 반면에 이등급의 사람은 삼등급의 사람을 고용한다는 것을 기억하라."

리처드 화이트 주니어 Richard White, Jr.

사례연구

위의 인용구는 격려와 권한위임 접근이 조직의 관점에서 자문가와 리더에게 의미하는 바를 정확히 말해 준다. 조직 내에서 한 사람의 성공은 종종 타인의 질투와 시기를 초래하기도 한다. 리더의 제안에 의한 변화는 상황을 호전시키기도 하고 악화시키기도 한다. 기본적으로, 현존하는 상황을 바꾸려는 용기를 갖는 것은 위험을 수반한다. 비록 성공적이라 하더라도 부정적인 결과 역시 수반되기 마련이다. 실패가 해고 또는 강등의 위험을 수반하는 것과 같이 격려와 권한위임 정책에도 '너무 성공적' 이어서 상사보다 더 뛰어나게 되는 위험이 따른다.

다음 사례는 샌디에이고의 조직 컨설턴트 필리스 쿡(Phyliss Cooke)가 제공한 것이다. 그녀는 이 사례를 "지혜의 핵심이 펑 하고 열리는 것 같은" 이야기라고 묘사한다. 이 이야기는 그녀의 의뢰인의 초기 성공이 의뢰인의 상사에 대한 도전이 되어 결국은 실패에 이르게 되었다는 내용이다.

이 모든 이야기는 한 퍼시픽 림(Pacific Rim) 카운티의 한 외국인 소유의 일류 항공사가, 나에게 나의 전공 분야와 관련된 개방형 과제를 수행하는 것에 관심이 있는지를 묻는 한 통의 전화를 함으로써 시작되었다. 그것은 '지도가 필요한' 최근에 고용된 젊은 트레이너와 함께하면서 그의 '미숙한 재능'을 향상시키고 활용해 그가 앞으로 진행하게 될 훈련 프로젝트에 적용할 수 있도록 돕는 것이었다. 그것은 매우 흥미로워 보였다.

나는 인력개발부(HRD)의 부서장을 만나 그들의 시스템, 부서, 그 프로젝트의 목표, 나의 의뢰인에 대한 정보를 얻고, 부서장의 기대를 명확하게 하고 그 프로젝트에서 내가 맞게 될 일의 범위에 대해 들었다.

　나는 나의 의뢰인이 될 사람이 이 회사에 입사한 지 6개월이 되었고, 다소 통제가 어렵고 부서의 절차를 따르는 데 있어서 상당히 규율을 지키지 못하는 사람으로 여겨지며, 업무수행에서 느슨한 태도를 보인다는 사실을 알게 되었다. 긍정적인 면은, 같은 부서의 동료들이 그를 좋아하고, 그가 지금까지 이끌어 왔던 교육과정의 수료자들이 그에게 높은 점수를 주었기 때문에 아직까지 그의 팀장은 그가 그 부서의 요구를 언젠가는 충족시킬 사람이라고 긍정적으로 믿는다는 것이다.

　나의 의뢰인에게 이러한 새로운 기회가 주어진 이유는 그의 부서장이 그가 비록 가다듬어질 필요가 있기는 하나 그 업무에 꼭 필요한 '적절한 자질'을 지닌 인물이라고 생각했기 때문이다. 업무와 직접적으로 관련된 훈련을 제외하고는 과거에 거의 훈련을 받은 적이 없었던 낮은 지위의 훈련생 집단에게 적절한 훈련 프로그램을 제공하는 것은 매우 실험적인 일이었다.

　인력개발부의 부서장과 만나는 동안, 내가 지금 비록 자신의 역할이 최하급자들을 포함한 모든 직원들의 욕구를 충족시키는 것이지만, 그 조직의 최상부의 사람들과 일함으로써 인력개발의 최선의 영향력이 실현된다고 개인적으로 믿고 있는 사람과 이야기하고 있다는 것을 확신하게 되었다. (다소 엘리트주의적이고, 겸손한 척하는 그 사람이 도대체 왜 나에게 이 일을 맡겼으며 무엇이 달라질 거라고 생각한 것일까?)

　그러고 나서 나는 나의 의뢰인을 만났다. 그는 내가 앞서 그에 관해 들었던 모든 설명들과 딱 들어맞는 사람이었다. 그리고 우리는 곧장 일을 시작하게 되었다.

그는 총명하고, 재치 있으며, 배우려는 열정이 있고 의사소통 기술이 뛰어난 사람이었다. 트레이너로서 그의 이전 경험은 매우 한정되어 있었으나 우리가 공동으로 고안해 낼 프로그램의 기본을 형성할 육체적인 활동 분야에서의 경험이었고, 그는 그러한 경험이 그가 고용된 유일한 이유라는 것을 알고 있었다. 그는 그가 그 직업을 필요로 하는 것보다 그 시스템이 더 그를 필요로 하고 있다고 생각했으나, 그는 그 기회를 선뜻 기쁘게 받아들였다.

우리는 그가 우리의 협력 작업에서 기대하고 있는 것, 즉 훈련 프로그램을 고안하는 그의 능력을 발전시키는 것, 그리고 그의 아이디어를 다른 사람들에게 전달하는 방법, 교육의 진행 방법, 대집단의 훈련을 용이하게 하는 방법을 학습하는 것에 대해 논의했다. 그는 이러한 기술들을 꽤 빨리 습득할 수 있다고 생각했고, 트레이너에게 필요한 자질들(예를 들어, 어떻게 하면 그의 기술 부족을 그의 인간성이나 카리스마로 만회할 수 있는지)을 이미 습득했다는 것을 알고 있었다.

그는 젊었으며, '인생을 신중하게 살아가는 사람들, 즉 인생을 즐겁게 살지 않고, 실수를 통해 배우지 않고, 기회를 포착하지 않는 사람들'을 싫어했다. 그는 그가 큰 조직(예를 들어, 이번 조직처럼 매우 정치적이고 공식적인 구조와 관행을 가진 조직들)에서 효과적으로 일하는 것과 관련된 경험이 부족하다는 것을 깨달았으나, 프로젝트에 대한 명확한 명령이 주어지고 우리가 어떠한 의사결정도 자유롭게 내릴 수 있다는 것이 확실시되는 한, 그가 장기적으로 적합한 인물인지 아닌지 또는 어떻게 하면 그러한 인물이 될 수 있을지에 대해서는 크게 신경 쓰지 않았다.

그는 그동안 그의 부서에 대한 불만을 표시했으며 그에게 행복감을 주고 '그의 자질을 보여 주는 것'을 가능하게 하는 업무가 그에게 주어졌다고 믿는다고 말했다. 그는 나의 도움으로 우리가 정말 영향력을 행사할 수 있을 것이며 '그 일은 재미있을 거야……. 일은 그래야만 해.'라고 생각했다.

이상적이고 맞는 말이 아닌가? 그래, 당신의 경고 벨소리는 분명히 나보다 더 빨리 울렸겠지만, 내가 들었던 것은 '실행 가능한' 계약, 온라인에 창조적인 프로그램을 끌어오는 것, 이국적인 배경의 세계적인 조직을 위해 일한다는 것, 이제 막 일을 시작한 사람의 능력 개발을 도울 수 있는 추가 보너스라는 달콤한 소리뿐이었다. 그의 부서장은 그가 성공하기를 원했기에 그에게 개인 멘토와 인적자원을 배정해 주었고, 이 업무에 '시동을 걸어 줄' 능력 있는 사람을 보내 주었다. 이보다 나은 상황이 어찌 있을 수 있겠는가?

우리의 협력과 우리가 개발한 그 프로그램은 모두 명백히 성공적이었다. 그러나 그 모든 것은 시기상조의 종말을 맞이하였다. 18개월 동안 우리는 거의 백지 상태에서 출발하여 개념, 조사, 고안, 훈련도구의 준비에서부터 시작해 야외활동을 위한 밧줄타기 코스의 건설, 훈련 직원들의 개발, 조종사 프로그램 그리고 아주 성공적이었던 세 번의 활동세션, 많은 인기를 끌었던 '팀 정신' 훈련 프로그램까지 마쳤다. 그런데 그 다음에 인력개발부 부서장은 그 프로젝트를 없애 버렸다. 무엇이 잘못됐던 것일까?

자금의 부족 때문은 아니었다. 사실상 그 항공사 회장은 인력개발부의 예산 증액과 우리의 프로그램이 한 분기에 한 번이 아니라 한 달에 한 번 제공될 수 있도록 프로그램을 개정할 것을 제안했다. 그는 조종사 훈련 장소에도 방문했었고, 세 번의 프로그램 각각이 훈련생들에게 긍정적인 효과를 가져왔다는 것을 몸소 확인했다. 훈련생들은 그 프로그램에 대해 고맙게 생각했고 매우 열정적이었으며, 프로그램을 통해 배운 것을 다시 일터로 돌아갔을 때 적용하여, 예전에는 '동기부족'으로 규정지어졌거나 '문화적 다양성'을 포함한 문제로 여겨졌던 소소한 문제들을 해결하였다.

그것은 직원들이 프로그램에 등록하기를 꺼려서도 아니었고 그렇다고 해서 그들의 상관들이 직원들에게 프로그램을 위한 시간을 주지 않아서도 아니었다. 부서장들은 훈련을 통해 향상된 업무 수행 능력에 높은 만족을 표시하였고, 2년간 미리 계획된 프로그램의 대기자 명단은 빠른 속도로 꽉꽉 채워졌다. (세션당 80~100명, 처음 계획한 대로 분기단위로 일정이 잡혔다면 아마 1,200명의 목표 직원들을 훈련시키는 것이 가능했을지도 모른다.)

그 프로그램의 비용 때문도 아니었다. 높은 초기비용을 고려한다 하더라도, 일인당 비용은 이전에 제공됐던 프로그램의 절반밖에 안 되는 것이었다.

더군다나 그 부서의 다른 트레이너들은 비용을 줄여 나가고 있었고, 습득한 기술들을 이용하며 그것을 훈련하는 방법을 고안하는 데에도 사용함으로써 더 이상 외부의 컨설팅에 의존하지 않았다.

(여기서 말하는 트레이너들은 내 의뢰인이 '지도' 한 전문성 개발 프로그램의 직원들과, 팀 정신 프로그램을 수료했던 조종사들의 일부를 포함한다.)

조직 내의 사기는 정말 높았다. 단결심도 새로이 다져졌으며 우린 정말 더할 나위 없이 행복했다. 그렇다면 무엇이 잘못됐던 것일까? 위에 언급한 모든 것이 그랬다.

우리는 우리의 명백한 성공이 영향을 주었던 더 큰 시스템적인 문제에 관심을 기울이지 않았던 것이다. 비록 그의 부서는 겉으로 보기에는 문제없어 보였지만, 그 프로그램의 성공과 더불어 비록 하급 직원이었지만 점점 명성을 얻고 그 조직 안에서 많은 이들의 인기를 얻게 된 떠오르는 스타였던 나의 의뢰인에 의해 인력개발부 부서장의 중요 인물로서의 존재감은 점점 줄어들었다. 나의 의뢰인은 혁신적인 인물로 추앙되었고, 한 번 프로그램에 참여하고 돌아온 인력개발부 직원들과 다른 부서의 직원들 모두의 태도와 행동에 깊숙이 영향을 미치게 된 새로운 개념의 '권한위임' 의 개인적 책임자였다.

우리는 이러한 '권한위임의 문제' 는 조직원 모두가 조직이 번창하는 것을 허용할 만큼 충분히 건강할 때에만 받아들여질 수 있다는 중대하고도 간단한 사실에 주목하지 않았다. 인력개발부의 부서장이 '부하직원에게 무언가를 지원해 주기' 를 요청받았을 때 그는 기꺼이 그 프로젝트를 승인했다. 그것은 그를 '진보적인' 사람으로 보이게 만들어주는 동시에 조직의 필요에 상응하는 것이라 생각했기 때문이다.

그는 많은 것을 기대하지 않았고, 우리가 하는 일에 관심을 기울이지도 않았다. 프로그램이 활성화됐던 18개월 동안 항공사의 회장이 훈련 장소를 방문하고, 사람들이 프로그램의 결과에 대해 떠들어대기 시작한 후에도 한 번도 그곳을 방문하지 않았다

우리는 그의 무관심을 승인으로 잘못 해석했고, 그의 무관심을 불길한 것으로 보기보다는 그저 이상하다고만 생각했다. 우리는 조직체계에 공헌하는 것이 그 성공적인 변화의 공이 누구에게 돌아갈 것인가에 대한 인력개발부 부서장의 고민보다 훨씬 더 중요하다고 안일하게 생각했다. 결국 그 변화는 모두 긍정적이었다. 그렇지 않은가?

틀렸다! 인력개발부 부서장이 결국 조치를 취했을 때, 그는 인사, 체제 등의 변화를 주장하며 프로젝트 전반에 있어 지휘 권력을 획득하려고 하였다. 그는 이미 시작된 것을 '개선' 할 수 있을 것이며, 내 의뢰인의 상사로서 그가 원하면 어떠한 변화든 만들 수 있다고 생각하였다. 우리는 이러한 그의 행위가 자신의 신용과 권한이 공격받고 있다고 느낀, 절망적인 한 인간의 행태라고 보았다.

그것은 반복되고 있다. 권한위임과 격려는 변화를 위한 중요한 촉매제다. 많은 사람들은 이 두 가지 가치를 독려해야 한다고 말하지만, 막상 직원들의 태도와 행동의 변화까지 북돋을 수는 없을 것이다.

우리의 이 슬픈 이야기 속에서, 한 사람이 조직 전체에 영향을 미치기 시작한 전도유망한 프로그램을 짓눌러 버렸다. 그 프로그램을 없앤 후 그의 체면 살리기는 프로그램을 보전하는 것보다 중요한 일이 됐고, 조직은 다시 '정상적' 으로 되돌아갔다. 나의 의뢰인은 예상했던 대로 직장을 떠났고 그 훌륭한 프로젝트도 사라져 버렸다.

우리가 몹시 흥분했을 때 잊어버리고 있었던 것은 '권한위임' 을 하기 위한 노력과 변화는 항상 모든 요소들이 지속적으로 관찰되어

야 하는 큰 맥락에서 일어난다는 것이다. 이러한 변화를 위한 우리의 전략 속도는 큰 맥락에서 봤을 때 적절해야 하고, 장기적으로 지원이 지속될 수 있도록 관찰하고 조절되어야 한다.

저자의 언급

이 이야기는 '전투에서는 승리하였으나 전쟁이 패배로 돌아간' 좋은 예다. 권한위임의 리더십 과정을 장려하는 것이 우리의 목적이다. 그러나 비록 그 혁명이 성공적이라 하더라도 변화를 부정적인 시각으로 보는 이들이 있다. 격려는 상향, 하향, 측면의 모든 과정을 포함해야 한다. 앞의 사례에서는 자문가와 그의 의뢰인 둘 다 프로그램이 진행되는 동안 상사의 참여 부족을 프로그램에 대한 승인으로 오해했었다. 기억하라. 격려의 과정은 그 어떤 공기도 침입할 수 없는 진공상태에서는 절대 발생할 수 없다. 시스템적 접근이 필수적이다.

이 사례연구는 또한 많은 중간 관리자들이 느끼는 리더십의 위기를 보여 준다. 대부분의 중간 관리자들은 그들에게 모든 책임감이 주어지는 반면, 권한은 주어지지 않는다고 느낀다. 그리고 상사와 부하직원들 사이에 '끼어 있다'는 느낌을 종종 받게 된다. 그들에게는 직원들을 효과적으로 동기부여시키는 것뿐 아니라 상사들과 원만한 관계를 유지하는 것도 매우 중요하다. 상사에게 '아첨'을 하는 것은 교묘한 조종이라고 할 수 있지만 격려가 의미하는 바는 아니다. 상사의 자아가 강할수록 성공의 진가와 가치를 더 잘 안다.

지나치게 큰 성공은 그 성공을 자신의 탓으로 돌리고 싶은 자신감이 부족한 리더들에게는 위협으로 보일 수 있다. 이것은 우리가 다음 장에서 이야기할 전문경영자의 수가 많이 늘어나야 할 이유 중에 하나다. 몇몇 사람들은 '상사보다 빛나'거나 '더 성장'하기도 하는데 CEO와 최고경영진들도 격려가 필요하다는 사실을 기억해야 한다. 가능한 한 조직의 모든 계층을 참여시키는 것은 처음의 성공이 지속될 가능성을 최대화한다.

이 신랄한 사례연구는 성공적인 리더십이 종종 부정적인 정서적 '가격표(price tag)'를 수반한다는 사실을 보여 준다. 리더가 되기 위해서는 '비용(costs)'이 따르기 마련이다. '정상에 있는 자는 외롭다'라는 말은 리더가 인기 없는 의사결정을 내릴 수 있는 용기를 가져야 한다는 것을 생생하게 보여 준다. 내면에 자기격려의 수단을 갖추고 있지 못한 리더는 다른 사람들의 승인에 의존하게 된다. 앞의 사례에서는 상사의 승인이 주요 원동력은 아니었지만, 상사의 지지를 받지 못한 '대가'는 그 프로그램의 성공에도 불구하고 성공 그 자체 때문에 결국 종결을 맞게 했다.

용기 있는 리더십은 종종 인기를 희생함으로써 얻어진다. 예를 들어, 일본에 원자폭탄 두 개를 떨어뜨리기로 한 트루먼 대통령의 결정은 몇 십 년이 지난 지금도 여전히 논쟁거리다.

조직이 수평적이고 수직적인 면까지 확장되어야 한다는 것은 격려 리더십이 지닌 역설 중에 하나다. 동시에, 격려는 내면의 자기중심적인 접근 또한 이루어져야 한다. 타인의 칭찬이나 승인을 바라는 욕망에 쉽게 휩쓸리는 사람은 강인한 성격을 갖고 있지 않은 경우다. 내면의 '존재의 닻'은 비난과 불찬성의 '폭풍'에도 불구하고 배를 안전하게 지킨다. 그러므로 내면의 강인함과 지침을 찾는 것 또는 자기격려는 이 책의 주요 골자다.

앞으로 제시될 사례의 대부분은 두 사람 또는 그 이상의 사람들 사이에서 발생하는 대인관계적인 문제이기는 하지만 내면적인 자기격려 프로그램을 지니는 것 역시 매우 중요하다. 실제로 심리학자 에이브러햄 매슬로(Abraham Maslow)는 '격려자극(encouragement stroke)'의 2/3는 내적인 근원에 의한 것이어야 하고 나머지 1/3은 다른 것으로부터 온다고 제안하였다.

리더십을 격려하는 것은 때로 상사와의 의견이 다름을 의미하기도 한다. 다시 한 번 말하지만, 일급 지도자는 일급 직원을 채용한다. 격려는 복종이나 순응이 아니다. 이것은 미국 남북전쟁에 대한 감동적인 영화 '게티즈버그(Gettysburg)'에 신랄하게 묘사되어 있다. 북군은 길고 가는 방어선 지대에 분산배치되었다. 남군의 리(Robert E. Lee) 장군은 방어선 한가운데가 가장 취약한 곳이라고 믿고 그의 부대를 그곳에 집중배치하기로 결심했다. 그가 이 전략을 여러 사령관들과 상의했을 때, 한 명이 단호하게 그 계획에 반대했다. 그는 연합군의 우세한 포병의 화력이 주로 집중될 개활지의 반 마일 내에 폭격이 있을 것이라고 주장하였다. 그는 반대편에 도달하는 데에만 80%의 사상자율을 기록할 것이라고 추산했다. 거기에서 남군이 철조망을 타고 올라가야 하는데, 그렇다면 그들은 북군의 총에 쉽게 희생될 것이다. 그래서 또 다른 80%의 치사율이 이러한 장애물에서 예측되었다. 이러한 우려에도 불구하고, 리 장군은 그의 현명한 지휘관이 예측하였던 어리석은 돌격을 진행하는 치명적인 실수를 저질렀다. 병력의 대부분을 처참하게 잃은 후에, 리 장군은 전선의 모든 군인들을 모아 놓고 그 지휘관과 함께 그의 결정을 애석해 하였다. 리 장군은 "나는 그저 우리가 무적의 상대일 것이라고 생각했었다."고 털어놓았다.

'집단사고(groupthink)'는 존 F. 케네디가 잘못 지휘한 쿠바의 '피그스 만(Bay of Pigs)' 침공을 묘사하기 위해 사용되어 온 집단역학 현상이다. 미군의 비참한 패배 이후, 국가안보위원회 의원들은 침공에 대한 그들의 만장일치 승인에 관해 인터뷰했다. 대부분의 의원들은 그 침공 제안에 망설여지는 부분이 있기는 했지만, '막강한' 미국이 '힘없는' 쿠바와의 싸움에서 패배할 리가 없다고 생각했다는 것을 시인했다. 그들 대부분은 이제 갓 의회에 임명되었기 때문에, 염려를 공유하는 것이 국가안보위원회의 팀 정신을 와해시키는 것이라고 생각했다.

제너럴 모터스의 CEO였던 로저 스미스(Roger Smith)는 다음과 같은 일류리더십 의사결정으로 명성이 자자했다. 그 회사는 경제적으로 난항을 겪고 있는 한 제조회사를 인수하는 것에 대해 고려 중이었다. 그는 "우리가 이번에 인수를 하지 말아야 할 어떠한 이유라도 생각해 낼 수 있는가?"라고 부사장들에게 물었다. 모든 경영진들이 "없다."라고 고개를 저었고 반대의 목소리는 하나도 들리지 않았다. 투표가 끝난 후 그는 "나 역시 반대 의견을 하나도 생각해 낼 수 없소. 그러므로 우리는 이 상황을 철저하게 조사하지 않았다고 할 수 있소."라는 놀라운 결론을 내렸다. "우리가 간과한 사실들이 없는지 한 달 동안 살펴보기로 합시다." 그 집단은 사실상 몇몇 부정적인 요인들을 발견하게 되었고 한 달 뒤 그 인수 안건을 부결하였다.

이와 같이 격려 리더십은 눈먼 복종이나 동의가 아니다. 격려는 '모든 것이 다 좋아. 우린 훌륭해. 우린 무엇이든 할 수 있어 등등'의 철학이 아니라는 것이다. 때로는 격려를 한다는 것은 비록 원성을 살지라도 상사에게 솔직해지는 것을 의미한다.

이 사례는 '올바른' 권한위임 리더십 전략조차도 부정적 결과를 초래할 수 있다는 것을 보여 준다. 이것은 격려 리더십의 정서적인 '대가'이기도 하다. 리더가 된다는 것은 외롭고 겁나는 일이지만 이러한 감정을 위한 좋은 해독제가 바로 다음 절의 주제인 용기다.

용기

격려심리학의 다른 핵심적인 구성요소는 용기다. 『웹스터』 사전에서는 용기를 "위험, 불안, 역경의 상황을 모험하고, 인내하고 잘 견디어 낼 수 있는 정신적 혹은 도덕적 힘"으로 정의한다. 용기를 키워 나가는 데 있어 가장 주요한 장애물은 용기와 대조되는 정서인 공포다.

용기와 두려움: 역설

"용감한 사람이 중심이 된다."

앤드류 잭슨 Andrew Jackson

심리학자들은 개인이 두려움으로부터 벗어나 용기 있는 접근을 하도록 변화시키는 데 사용하는 하나의 특별한 기법으로 역설을 이용한다. 긍정적인 성장은 종종 한 개인이 두려워하는 바로 그 일을 할 수 있도록 격려될 때 일어난다. 마치 개인이 자신의 고민거리에 직면할 수 있는 용기를 가지고 있는 것처럼 행동하는 것은 자신감을 증진시키는 역설적인 힘의 전략이다. 예를 들어, 월례 간부회의에서 발표하는 것을 두려워하는 직원은 마치 그가 명확하고 힘 있게 발표하는 데 필수적인 능력을 가지고 있는 것처럼 행동해 보도록 할 수 있다.

용기의 구체적인 예

다음은 용기의 구체적인 예다. 당신은 이 목록에 당신의 개인적인 예를 추가할 수 있다. '전인적인 사람'은 다음과 같이 행동할 용기를 가지고 있다.

① 개인적인 문제로 타인을 비난하기보다는 자기 자신의 삶에 책임감을 갖기
② 불완전해질 줄 알기
③ 진심으로 '아니요' 라고 말하기
④ 새로운 행동에 수반되는 위험을 감수하기
⑤ 친밀하고, 애정 어린 관계를 경험하기
⑥ 건강한 성격은 남성성과 여성성을 모두 통합한다는 것을 인식

하기
⑦ 과거에 대한 죄책감이나 미래에 대한 근심을 떨쳐 버리고자 지금 현실에 전적으로 집중해 생활하기
⑧ 자신의 개인적 신념을 지지하기
⑨ 마음이 고요한 상태에서 '내면에서 안내하는 빛'을 경험하기

용기의 실행

'나는 설교를 듣기보다는 그것을 보고 싶다.'라는 말은 생활의 용기를 보여 주는 최근의 두 가지 사례를 통해 드러난다. 다음 두 사람의 삶은 용기의 개념과 일치한다.

"용기 있는 사람이 되는 것은 특별한 자질이 있어야 하는 것도 아니고, 비법이 필요한 것도 아니며, 특별한 시공간과 환경의 결합을 요구하는 것도 아니다. 그것은 우리 모두에게 조만간 주어질 기회다. 개인이 용기 있는 도전을 할 수 있는 삶의 어떤 영역에서, 자신의 판단을 따랐을 때 직면하게 될 희생 ─ 친구, 행복, 만족, 심지어 자신을 따르는 사람들의 존경심의 상실 ─ 이 무엇이든지 간에, 우리는 우리가 가야 할 과정을 스스로 결정해야만 한다. 용기에 대한 과거의 이야기들은 그 구성요소들을 분명히 해 준다. 그 이야기는 우리에게 희망과 영감을 제공하고 우리를 교화시킨다. 그러나 그 자체로는 용기를 제공할 수 없다. 용기를 얻기 위해서 우리는 자신의 영혼을 들여다보아야 한다."

존 F. 케네디 John F. Kennedy

> "우리는 두려움의 홍수를 막기 위해
> 끊임없이 용기의 둑을 쌓아야 한다."
>
> 마틴 루터 킹 주니어 Martin Luther King, Jr.

격려는 철학 이상의 것이다. 그것은 이 책 전반에 걸쳐 다루고 있는 일련의 기술을 포함한다. 『격려의 기술(*The Skills of Encouragement*)』 이라는 책에서 다루고 있는 기술은 다음과 같다.

- 자기 자신을 향상시키기
- 관계를 형성하기 위해서 경청하기
- 이해를 하면서 반응하기
- 결속을 만들기 위해 일치를 형성하기
- 존중하는 마음을 전달하기 위해서 타인을 신뢰하기
- 에너지를 창조하기 위한 열정
- 이점, 강점 그리고 자원에 초점 맞추기
- 지각적 대안
- 분위기를 누그러뜨리기 위한 유머
- 낙담시키는 신념들을 인식하기
- 노력에 초점 맞추기
- 낙담을 타파하기 위해서 이성적으로 사고하기
- 목적을 명확히 하기 위한 목표수행
- 최선의 이익점을 찾기 위한 낙관주의

- 긍정적인 리더십
- 자기격려[10]

격려심리학은 용기와 희망의 철학에 근거한다.

활동

격려하는 리더와 실망시키는 리더의 예

격려심리학을 이해하기 위하여, 당신이 지금까지 만난 가장 실망스러웠던 리더들에 대해 생각해 보자. 그들은 교사, 코치, 과거나 현재의 사장이나 당신의 부모님까지도 포함한다. 먼저 이러한 사람들에 대한 당신의 일반적인 느낌을 적어 보라.

나는 _____
_____을 느꼈다.

그들이 보여 줬던 특정 행동들을 규명하라.

그들은 _____
_____을 하곤 하였다.

다음으로 당신이 지금까지 만났던 가장 격려적인 지도자를 생각해 보자. 당신은 그들에 대해 떠올릴 때 무엇을 경험하게 되는가?

나는 _____

_____을 느낀다.

그들이 했던 특정 행동들은 무엇인가?

그 행동은 _____

_____이다.

격려하는 리더로서 당신: 자기평가

루시가 찰리 브라운에게:

"찰리 브라운, 당신은 골대(goal post)의 그림자 안에 있다(축구). 당신은 18번째 그린에서 세 번의 퍼트를 하고(골프), 당신의 10번째 프레임에서 7번과 10번의 스플릿을 하고(볼링), 당신은 미스 프리 드로우를 하고(농구), 러브 세트(한 게임도 못 이긴 게임)을 하고(테니스), 인생이라는 호수에 낚시대를 던져서 빈 낚시줄을 감고 있다. 생크난 아이언 샷, 삼진 스트라이크 아웃, 찰리 브라운, 당신은 삶의 직구에서 파울 볼이다."

찰스 슐츠

『동기를 부여하는 팀 리더(The Motivating Team Leader)』에서 루이스 로손시(Lewis Losoncy)는 격려하는 리더와 낙담시키는 리더의 28가지 독특한 특징을 도표로 보여 준다. 이러한 몇 가지 특징은 자기평가 질문의 형식으로 채택되었다.[11]

스스로의 리더십 스타일을 다음의 등급을 이용하여 평가해 보라.

- A = 이 문장은 분명히 나의 특징이다.
- B = 이 문장은 다소 나의 특징이다.
- C = 이 문장은 아마 나의 특징이 아니다.
- D = 이 문장은 분명히 나의 특징이 아니다.

_____ 1. 나는 나의 부하직원들의 말을 경청하는 데 많은 시간을 보낸다.

_____ 2. 나는 나의 부하직원들의 잘못을 고치는 데 더 많은 시간을 보내고 있다.

_____ 3. 나의 부하직원들은 거의 새로운 아이디어를 갖고 있지 않다.

_____ 4. 나의 부하직원들은 나를 신뢰한다.

_____ 5. 나는 성공적인 업무만 인정한다.

_____ 6. 나는 부하직원들의 숨겨진 장점과 자원을 찾아내는 재능 탐색 능력을 갖고 있다.

_____ 7. 나는 다른 사람들의 책임하에 있는 일을 포함하여 너무 많은 것을 맡고 있다.

_____ 8. 나는 사람들이 실수에 대해 웃을 수 있는 분위기를 만든다.

_____ 9. 나의 부하들은 나를 완벽주의자로 본다.

_____ 10. 나는 팀플레이어이고, 모든 사람들은 각자 자기의 책무를 맡고 있다.

다음과 같이 당신의 점수를 합산하라. 1, 4, 6, 8, 10문항에서 A는 4점, B는 3점, C는 2점, D는 1점으로, 2, 3, 5, 7, 9문항에서 D는 4점, C는 3점, B는 2점, A는 1점으로 채점하라.

이제 당신의 점수를 합산하라. 30~40점은 매우 격려하는 리더이고, 20~29점은 평균 이상 격려하는 리더이며, 19점 이하는 낙담시키는 리더다.

다음으로 아래의 각 특성에 대한 사례를 쓰라.

1. 나는 나의 부하직원들의 말을 경청하는 데 많은 시간을 보낸다.
   예:

2. 나는 나의 부하직원들의 잘못을 고치는 데 더 많은 시간을 보내고 있다.
   예:

3. 나의 부하직원들은 거의 새로운 아이디어를 갖고 있지 않다.
   예:

4. 나의 부하직원들은 나를 신뢰한다.
   예:

5. 나는 성공적인 업무만 인정한다.
   예:

6. 나는 부하직원의 숨겨진 장점과 자원을 찾아내는 재능 탐색 능력을 갖고 있다.
   예:

7. 나는 다른 사람들의 책임하에 있는 일들을 포함하여 너무 많은 것을 맡고 있다.
   예:

8. 나는 사람들이 실수에 대해 웃을 수 있는 분위기를 만든다.
   예:

9. 나의 부하들은 나를 완벽주의자로 본다.
   예:

10. 나는 팀플레이어이고, 모든 사람들은 각자 자기의 책무를 맡고 있다.
    예:

■ 당신 리더십의 장점과 약점을 요약하라.

_____
_____
_____
_____

당신의 리더십 스타일: 안내

훌륭한 리더는 일을 하고 있는 사람들 스스로가 지금 영향을 받고 있다는 것을 알지 못하는 상황에서 결과를 창출한다.

당신의 자기평가뿐만 아니라, 당신의 리더십의 실제적인 수용자인 직원들로부터 몇 가지 비교자료를 구할 수 있는 용기를 가져 보기 바란다. 앞의 질문지를 깨끗하게 복사하여 사용하라. 당신은 극단적으로 가장 훌륭한 직원과 가장 문제 있는 직원을 선택해도 되고, 익명으로 질문지를 배부해도 된다. 직원들에게 당신이 했던 방법대로 당신에게 등급을 부여하고 구체적인 예를 인용하도록 장려하라.

당신이 그들의 피드백을 토대로 당신의 점수를 표로 작성하였다면, 다음 문항을 완성하라.

1. 나 자신의 점수와 나의 직원의 점수를 비교한 결과 _____ _____라는 사실이 드러났다.
2. 나의 반응과 감정은 _____ _____이다.
3. 나는 _____ _____을 기대했다.
4. 나는 _____ _____에 놀랐다.
5. 리더로서 나의 가장 큰 장점들이 되는 영역은 _____ _____이다.

6. 리더로서 나의 가장 큰 도전과제이며 취약한 맹점이 되는 영역은 _____이다.

7. 특히 내가 보다 더 훌륭한 리더가 되기 위해 나 스스로를 격려하기 위한 다음 단계는 _____이다.

요점

❶ 격려 리더십은 보다 더 인간적인 일터가 되는 데 필요한 기본적인 원칙이며 초석이다.

❷ 격려는 개인을 '나는 할 수 없다.'에서 '나는 할 것이다.'로 긍정적인 변화를 이루어 내는 내적 자원과 용기의 발달을 촉진시키는 과정이다.

❸ 낙관적이면서 격려된 '컵이 반이나 차 있다.'는 철학은 비관적이면서 낙담한 '컵이 반이나 비어 있다.'는 태도와 비교하여, 격려하는 접근과 높은 상관관계를 가지고 있다.

❹ 마틴 셀리그먼은 낙관주의의 세 가지 속성, 즉 영속성, 확산성, 개별화를 확인하였다.

❺ 스티븐 코비는 '풍부한 경영자들'이 자아정체성의 내적 원천을 가지고 있고, 고독을 찾으며, 자연을 즐기고, 지속적인 심신의 재생을 통해서 '톱날을 갈고', 익명으로 타인에게 봉사하

며, 오랫동안 친숙한 관계를 유지하고, 자신과 타인을 용서하며, 비난하기보다는 문제를 해결한다는 것을 규명한다.
❻ 부정적인 자기평가와 자기비난을 논박하는 한 가지 방법은 엘리스와 셀리그먼에 의해 개발된 ABCDE모델이다. 여기에서 A는 촉진하는 사건이나 역경이고, B는 신념, C는 결과 혹은 감정, D는 논박 그리고 E는 힘을 내기(격려하기)다.
❼ 격려하는 태도는 용기와 희망에 근거하고 있다.

격려 리더십의 적용

❶ 당신이 개인적으로 낙담되어 있다고 느끼는 두세 가지 영역을 규명하라. 당신의 직원을 격려하기 전에 당신 자신을 격려하는 것으로부터 시작하라. 자신이 낙담한 부분에 대해 구체적으로 파악하라. 가능한 비합리적인 생각을 논박함으로써 자신의 신념을 재구조화할 수 있는지 보라.
❷ 이 장의 앞부분에서, 당신은 당신에게 격려적으로 다가왔던 리더의 특성에 대해 살펴보았다. 그 목록을 다시 검토하라. 당신은 이러한 특성을 당신 자신의 리더십 철학과 스타일에 어떻게 통합하였는가? 당신 안에 있는 그러한 속성을 더욱 발전시키기 위하여 행동계획을 만들어라.
❸ 개인적인 격려 일기를 쓰기 시작하라. 각 장의 내용을 살펴보라. 당신은 어떤 점들에 동의하거나 동의하지 않는가? 이 이론

이 실제 적용되는 것을 보여 주는 개인적 사례들을 기록하라. 그리고 더 격려적이 되기 위한 자신의 개인적인 노력에 대해 기록하라. 당신이 당신의 직원들을 실망시켰다고 느끼는 구체적인 사례들을 기록하라. 당신 자신을 격려하는 것이 그들을 격려하는 것에 어떻게 선행되어야 하는지 숙고해 보라.

❹ 코비가 정의한 풍부한 경영자들의 7가지 특성을 검토하라. 각 특성에 대해 1부터 10까지(1은 최하, 10은 최상) 자신을 평가해 보라. 그리고 각 숫자가 당신에게 의미하는 것에 대해 간단한 설명을 써 보라. 마지막으로 자신의 평가를 향상시키는 데 필요하다고 생각되는 구체적인 변화의 목록을 작성해 보라.

격려기술

❶ 자신의 행동과 태도에 대한 자각은 더 격려적인 리더가 되는데 필요한 첫 단계다. 당신의 언어에 초점을 맞춤으로써 자기성찰, 자기격려 그리고 자기직면의 과정을 시작하라. 격려는 몇 가지 언어적 기술을 포함한다. 일주일 동안, 당신이 "나는(혹은 당신은) ~할 수 없어." "나는(혹은 당신은) ~해서는 안 돼." "~하는 것은 불가능해." 또는 이와 비슷한 문장을 몇 번이나 말하는지를 간단하게 기록하라. 그러한 언어가 사용되는 구체적인 환경이나 상황을 규명하라.

❷ 둘째 단계는 "지금까지 ~은 도전적인 상황이다." "나(혹은 당

신)는 ~하지 않기로 선택했다." 등과 같이 말함으로써 낙담시키는 언어의 사용에 대해 자각하고 그러한 언어 대신 사용하는 것이다. 이러한 특정 기술은 낙담적인 발화를 하게 하는 근본적인 신념을 실질적으로 바꾸는 것과 연결된다. 관련 기술은 창조력이 문제해결적 사고의 일부가 되도록 체념이 담긴 발화를 재구조화하거나 재해석하는 것을 포함한다.

❸ 자기격려와 자기직면은 상호 의존적인 기술이다. 다음과 같이 함으로써 당신의 희망과 두려움에 초점을 맞추라.

A. 자신을 격려하기. 당신의 어떠한 장점과 강점이 지금 자신을 격려하는 리더가 되도록 이끌 것 같은가? 좀 더 향상된 리더가 되기 위해 어떠한 기술이 필요하다고 생각되는가?

B. 자신에 직면하기. 당신이 이 책에 제시된 몇 가지 개념과 아이디어에 대해 부정하거나 저항할 수 있는 면이 몇 가지 있는지 규명하라. (예: "그들이 도대체 경영자가 되는 것에 대하여 무엇을 알고 있다는 말인가?" 혹은 "이론은 이론일 뿐이라고.")

CHAPTER

Leadership by Encouragement

리더십 철학

"경영자가 직원들을 다루는 방식은 그 직원들이 다음에
고객들을 대하는 방식과 정확히 일치한다."

— 샘 월턴 Sam Walton

개 관

격려 리더십의 본질적 구성요소는 직원들을 진심으로 소중하게 여기고 존경하는 것이다. 격려하는 리더의 철학은 리더십의 심리학과 통합된다. 리더십 철학과 리더십 심리학에 대한 다음 특성들은 격려하는 리더의 태도에 대한 개관을 제공한다.

격려철학

1. 사람들은 조직에서 가장 개발되어 있지 않은 자원이다. 격려받은 사람은 자존감을 갖게 되고, 협동적이 되며, 생산성을 높이고자 노력한다.
2. 생산성은 모든 직급에 있는 직원들의 아이디어를 얻고 그것을 사용함으로써 증가된다. 이것은 체계적으로 이루어져야 한다.
3. 효과적인 리더는 직원들이 성장할 수 있고, 기여할 수 있으며, 이윤을 창출할 수 있는 환경을 만드는 촉진자다.
4. 우수성은 분명한 목표, 모든 사람이 전적으로 참여한 개방된 논의를 통해 이루어진 의사결정과 결단력 있는 행동으로부터 나온다. 각 개인은 자신의 행위와 결과에 완전히 책임을 진다.
5. 사람들은 자신의 목표와 소속감에 의해 동기화된다. 당신이 개인적인 목표와 조직의 목표를 연계하고, 수용적이고 친밀한 조직사회를 만들면, 파괴적인 긴장은 감소되고 생산성은 증가한다.

격려심리학

1. 개인은 자신의 목표와 의도에 따라 선택하고, 결정하고, 행동한다. 목표는 모든 행동에 대한 궁극적인 원인이다.
2. 소속감은 개인의 기본적인 욕구이고 조직의 성장을 자극하는 데 필요하다.
3. 사람들은 덜 중요한 위치로부터 인정받고 높이 평가받는 위치로 이동하려고 애쓴다.
4. 행동은 우리의 경험에 부여하는 인식이나 의미의 결과다.
5. 낙담한 사람들은 자기존중감과 협동하려는 마음이 부족하다. 그들은 공헌을 통해서는 성공할 수 없다고 믿기 때문에 수동적이고 파괴적인 방식의 관계에 의존한다. 그들은 자신의 능력에 대해 의심한다. 그들은 외적 통제와 평가, 비현실적인 기준에 초점을 두고 개인적인 이득을 중시하는 특징을 가진다.
6. 격려는 모든 상황에서 긍정적인 잠재력이 드러나게 한다.
7. 격려는 긍정적인 피드백의 힘을 통해서 공로를 인정한다.
8. 격려하는 리더는 타인에게 행사하던 권력을 타인에게 권한을 위임하는 것으로 변화시킨다.

매니지먼트 시스템즈 사(Management Systems, Inc)는 1만 명의 직원을 대상으로 한 조사에서, 거의 반수가 만약 경영자가 그들의 요구에 보다 더 잘 반응하면 적어도 15% 이상 더 생산성을 높일 수 있다고 생각하고 있음을 발견했다.[1]

직장에서의 정신적 충격은 직원과 경영자 양측 모두에게 모든 업무관련 스트레스를 다 결합한 것보다 더 심하고 파괴적인 문제를 초래한다. 직장에서의 정신적 충격은 직원의 근본적인 자아를 해체하는 특성을 가지고 있는데, 그것은 경영자나 관리자의 실제적인 악의적 취급이나 그런 것처럼 여겨지는 행동에 그 원인이 있다. 직무관련 압력은 직원의 보상요구의 원인 중 75%가 정신적 스트레스로 인한 결근이라는 사실을 통해 예증된다. 법원의 판결은 공격적, 위협적이거나 적대적이라고 여겨질 수 있는 업무환경이 경영자의 책임이라는 충분히 기본적인 원리를 지지했다.

　인간적인 일터의 제공에 대한 커져 가는 책임은 법적인 책임 그 이상이다. 비용증가에 대한 부담과 더불어 경기불황은 직원들이 최고의 수행을 하도록 동기화시키는 데 있어서 새로운 문제를 만들어 낸다. 비록 임금 인상과 보너스가 강력한 인센티브로 여겨진다 하더라도 진정으로 사람들을 동기부여시키는 것은 성취감, 인정 또는 승진이다. 이러한 가치 있는 감정은 격려하는 리더들에게 이득이 된다.[2]

　이 장에서는, 조직 내에서 기술적인 문제와 심리적인 문제의 상호관계성에 대해 설명하기 위한 사례연구가 제시된다. 이어서, 주요한 리더십 경향에 대한 개관은 격려 리더십의 구체적인 면에 대해 토론 할 수 있는 배경을 마련해 줄 것이다.

사례연구: 창업하는 기업가

"당신이 성공한 기업을 볼 때마다
그것은 누군가가 용기 있는 결단을 내렸다는 것을 의미한다."

피터 드러커 Peter Druker

"누구를 위해서 일하는가?"라는 질문을 받았을 때 점차적으로 더 많은 사람들이 "나 자신을 위해 일한다."라고 자랑스럽게 이야기한다. 미국의 선구자들은 기업가들에게 그들의 권리를 주장할 것을 장려한다. "성공한 기업가가 되기 위해서는, 정확히 다른 사람들이 하지 말라고 한 일을 해야 한다. 완전히 정신이 나간 것처럼 행동하고 말을 듣지 않는 것이 결국 좋은 결과를 낳는다."라는 말이 있다.[3]

200개 이상의 번창하는 벤처기업에 대한 연구를 한 결과 포부를 가진 창업자들을 위한 여러 가지 유익한 지침을 발견했다. 첫째, 효율적인 기업가들은 전망 없는 아이디어들을 가능한 한 빨리 배제한다. 그리고 그것은 데이터 수집이 아닌 판단력과 숙고를 통해서 이루어진다. 둘째, 그들은 재정 형편, 개인적 선호, 사업목표를 현실적으로 평가한다. 이러한 방식으로 아이디어가 가진 매력을 평가하고, 가장 적절한 새로운 사업을 바로 선택한다. 성공으로 가기 위한 힘든 여정 속에서 불가피한 실패로부터 살아남기 위해서는 사업에 대한 열정이 필요하다.

> "과녁을 겨누지 않으면 과녁을 맞추지 못할 확률은 100%이다."
>
> 웨인 그레츠키|Wayne Gretzky

　시간과 돈을 절약하기 위해, 성공한 창업자들은 아이디어를 찾는 데 드는 자원을 최소화한다. 적절한 분석 우선순위는 기업마다 다르다. 대기업의 경영자들과는 달리, 창업자들은 실행을 위해 항상 답이 필요한 것은 아니다. 사실 분석과 실행은 기업가적인 환경에서는 분리하기 힘들다. 영리한 창업자들은 열심히 사업에 착수하고 즉석에서 무엇이든 한다. 그리고 문제가 발생하는 순간 해결방안을 찾기 시작한다. 재빨리 마개로 구멍을 막고 사건이 전개됨에 따라 전략을 바꾼다. 창업자들은 대안을 평가하고 경쟁자의 비용구조를 재구성한다거나 대안적인 생산기술 초안을 계획하는 것은 말할 것도 없고 일반적으로 잠재고객에게 접근할 시간과 돈이 부족하다.[4]

　격려하는 리더의 세 가지 성격 특성이 연구에서 상당한 주목을 받고 있다. 즉, (1) 정직, 의무, 책임 그리고 윤리적 행동과 같은 개인적 가치, (2) 위험을 감수하려는 성향, (3) 성취 욕구다.

　『포브스(Forbes)』지는 최고의 소기업 200개의 목록에 있는 50명의 창업자를 인터뷰하였다. 공통점이라고는 찾아볼 수 없는 그 사람들과의 대화에서 사실상 모든 창업자들은 만약 그들의 사업이 실패했다면, 분명 다른 사업을 시작했을 것이라고 말했다. 몇몇은 그것을 '거미 증후군'이라고 부른다.

　워튼(Wharton) 사의 에드워드 몰트(Edward Moldt)는 가장 성공적인 기업가들이 공유하는 몇 가지 일반적인 특성을 규명하였다.

- 자기확신―실패의 두려움을 극복할 수 있고 고객, 투자자, 사원들에게 확신을 불어넣을 수 있는 능력
- 끈기―내적으로 낙천적인 상태를 유지하고 빈번한 실패에도 좌절하지 않기
- 신속한 회복력―빈번한 실패를 경험한 후에도 다시 큰 소리로 웃을 수 있는 내적인 강인함
- 독립심―상사가 아닌 자기 자신에 대해 책임을 짐으로써 만족감을 얻기
- 대담성―도박을 하는 것이 아니라 위험을 냉철하게 평가하며 그것을 두려워하지 않는 것[5]

사례연구

다음에 이어질 사례는 자신의 회사를 설립하기 위한 개인의 노력을 보여 준다. 이 사례는 이제 막 생겨난 조직에서 '인간 문제' 이외에도 발생할 수 있는 다양한 문제를 소개하기 위해 제시되었다.

15년 동안 존 퀸시는 큰 소매회사에 직물을 납품하였다. 그는 일을 즐겼고 고객과 경영자에게도 불만이 없었지만 수입에는 만족하지 못했다. 그는 자신만의 회사를 갖기를 열망했다. 그는 사업설명회에서 한 연설자가 모든 사업은 욕구, 즉 해결되어야 할 문제에 기

반을 두고 있다고 말하는 것을 들었다. 그의 아내는 그 연설을 듣고 그에게 "당신은 직물회사에 어떠한 문제가 있다고 생각하나요?"라고 물었다. 그들은 그의 일상 업무에서 발생하는 여러 가지 문제에 대해 토론했다. 그는 고객들의 카펫, 베개, 커튼 천 등에 무언가가 쏟아져 생긴 얼룩에 대한 문제를 계속 생각하였다.

그 생각은 그를 사로잡았고 그것이야말로 그의 직업상 풀어야 할 문제라고 생각했다. 그는 화학에 대해 아는 것이 하나도 없었지만 얼룩 제거 액체로 집에서 실험을 하기 시작했다. 그도 그의 고객들도 제품에 만족하지 않았기 때문에 그는 새로운 물질을 개발했다.

6개월 동안 지속된 실패를 경험한 끝에, 그는 직물의 얼룩을 효과적으로 제거하는 것이 그로서는 불가능하다는 것을 깨달았다. 어느 날 그의 부인이 말하길, 왜 얼룩을 제거하려고만 하고 그것을 예방하기 위해 노력하지 않느냐고 했다. 그는 새 직물을 보호할 얼룩방지 액체를 개발하기 시작했다. 그는 그 아이디어에 열광하기 시작했다. 머지않아 그는 얼룩을 방지하도록 다양한 표면에 입힐 수 있는 액체 하나를 완성했고, 그다음엔 세 개, 다음에는 다섯 개의 액체를 완성했다.

그는 그의 제품이 특허를 따고 제품의 이름이 저작권을 얻기 전까지 현명하게도 그의 소매업 일을 계속하였다. 집에서 그는 화학물질들을 섞고, 제품을 포장하고 광고 작업을 했다. 그의 제품에 좀 더 실험적인 적용을 함으로써, 그는 그의 창고에서 5개의 화학물질이 합성된 제품을 만들어 통에 담았다. 그는 한 직물 소매상에게 상당한 양의 제품을 처음으로 판매한 후, 자신의 회사를 설립해야겠다고 생각했다. 그는 신제품 만들기에 전념하기 위해 그가 가진 모든 용기를 다 모아 소매업 직장을 그만두었다.

그는 돈을 빌리고, 사무실을 임대한 후 사업의 활성화를 위해 밤낮으로 일하기 시작했다. 그는 화학재료들을 구입하고, 섞고 병에 담았다. 그는 판매도 하였고, 법적인 문제, 회계, 은행업무, 서신, 포장, 선적, 전단광고, 청소와 배달까지 맡아서 했다. 발명하는 것 역시 그가 맡아 하였다.

그 사업은 예상보다 빨리 성장했고 도움이 필요할 정도로 사업체가 커지게 되었다. 첫 번째로 그는 액체를 섞고 보존할 수 있는 화학 지식이 풍부한 기술자를 고용했다. 판매량이 증가함에 따라, 경험이 풍부하며 결단력과 책임감이 있다고 증명된 사무원을 고용하여 비서/부기/접수원의 업무를 보게 했다.

퀸시는 그의 부인이 사무실에 수시로 드나드는 것에 그의 사무원이 불만을 갖기 시작했을 때 처음으로 인간관리 문제에 직면하게 되었다. 퀸시의 부인이 직무기술서를 통해 두 명의 여직원을 위한 구체적인 업무 책임에 대해 정의하고 윤곽을 그렸을 때부터 권력투쟁은 시작되었다. 그녀는 집에서는 사무원을 비난하였고, 그의 남편으로 하여금 직원의 불평과 공헌 사이에서 중심을 잡기 어렵게 만들었다.

다음 해에 퀸시의 부인은 일곱 명의 생산직 직원과 사무실 직원 한 명을 고용했다. 그녀는 현장 주임으로 두각을 나타냈고 모두에게 인정을 받았다. 그다음 해에 퀸시는 판매/총지배인을 한 명 고용하였다. 회사의 수입은 좋았다. 그러나 새로 온 총지배인은 지나치게 야욕적이고, 퀸시에게 경쟁의식을 가지고 있다는 사실이 드러났다. 퀸시는 그를 믿었기 때문에 그의 행동에 예의 주시하지 않았다. 결국 그 총지배인은 특허관련 변호사와 고객들과 비윤리적인 거래를 하였고 퀸시는 사업체를 거의 잃을 뻔하였다.

퀸시가 처음으로 필요로 했던 외부의 전문가는 인사관리 컨설턴트, 은행가, 공인회계사였다. 인사관리 컨설턴트는 신입사원 채용과 법적, 심리학적으로 건전한 정책을 채택하는 데 도움을 주었다. 예를 들어, 직무기술서 작성, 오리엔테이션 과정 확립, 동기부여를 할 수 있는 임금 시스템, 의료 서비스, 출근 기록, 모든 직위의 사원들을 위한 훈련 프로그램의 시행, 회사 전체를 망라하는 의사소통 시스템의 확립 등에 도움을 주었다. 은행가는 퀸시에게 주기적인 자금조달과 재투자에 관한 충고를 해 주었다. 공인회계사는 상점, 사무실 그리고 세금회계에 대한 적절한 기록과 부기를 지속할 수 있도록 도와주었다.

퀸시는 처음부터 모든 부서에 대한 인식뿐만 아니라 제조경영에서 인간적 측면을 고려하기를 강요받았다. 사원의 수가 늘어남에 따라, 그의 회사의 가장 큰 과제는 사람에 대한 것이었다. 3년째 되던 해 어느 날 그가 공장을 돌아다니고 있을 때 그는 직원 모두의 이름을 알지 못한다는 사실을 알게 되었다. 야간 수위는 퀸시가 누구인지 모르고 그에게 지금 공장에서 무엇을 하느냐고 물었다. 새로운 접수원은 그의 아내가 그의 회의를 방해하는 것을 허용하지 않았다. 회사의 규모가 커지고, 직원들이 점점 더 타인에 대해 아는 것이 없게 되자 비인간성이 문제가 되었다. 그는 그가 고용했던 직원들 모두가 그에 대해 알고 싶어 한다는 것을 알았지만 직원들과 관계를 유지하는 데에 어려움이 있었고, 그는 생산성과 수익 이상으로 충성심과 의욕에 대해 걱정하였다.

퀸시의 사례는 저자의 실제 컨설팅 의뢰인들의 여러 가지 이야기가 복합된 것이라고 할 수 있다. 이 사례는 소규모 기업 사업가 수의 증가에 중점을 두기 위해 선택되었다. 인간 상호작용과 대인관계는 사업주들에게 주요한 과제다. 『메가트랜드 2000(Megatrends 2000)』에서 네이스비트와 애버던스(Naisbitt & Aburdence)는 다음과 같이 추측하였다. "1990년대의 가장 주요한 리더십 과제는 고학력의 신입사원이 좀 더 기업가적 면모를 갖추게 되고, 자기관리를 잘하며 평생교육에 적응할 수 있도록 장려하는 것이다."[6]

급속한 첨단기술의 확산은 성공적인 사업에서 '사람'이 차지하는 비율을 줄어들게 한 것이 아니라 오히려 증가하게 만들었다. '첨단기술-인간적 접촉(high tech-high touch)'이라는 말은 기술적인 것과 대인관계적인 면 둘 다의 불가결한 중요성을 말하기 위해 네이스비트가 『메가트랜드』에 소개하였다. "신기술이 사회에 소개될 때마다 그것을 상대하는 인간의 반응이 있어야 한다는 것이 바로 '인간적 접촉(high touch)'인데 이것 없이는 그 기술은 거부되고 만다. 첨단기술이 늘어나면 늘어날수록 더 많은 인간적 접촉 역시 요구된다." 네이스비트는 후에, "우리는 반드시 기술에 대한 물질적인 경의와 인간 본성에 대한 숭고한 요구를 조화시킬 수 있는 방법을 배워야 한다."고 촉구하였다.[7]

사람은 조직에서 가장 중요하지만 가장 적게 개발된 자원이다. 신제품 개발, 기계, 광고에 엄청난 돈을 소비하는 회사들은 종종 직원들의 교육을 위해 예산을 지원하는 데는 태만하다. 격려하는 지도자는 점차 기술적으로 되어 가는 세상에서 그 중요성이 커져 가는 '인간적 접촉'의 인적 구성요소다.

기업가 특성

경제학자와 비즈니스 전문가들은 기업가들이 현재 비즈니스 세계의 루이스와 클라크스(Lewis & Clarks)라는 사실에 동의한다. 신종 사업의 선구자인 그들은 꿈꿔 온 제품, 서비스 또는 아이디어를 실현하기 위해 금전, 시간, 안전에 따르는 위험을 감수한다. 그리고 그들은 종종 1년 안에 실패한다. 그러나 성공적인 사업들은, 그들의 형제 기업들과 함께 미국에서 창조되는 새로운 직업의 2/3를 차지한다.

기업가는 비전과 함께 독립적으로 일할 수 있는 능력이 필요하다. 그들은 자신감이 필요하며 자원을 집결시킬 능력, 고객들이 그들의 상품을 사도록 유도할 수 있는 능력 역시 필요하다.

기업가가 지위에 연연해서는 안 된다는 경험적 법칙이다. 이 원맨쇼는 예외 없는 법칙이다. 그리고 기업가는 서기와 수위의 업무를 포함하여 어느 정도 모든 것들을 하게 될 것이라고 예상한다.[8]

마일스 하디(Miles Hardy)에 따르면, "기업가는 4회 공격의 마지막에 승부를 거는 미식축구 감독과 같다. 만약 경기에서 패하면, 관중은 야유를 보낸다. 만약 승리하면 감독은 영웅이 된다."

"기업가는 남을 이용하고, 공격적인 경향이 있고, 기회를 잘 이용하는 사람이라고 주로 묘사된다."라고 하디는 말한다. "이러한 특성은 우리에게 가장 인기 있는 사람들에게서는 찾아볼 수 없다. 만약 그가 성공을 한다면 '운이 따라 주는 모험적인 친구'라고 생각하지만, 실패하면 그를 반사회적 인물이라고 생각한다."[8]

기업가는 의도와 목표를 달성하기 위해 사람들에게 의존하곤 한다. 기업가를 위한 리더십 학교는 비기술적 측면의 경영학교로서 기업가는 사람들이 '대의에 동참하게' 하도록 호소하는 기술을 갖출 필요가 있다고 제안한다. 성공적인 기업가는 또한 인간적 경영자이거나 직원을 동기부여하고, 지도하고 이끄는 효율적인 리더나 멘토가 되어야 한다. "그러므로 기업가는 반드시 실현 가능한 비전을 제시할 수 있는 리더가 되어야 하고, 사람들이 그 비전에 집중하도록 하고 비전을 실제로 구현하는 리더여야 한다."[9]

리더십의 중요한 측면 중에 하나는 어떻게 리더가 업무를 완수하고 사람들의 요구에 반응하는가다. 기업의 경영에 중요한 두 가지 요소는 업무수행에 대한 관심과 그 일을 하는 사람에 대한 관심이다.[10]

남가주 대학 마케팅 교수 겸 대학의 기업가 프로그램의 디렉터였던 고 리처드 버스커크(Richard Buskirk)는 그의 유명 저서인 『기업가 핸드북(The Enterpreneur's Handbook)』[11]에서 소위 '관료적 사고방식'과 성공적인 기업가의 특성을 대비시킴으로써 성공적인 기업가의 특성이라고 여겨지는 13가지 특별한 기업가의 특성을 구분하였다.

1. 실패에 대한 태도. 많은 사람들은 실패가 두렵기 때문에 새로운 사업을 시작하지 않는 것이다. 그들에게 실패나 실수하는 것보다 더 나쁜 것은 없다. '실패하느니 시도하지 않는 게 더 낫다(복지부동).'라는 태도는 우리 문화의 성공 중시 풍토나 적어도 성공처럼 보이는 것을 강조하는 관료주의적 반응이다.

    기업가는 어떠한 문제가 발생하든 처리할 수 있다고 믿는다. 그들은 어떻게든 극복해 내고 성공할 것이다. 그래서 실패는 지나치게 두려워할 어떤 것이 아니다. 사실 많은 기업가들이 그들이 가진 실패의 두려움이 무엇이든지 그것을 피하는 것이 훨씬 힘든 일이기 때문에, 차라리 그것을 업무수행을 위한 도구로 사용한다.

    더군다나, 만약 실패하더라도 기업가는 그것을 배워야 할 교훈으로 생각한다. 그는 초기의 실패를 궁극적 성공을 위해 연마되었던 고열의 석탄이라고 본다. '실패한 적이 없는 사람을 나에게 보여라. 그러면 나는 시도한 적이 없는 사람을 당신에게 보여 주겠다.'는 속담에 잘 드러나 있다.

2. 성과 지향성. 성과, 즉 판매와 이익에 대해서 이야기해 보자. 그것을 이익지향이라고 불러도 좋고 당신이 뭐라고 명명해도 무방하지만 기업가가 성과에 관심이 있다는 것은 사실이다. 반면에 관료는 대개 결과에 대한 반대로서 과정에 관심을 가지고 있

다. 조직의 관료는 과정에 너무나 많은 관심을 가지고 있어서 최종 성과를 시야에서 멀어지게 한다. 절차 비용이 이익에 의해서 정당화되는가? 비용이 효과적인가? 관료가 예산을 적절히 사용하는 한은 모든 것이 그렇다.

3. **책임감의 수용**. 기업가는 좋든 나쁘든 발생한 일에 대해 책임을 진다. 이것은 사업경영의 중요한 측면들 중의 하나다. 만약 당신이 사장이라면 발생한 일에 책임을 져야 한다.

책임을 회피하고 남을 비난하는 것이 관료에게는 중요하다. 관료는 위원회를 설립하고, 자문가들을 고용하며, 조사를 수행하고, 모든 것에 대한 책임이 명확히 확산되고 다른 곳으로 잘 전이될 수 있게 하는 것은 무엇이든 적용한다.

4. **희생하려는 의지**. 기업가는 승리하길 원한다. 어떤 사람은 너무 심하게 승리하기를 원하기 때문에 때로는 해서는 안 되는 일들을 한다. 그렇지만 이것은 매우 경쟁적인 사람의 특성이다.

반면에 관료는 가끔 무승부의 게임을 한다. 연구논문에서는 이것을 두고 누구도 이긴 사람이 없는 제로섬 게임이라고 한다. 어떤 사람들은 한국전쟁과 베트남전쟁에서 미국의 패배를 워싱턴 관료들이 애초에 이기려고 하지 않았기 때문이라고 비난한다. 그들은 교착상태, 즉 무승부를 원했다. 승리를 위해서는 치러야 할 비용이 있는데, 만약 당신이 그것을 지불하지 않으려 한다면, 당신은 패배할 것이다. 기업가는 그 값을 기꺼이 지불하려 한다. 그러나 관료는 비용을 지불하려 하지 않는다.

5. **활동지향성**. 기업가는 활동을 추구하고 일을 완수하고자 한다.

관료가 활동을 회피하는 이유는 그에 수반되는 위험과 추가 업무 때문인데, 이 두 가지는 관료의 마음 속에서 제거되어야 할 대상이다.

사실 기업가는 가끔 너무 많은 활동, 즉 활동을 위한 활동 혹은 무료함을 달래기 위한 활동을 추구한다. 이것은 기업가가 통제해야 할 경향이지만, 결국 그것은 관료의 무기력보다는 더 바람직한 것이다.

미국 정부는 현재 교통정체 상태에 있다. 관료들은 그들이 아주 잘하는 일인, 서로에 대해 비난하고 동의하지 않는 것 이외에는 아무것도 하지 않는 것처럼 보인다. 이러한 사고는 승리와 관련이 있기는 하지만, 실행 없이는 승리할 수 없다. 기업가 지망인에게 필요한 단어는 해 보자(do it)다. '실행에 옮겨! 무언가 해 보자!'다. 성공한 기업가와 큰 조직의 일원으로 일하는 사람 간의 유일한 차이점은 기업가는 실천할 수 있는 용기를 가지고 있다는 것이다. 우리는 이것을 주도성이라고 한다.

6. 기회에 대한 민감성. 기업가는 자신에게 이익이 되게 바꿀 수 있는 기회를 찾는다. 기업가는 기회를 의식하고 있고 행운은 그러한 주의 깊은 준비로부터 온다.

관료에게 있어 기회는 실패로 가는 또 다른 기회다. 기회를 보고 그것에 착수하는 데 실패하는 것은 사회적 오점이 된다. 그래서 숙달되고 잘 훈련된 관료는 기회를 인식하지 않는 방법을 배운다. 차라리 기회를 다른 무언가로 해석하는 방법을 학습하는 것이다.

7. 시장지향성. 기업가는 모든 사업이 고객으로부터 시작된다는 것을 안다. 고객들은 당신에게 일어나길 바라는 모든 좋은 일의 원천이다. 단골 고객은 연금과도 같다. 즉, 당신이 그것을 잘 돌보는 한, 계속해서 그리고 미래에도 당신에게 돈을 지불할 자산인 것이다. 그래서 고객들을 돌보고 배려하는 것이 대부분의 기업가들 마음속에 대단히 중요한 것으로 각인되어 있어야 한다.

고객에 대한 관심을 공유하는 관료들은 얼마나 될까? 관료들은 당신이 할 수 있는 것에 대해 당신에게 말해 주기를 선호한다. 그리고 당신은 그들의 결정에 따라 비싼 값을 지불한다. 마치 독재자가 당신에게 무엇이 최상인지를 알고 있듯이 말이다.

8. 속박에 대한 태도. 관료는 속박을 좋아한다. 속박이 많을수록 더 좋다. 자신의 행동에 충분한 속박이 주어진다면, 그는 아무것도 하지 않을 것이며, 그것은 가장 행복한 상황이다. 그래서 전 세계의 관료들은 서로에 대해 구속—말하자면 직업상 예의—하느라 바쁘다. 정부가 기업에 가하는 제약을 보라. 국세청의 규정만 보더라도 그 제약이 얼마나 큰지 알 수 있다.

당연히 기업가는 제약을 싫어한다. 자신이 사업을 수행하면서 접하게 되는 많은 비합리적인 제약을 싫어한다. 속박은 어떤 일이 일어나지 못하게 막는다.

물론 적당한 규제는 모든 시민사회에서 필요하고, 사업에 이점으로 작용하는 규제도 많다. 그래서 끊임없이 규제에 대하여 투쟁하는 사람은 종종 자기파괴적이다.

9. 현실지각. 기업가는 자신의 기업에 대해서 실질적이고 현실적이

어야 한다는 것을 알고 있다. 그것은 꿈, 희망적 기대 그리고 높은 기대에 기반을 두지 않는다. 그것은 냉엄한 사실들(예: 실제적 비용, 현실적 판매, 현실적 시장)에 근거해야 한다.

반면, 관료는 중요인물처럼 보이는 모습, 매우 바빠 보이는 모습, 권위적인 모습 등 겉모습(체면)에 전념한다. 관료는 상황의 현실성을 회피하는 데 최선을 다하는 동시에 자신의 언행이 정치적으로 옳은 것인지에만 관심이 있다.

10. 리더십 전략. 기업가는 개인적 접촉과 실례를 가지고 기업을 이끈다. 소기업에서 일하는 것에 대한 장점 중 하나는 사장이 직원들과 직접적인 접촉을 통해서 친한 사이가 된다는 점이다.

대조적으로 메모는 관료들이 즐겨 사용하는 의사소통의 도구다. 그들은 필기, 즉 메모, 보고서, 편지, 양식 등으로 일하기를 좋아한다. 이것은 사람과의 대면을 어렵게 하고 어떠한 정보가 전달되든 간에 반문을 하게 만든다. 문서는 상당한 무능력도 감출 수 있지만 그것은 또한 만약 당신이 문서 읽는 방법을 안다면 알아낼 수 있는 것이다.

문서는 당연히 우리 사회에서 필요한 것이다. 말하기는 이해하기 어렵고 왜곡되기 쉽다. 그래서 능숙한 기업가는 자기보호를 위해서 서류화하는 것을 학습해야 한다.

11. 참모조직에 대한 반감. 기업가는 라인조직을 좋아하고 조직에서 스탭조직의 활용을 최소화하고자 한다. 실제로 그들은 그들이 고용해야 하는 직원들(회계사 역할을 하는 회계원, 인사 담당 이사 그리고 조직에서 서류상에 근거한 다른 사람들처럼)을 매우 싫

어한다. 그들은 판매직 사원과 공장 직원들을 매우 소중히 여긴다.

    반면에 관료들은 참모를 좋아한다. 그들이 참모였기 때문이다. 업무에 능란하고 권력을 추구하는 관료는 참모를 조직할 수 있는 사람을 찾음으로써 조직의 경쟁자들과 경쟁한다. 관료에게 보고하는 사람이 많으면 많을수록 그는 조직 내에서 많은 권력과 지위를 가질 수 있기 때문이다.

12. 가치의 인식. 기업가는 돈을 매우 중시한다. 돈을 벌기 위해 최선을 다하기 때문에 돈을 가볍게 여기지 않는다. 기업가는 회사의 자금을 마치 자신의 재산처럼 신중하게 사용한다.

    반면에 관료들은 자신의 돈을 소비하는 것이 아니므로 조직의 자금이 별로 중요하지 않다. 수십 억 달러가 관료들에 의해 소비되고 있다. 그들의 돈이 아닌데 안 될 이유가 있겠는가? 다른 사람의 돈을 쓰는 것은 재미있는 일이다.

13. 경력 인식. 관료들은 '이러한 결정이 나의 경력에 어떠한 영향을 줄 것인가?'라는 자동적인 여과막을 통해 모든 의사결정을 분명하게 한다. 그들은 경력을 인식하고 있다. 의사결정을 내릴 때의 첫 번째 관문은 그것이 개인적으로 그들에게 어떠한 영향을 주느냐다. 그들은 경력에 가해지는 어떠한 위협도 회피한다. 구매직원은 조직을 위한 최상의 구매에는 전혀 관심이 없고 대신에 '안전'한 구매만을 찾는다. 그래서 이름이 알려진 대기업이 신생 소규모 기업보다 이런 구매직원들에게 물건을 판매하기가 훨씬 유리한 것이다.

반면에 기업가는 그러한 일을 하지 않는다. 그는 사업을 하고 있으며 그 회사를 위한 최선의 것이 무엇인가를 생각한다. 기업경영자는 회사에 최선의 것이 무엇인지에 따라서 의사결정을 하려 하고 어떠한 문제가 일어나든 자신이 해결할 수 있다고 믿는다.

> "오늘의 승자는 내일의 패자다.
> 우리는 반드시 내일의 승자를 육성해야 한다."
>
> 리처드 버스커크 Richard Buskirk

사업을 인간화하기 위한 초기 노력

> "현대의 경영진들 사이에서는
> '인간기술은 항상 전문적 기술을 앞선다.' 라는 말이 있다."
>
> 맥스 디프리 Max DePree

중소기업이나 대기업의 수많은 사주들은 이 장의 처음에 소개되었던 사례에 등장했던 문제들 중 최소한 몇 가지는 경험한다. 직원들을 이해하고 동기부여를 시키기 위한 많은 창조적인 프로그램들이 완성되었다. 우리는 이제 몇몇 구체적인 혁신에 대한 재고를 할 필요가 있다.

허즈버그(F. Herzberg)는 '위생요인(hygiene factor)'으로부터 소위 '동기요인(motivator)'이라는 것을 구분함으로써 직원의 동기에 대한 중요한 연구에 의미 있는 기여를 하였다. 그는 동기요인을 성취, 성취에 대한 인정, 도전적인 업무, 책임감의 증가 그리고 성장과 발달과 같은 직무의 측면으로 정의하였다. 반면에 위생요인은 조직적인 환경 안에 존재하는데, 정책과 경영, 작업 조건, 대인관계, 봉급, 지위 그리고 안전을 포함한다. 그래서 경영자는 동기요인과 위생요인 두 부분에 모두 주의를 기울여야 한다. 격려 리더십은 허즈버그에 의해 규명된 중요한 개인적 요인들을 다룬다.[12]

새로운 경영철학인 Y이론은 인간의 본성과 동기의 다양한 이해에 근거하고 있다. Y이론의 경영자들은 만약 업무가 충분히 흥미롭고 도전적이라면 인간은 기본적으로 자기지향적이면서 창조적인 모습을 보인다고 생각한다. Y이론의 (격려하는) 경영자들은 고용자들이 개인적이고 조직적인 목표들을 성취하는 방향으로 노력하게 함으로써 그들의 목표를 성취하도록 돕는다.[13]

윌리엄 오우치(William Ouchi)는 Z이론을 발표하였는데, 품질관리 모임 혹은 작업집단의 일본식 개념이며, Z이론에서는 모든 직원의 투입을 추구하고 중요하게 여긴다. Z이론은 일본식 특성과 미국식 특성이 혼합된 경영 스타일이다. (일본은 장기고용, 합의적인 의사결정, 시간이 걸리는 승진과 평가 그리고 전체에 대한 관심에 기여하였다. 미국은 비공식적인 통제, 전문화된 출세의 통로 그리고 개인적인 성취에 기여하였다.) 쿠민스 엔진, 델타 항공, 3M 등과 같은 Z이론 회사는 높은 사기, 낮은 이직 그리고 회사에 대한 충성심으로 알려져 있다.

Z이론에 따르면, 풍족한 사회에서 높은 수준의 생산성을 유지하는 방법은 직원들이 보다 높은 수준의 욕구(자존감, 그들이 자랑스러워할 수 있는 조직에 대한 소속감)를 갖는 것이며, 책임감과 작업장에서의 자율성을 부여함으로써 그러한 욕구를 만족시킬 수 있도록 하는 것이다.[14]

격려하는 리더는 직원들이 자기동기화될 수 있고 자기지향적이 되게 하는 철학과, 자기존중감과 같은 상위 욕구는 격려적인 환경에서 더 잘 충족될 수 있다는 철학에 근거한다.

효율적인 리더십은 타인들의 지적, 정서적인 욕구에 초점을 둔다. 개인과 사회 집단은 목표의 성취를 위한 구조와 질서의식을 필요로 하지만, 또한 사회적 동물로서 관심과 존경을 받고 싶어 한다. 이러한 두 가지 요인은 어떤 리더들은 효율적인 반면, 다른 리더들은 노력에도 불구하고 실패하는 이유를 이해하는 데 중요하다. 격려하는 리더는 올바른 목표와 구조의 중시와 기본적인 인간 존엄의 심리적 욕구에 대해 올바른 인식을 갖고 있다.

● ●

"유행(동향)은 말처럼 달리고 있는 방향에서 올라타기가 더 쉽다."

존 네이츠비트 John Naisbitt

21세기의 5가지 경향

 엄청난 변화의 물결 속에서, 조직들이 변화하는 세계 경제에서 생존하고자 한다면 경영철학에 있어서의 중대한 변화가 요구된다. 격려 리더십의 목표는 효율적인 리더십의 특징을 보여 주는 다섯 가지 경향에서 찾아볼 수 있다.

① 예산항목으로서 인적자본
② 리더십 대 경영
③ 다문화 세계 속에서의 리더십
④ 여성 리더십
⑤ 변혁적 그리고 거래적 리더십은 '완전한' 리더의 특징을 보여 준다.

제1경향: 인적자본

 '인적자본'이라는 말은 이제 지겨울 정도로 우리에게 익숙해졌다. 노벨상 수상자이자 시카고 대학의 경제학, 사회학 교수인 게리 베커(Gary Becker)는 처음 인적자본이라는 단어를 만든 사람이다. 그 덕택에 30년 전 경제학자들 사이에서 쓰이게 된 이 단어는 처음에는 논란의 대상이었다. 많은 사람들이 이것이 사람을 노예나 기계 취급해서 표현한 것이라고 말했다. 오늘날에는 기업이 공장과 기계에 투자하는 것과 같은 방법으로 기술에 투자한다는 개념(예를 들어, 예상 수익 창출을 위한 예산 추산)은 매우 명백하게 받아들여진다.

> "정작 중요한 일은 알고 난 뒤의 깨달음에서 온다."
>
> 존 우든 John Wooden

> "직업은 경제적인 성장뿐만 아니라 정신적이고 개인적인
> 성장의 기회를 제공한다.
> 만약 그렇지 않다면, 우리는 우리 삶의 너무나 많은 부분을
> 일에 소비하고 있는 것이다."
>
> 제임스 오트리 James Autry

 많은 국가에서 인적자본 경영 부분의 혁신이 이루어지고 있다. 스웨덴 사람들은 건강한 직원들의 중요성 그리고 일과 가족의 균형의 중요성을 이해하게 되었다. 일본과 미국의 경영자들을 대상으로 한 최근 연구에서는 두 집단을 구별하는 기준이, 일본 사람들은 그들의 직원들을 자산으로 보는 반면에 미국 사람들은 그들을 비용으로 본다는 점이라는 것을 발견하였다.[15]

> "재산목록이 저녁에는 집으로 간다(The inventory goes home at night.)."
>
> 루이스 B. 메이어^{Louis B. Mayer}

'미개발된 인적자본'이라는 제목의 장에서, 배런 베니스(Warren Bennis)는 MGM 스튜디오의 전임 사장인 메이어의 위의 말을 인용했다. 메이어는 MGM을 성공하게 만든 것은 사람들—연출가들, 극작가들, 배우들—이라고 인식하였다. "마찬가지로 자동차에서 식품, 생명보험에 이르기까지 현대 모든 시장의 근본적인 자원은 그곳의 사람들이다. 이는 경제에 대한 기본적인 사실이다. 그리고 이것을 받아들이고 실행하는 것에 대한 미국 사업가들의 거부는, 국제시장에서 미국의 낮은 성과를 설명해 준다."라고 베니스는 계속해서 말하고 있다.[16]

직원들은 큰 조직 속에서 톱니바퀴의 이처럼 작은 역할을 하는 사람이라는 적대적인 관점에서 여겨져 왔다. 과거 운동선수였던 댄 엑스타인(Dan Eckstein)은 부상을 입거나, 나이가 들거나 단지 부적절한 직원이나 선수를 대체할 어떤 사람이 항상 대기 중인 것을 'NFL 신드롬'이라고 말한다. 베니스는 로널드 레이건 대통령이 파업 중인 항공 교통 관제사들을 해고하기로 한 결심은, 오늘날 직원들은 개성이 없고 대체 가능하며 욕심이 많다는 개념을 강화시켰다고 하였다.

가필드(Garfield)는 '현실'이 예전과 다르다는 점에 주목한다. 만약 농경시대에 통제할 수 있는 실체가 땅이었다고 한다면, 산업화시대에는 재정자본이었고, 우리가 이제 막 발을 내딛은 정보화 시대에서는 인간의 지성과 무한한 재능을 이용할 수 있는 능력인 인적자본이 바로 그것이다. 마치 땅과 금융자본이 과거에 그랬던 것처럼, 우수한 회사만이 인간의 지성과 재능을 적극적이고 의식적으로 양성되어야 할 자원으로 대우한다. 자산과 돈은 수동적인 개체로서 조작이 가능하다. 그러나 인적자원은 동기부여가 된 인간의 완전하고 의식적인 동참에 투자하고 발전시키는 것이다. 인적자본이야말로 산업화시대와 정보화시대를 잇는 다리라고 할 수 있다.[17]

기술적 경쟁력은 경영자 역할까지 승진하기 위한 전제조건이라고 여겨진다. 그렇지만 기술적인 성공을 이끄는 능력이 기업에 필요한 "인간기술"로 전환되지 않는 경우가 많다. 예를 들어, 부서의 가장 훌륭한 세일즈맨이 그 부서의 리더가 되고, 가장 훌륭한 선수가 감독이 되는 것은 흔한 관행이다. 그러나 세일즈맨이나 운동선수로서의 성공이 지도자로서의 성공으로 전환되지는 않는 경우가 많고, 오히려 불이익이 되기도 한다. 스타에 대한 높은 성취기준은 종종 가치나 대인관계의 갈등을 낳는다. 성공을 향한 개인의 추진력은 그것이 사무실에서의 긴 업무 시간과 주말근무로서 나타날 때 조직에 의해 높이 평가된다. 그러나 좀 더 가치 있는 것이라 여겨져야 마땅한 것은, 유능하지만 가족들과 개인적 시간을 보내기로 선택한 균형 잡힌 직원의 조직 충성심이다.

인적자본에 대한 개념은 조직 내 모든 개인의 심리적 욕구를 가치 있게 여기고 존중하는 것을 의미한다. 첫 번째 경향은 인적자원의 개발이 조직 내에서 가치 있게 여겨질 필요가 있다고 인식하는 것이다. 그렇게 하기 위한 구체적인 방안은 인간기술을 위한 예산을 배정하는 것이다.

데일 카네기는 "사람을 다루는 것이 당신이 직면할 가장 큰 문제일 것이며, 심지어 공학계열과 같은 기술적 분야에서도 재정적 성공의 15%만이 개인의 기술적 지식에 의한 것이었고 85%는 사람들을 이끌 수 있는 능력인 인간공학의 기술과 인간성에 의한 것이라는 점이 연구에서 드러났음"을 확인하였다.

> "능력보다 더 희귀하고, 훨씬 더 귀중한 것이 있다.
> 그것은 능력을 알아보는 능력이다."
>
> 로버트 하프 Robert Half

그러므로 인적자본을 중히 여기는 것은 오늘날 리더십의 가치에서 주요한 경향이다.

제2경향: 관리에서 리더십으로의 변화

> "자질이 있다는 것은 당신의 동료들보다
> 당신이 해야 하는 것 이상의 훨씬 많은 것에
> 공헌한다는 것을 의미한다. 당신은 신뢰할 수 있는 실천가다.
> 그것이 당신이 특출한 이유다."
>
> 알렌 콕스 Allen Cox

2000년대는 관리의 시대보다는 리더십의 시대로 간주될 것이라는 합의가 증가되는 추세다. 네이스비트와 애버던스(Naisbitt & Aburdence)[6]는 관리에서 리더십으로의 변화를 다음과 같이 설명한다.

"조직의 지배 원리는 회사를 통제하기 위한 관리에서 인간이 능력을 최대한 발휘하고 변화에 빨리 반응하도록 하기 위한 리더십으로 변화해 왔다. 이것은 사람들이 자신들의 모든 문제를 해결해 줄 아버지 같은 존재를 정말 원할 때 요구하는 '리더십'이 아니다. 그것은 사람들을 존중하고 자기 경영, 자치적인 팀, 개인의 기업가적 기질을 장려하는, 민주적이지만 쉽지 않은 리더십이다."

사업 자문가인 베니스와 나너스(W. Bennis & B. Nanus)[16]는 그 차이를 다음과 같이 강조하고 있다.

"비전에 주목함으로써 리더는 정서적이고 정신적인 자원, 즉 비전이 지닌 가치, 전념, 포부에 대해 관심을 보인다. 대조적으로 경영자는 조직의 물리적 자원, 조직의 주요한 인간 기술(skills), 원자재 그리고 기술(technology)에 관심을 갖는다. 그러나 조직에서 사람들이 자신의 업무에서 자부심과 만족감을 느끼도록 돕는 것이 유능한 리더다. 그것은 가장 기본적인 인간의 욕구―중요한 사람이 되고픈 욕구, 차이를 만들어 내고픈 욕구, 유능한 직원이 되려는 욕구, 성공적이고 가치 있는 기업의 성원이 되고픈 욕구―에 대한 정서적인 호소다."

코네티컷의 하트포드 출판사에서 출판한 그들의 책 『리더: 주도권을 잡기 위한 전략(*Leaders: The Strategies for Taking Charge*)』은 강력한 메시지를 담고 있다.[16]

"사람들은 관리되기를 원하는 것이 아니라, 인도되기를 원한다. 도대체 세계적 경영인이란 소리를 듣는 사람은 누구인가? 그렇다. 세계적 지도자다. 교육 지도자, 정치 지도자, 종교 지도자, 지역사회 지도자, 노동 지도자, 사업 지도자들은 안내를 할 뿐 관리하지 않는다. 만약 당신이 어떤 사람을 관리하고 싶다면, 당신 자신을 관리하라. 그것을 잘 한다면 당신은 관리하기를 그만두고 안내하기를 시작할 준비가 된 것이다."

관리와 안내의 구별은 또한 종합적인 품질을 옹호하는 사람들에게 있어 중요한 철학이다.

"관리자는 통제한다. 리더는 전심전력을 창조한다."

존 젱거 John H. Zenger

"경영은 결과중심이다. 내가 어떻게 하면 최상의 성과를 가져올까? 리더십은 가장 중요한 것을 다룬다. 내가 성취하고 싶은 것들은 무엇인가? 경영이 성공이라는 사다리를 오르는 데 있어서의 효율성이라면 리더십은 그

사다리가 적절한 벽에 걸쳐져 있는지 아닌지를 결정하는 것이다."

스티븐 코비 Stephen Covey

그러므로 1990년대의 두 번째 경향은 사람들을 다루는 힘(관리인)에서 힘, 의무, 비전을 공유하는 것(리더십)으로의 변화를 포함한다.

제3경향: 확장된 다문화 및 세계화 관점

"가치가 있는 것은 우리가 믿는 것들,
사람들에 대한 우리들의 이해, 다양성에 대한 우리들의 포용이다."

맥스 디프리 Max DePree

다음에 이어질 내용은 미국의 노동부에서 예측한 다음 10년 동안의 주요 경향이다. 2000년까지 백인 남성은 총 노동인구인 2,500만 명의 15%만을 차지할 것이다. 나머지 85%는 백인 여성, 이주자, 소수의 흑인(남녀 모두), 라틴 아메리카인, 아시아인이 차지할 것이다. 21세기의 언젠가는 비라틴아메리카계의 백인 남성들이 미국에서 절대다수의 위치를 잃을 것이라고 예상했다.

여성 노동력은 꾸준히 증가할 것인 반면에(1990년대 말까지 47%를 차지할 것으로 예상됨), 노동통계국은 백인 남성이 노동시장에서 차지하는 비율은 10년 뒤쯤엔 39%로 하락할 것이라고 예상했다. 아시아인의 수는 80% 증가하고, 라틴 아메리카인은 75%, 흑인은 28% 증가할 것이다. 이 세 문화권은 노동력의 그물망 성장의 80% 이상을 차지할 것이고, 2000년까지 전체 26%를 차지할 것이다.[18]

필립 해리스와 로버트 모란(Phillip Harris & Robert Moran)은 때마침 '일련의 문화에 대한 경영(Managing Cultural Series)'이라는 몇 권의 책을 발간했다.* 그들은 동화(assimilation)의 개념과 좀 더 선호되는 개념인 문화적 적응(acculturation)의 개념을 대조하였다. 동화는 다른 사람의 문화를 포용하기 위해 자신의 문화를 전면적으로 거부하는 것이다. 반대로, 문화적 적응은 자기 자신의 언어와 가치를 굳게 뿌리내린 채 다른 문화의 언어를 배우는 것이다. 동화되는 사람은 자신의 문화를 박탈당하는 것이고 자신의 자존심마저 잃어버리기도 한다. 문화적 적응을 위해서는 반드시 동시에 두 세계에서 살아가야 한다. 그 생활은 직장에 근거한 것과 가정에 근거한 것과 같이 개별적인 구획으로 나뉜다. 20세기 리더들은 동화("나는 반드시 그들과 같아야 해.")의 '용광로(melting pot: 인종·문화 등이 융합·동화되어 있는 장소)' 철학의 신화를 거부할 것이고, 대신 문화적 적응을 장려할 것이다.

> "여성, 유색인종, 백인남성, 새로 온 이주자에서 사실상 우리 중 누구도 고기 가는 기계(meat grinder)나 문화·인종의 도가니에 속해 있지 않다. 많은 이들은 문화적이거나 조직적인 주류 속으로 사라질 수 없고, 만약 가능할지라도 사람들은 그렇게 하지 않을 것이다. 전

---

*Gulf Publishing Company, Box 2608, Houston, TX 77252-2608.

과는 달리 많은 사람들은 그들이 중요하다고 생각하는 문화적 차이를 조직이 수용해 주기를 요구하고 있다. 경영자로서 당신이 어떻게 하면 모두가 협력적으로 승리할 수 있을지를 정신적으로나 정서적으로 분명하게 하지 않으면 아무도 승리할 수 없을 것이다.

문화적 적응은 공유된 길이다. 직장에 새로 들어온 사람들은 업무 수행이 가능할 정도로 배우고, 편안함을 느끼며, 그들이 참여한 조직 내에서 잘 협동해야 한다. 그러나 새로 생겨난 직장에서는 모두가 신출내기다. 어떤 문화에도 치우치지 않는 리더는 전체 조직이 새로운 직장문화에 적응하고 협동적이고 생산적이 되도록 도와야 한다."

문화적으로 적응되는 과정에서 시몬스, 바스케즈 그리고 해리스(Simons, Vazquez & Harris)는 다음의 네 가지의 발달단계를 제시한다.

1. 우리는 어느 정도의 흥분감, 놀라움, 경계 또는 심지어 열정을 가지고 새로운 상황에 발을 딛는다.
 "나는 우리가 새로운 사람들과 잘 지낼 수 있을 것이라 생각해."
 "내가 있는 곳은 바로 기회의 땅이야."
 "나는 여자 상사와 일하는 것이 얼마나 쉬운지 모든 사람들에게 보여 주겠어."
2. 예상했던 것보다 더 힘든 상황임이 드러날 때는 좌절, 분노, 의기소침이 뒤따른다. 많은 사람들은 이 단계에서 멈추고 만다.
 "나는 절대로 이 사람들을 이해하지 못할 것 같아."
 "난 그녀가 그런 말을 했다는 것이 믿어지지 않아."

3. 우리는 매일의 일상생활에서 발생하는 실제적 차이를 인정함으로써 좀 더 냉정하고 객관적인 시각을 갖기 시작한다.

   "우린 정말 달라."

   "그녀와 나는 다른 언어를 써. 나는 어디서부터 오해가 불거졌는지 알기 시작했어."

4. 마지막으로, 우리는 협력할 수 있고 새로운 결과를 낳을 수 있는 실행 가능한 합의를 위한 협상이 필요하다.

   "우리는 직장에서 영어를 사용하기로 동의했어. 그러나 우리는 수다를 떨 때는 모국어가 더 좋아."

   "우리 둘 다 서로의 이야기를 주의 깊게 듣고 더 많은 질문을 해야 해."

그들은 80/20 법칙의 새로운 버전을 제시한다. 사업에 관한 격언 중 하나는 20%의 고객이 판매의 80%를 차지하거나, 20%의 직원들이 리더의 문제의 80%를 차지한다는 것이다. 타 문화권 사람들과 일할 때는 80/20 법칙이 반대로 적용되어야 한다. 다시 말하면, 조직 와해의 80%는 문화적인 것에 기반한 반면, 20% 또는 그 이하는 개인적인 것에 기반한다. 달리 생각한다면, 20%는 개인적인 것인 데 반해 80%는 구조, 가치, 조직 자체의 규칙에 기반한 조직적인 것이다.[19]

21세기를 위한 리더십은 더욱더 다국적이고 다문화적인 인식과 존중을 포함할 것이다. 다양한 개인적, 철학적, 정치적, 정신적 적응에 대한 민감성은 다음 10년 동안 주목받기 시작할 리더들의 특징을 규명한다.

리더십에 대한 다른 문화의 접근에 대해 알고 인정하는 것은 1990년대에도 필수적이었다. 일본 사업가 사칸 야나기다이라(Sakan Yanagidaira)에 따르면, 격려 리더십은 코코로자시(kokorozashi)라고 불리는 고대의 동양적 개념과 유사하다고 한다. 그것은 공자에 의해 시작된 것으로 나중에 사무라이에게 필수적인 것이 되었고, 최근에 일본의 리더십 철학으로 부활했다. 코코로자시는 '리더의 마음'— 리더의 용기 있는 책임, 의도, 의지력 또는 주요 동기부여— 라고 부정확하게나마 번역된다. 코코로자시는 열정을 창조해 내는 에너지를 지니기도 한다. 리더가 코코로자시를 가지고 있지 않다면, 그는 개인적인 목표나 조직적인 목표, 비전, 꿈을 달성할 수 없을 것이다. 리더로서 코코로자시를 갖는다는 것은 다른 사람들을 출세하게 하는 데 공헌하고, 자기격려를 통해 동기부여되도록 돕는 것을 의미한다. 야나기다이라에 따르면 코코로자시는 더 좋은 컴퓨터 소프트웨어, 즉 향상된 '사고' 능력을 갖는 것과 같다고 한다. 그것은 네트워킹 능력을 '향상' 시키는 것을 포함해 높고 넓은 관점에서 보는 것이다.

일본을 방문하는 동안, 대니얼 엑스타인은 야나기다이라에게 미국과 일본의 경영 스타일을 비교하는 방법에 대해 물었다. 야나기다이라는 "기린과 침팬지가 어떻게 다른지 말해 보시오."라고 대답했다. 그는 몇몇 다른 점들(몸무게, 키 등)을 엑스타인으로부터 들은 뒤 말했다. "그럼 그 둘이 어떻게 비슷한지 말해 보시오." 야나기다이라의 대답에서 우리는 문화적 차이를 찾기 위한 새로운 인지 기능, 편견의 재구조화를 필요로 함을 알 수 있어야 한다. 그 현명한 일본의 CEO는 "대부분의 사람들은 미국과 일본의 전통의 차이점을 찾으려 하지

요. 나는 대신 사람들에게 유사성을 찾아보기를 권합니다."라고 결론 지었다. 문화적 차이를 존중하면서 세계적인 관점의 보편성을 찾는 것이 현대의 리더들을 구별시키는 추세다.

"만약 그가 당신을 위해 일하면, 당신도 그를 위해 일한다."

일본 격언

    일본 사회의 문화적인 규범은 여러 가지 면에서 독특하다. 서양 사람들은 이러한 일반화된 가치를 동경하지만, 그들 중 소수만이 일본의 가치 측면에서 그들의 리더십 규범에 대해 고찰하였다.
    일본 사회를 정의 내리는, 감탄할 만하지만 모방이 불가능한 몇몇 원칙은 아마에(amae), 안신칸(anshinkan), 카이젠(kaizen)이다. 또 하나의 특징은 일본 북부에서 자란 오신(Oshin)이라는 가난한 소녀의 이야기로 대표되는 끈기 있는 집요함(patient persistence)이다. 그녀의 끈기와 인내는 그녀가 고난을 극복하게 해 주었고 성공한 경영자가 되게 하였다.
    달콤한 의존, 즉 아마에는 일본 사회를 하나로 통합하는 접착제다. 아마에는 부모와 자식 간의 관계 또는 이와 유사한 관계에서 보이는 유연한 연대감으로서 가장 잘 표현될 수 있다. 이 개념은 상업 중심지를 포함하여 일본 문화에 널리 퍼져 있다. 아마에는 가정, 교육환경, 기업 내에서 찾아볼 수 있는데, 그것은 의존성, 충성심, 긍정적 이미지, 강한 업무윤리를 양성한다.

일본의 집단 문화 속에서 아마에는 자신이 일하는 회사의 제품이나 서비스에 대해 자랑스럽게 생각하는 직원들의 모습을 통해 명백히 드러난다. 그 문화는 직원들의 합의—안신칸(마음의 평화)—에 기인하는데, 그것은 상호 합의된 조직목표의 빠른 성취를 보증한다.

카이젠 또는 지속적인 개선은 일본 직원들과 경영자들이 최종결과가 아닌 전체의 과정에 초점을 맞추도록 한다. 자원이 반드시 효율적으로 사용되어야 하는 국가에서는 지속적인 발전이 매우 중요하다. 화합을 해치면서까지 존재하기도 하는 효율성과 생산성에 대한 강조는 일본 경제의 생산 분야에서 두드러지게 나타난다.[20] 그러므로 넓어진 다문화적 관점은 리더십의 특징을 규명한다.

제4경향: 여성 리더십

여성들은 실질적으로 모든 작업 현장에 다가서게 되었으며 경영 경로에서 급부상하고 있다. 노동부 통계는 여성들이 간부임원, 관리자, 경영자의 인구통계학적 범위에서 40%를 점하고 있음을 보여 준다. 그러나 매우 소수의 여성들만이 미국의 주요 회사에서 고위직을 점하고 있다. 비록 여성들의 참여 기회가 최근 들어 증가하고 있다고는 하더라도 아직도 많은 장벽들이 남아 있고, 왜 그렇게 적은 수의 여성만이 상위의 관리직에 도달하는가는 풀리지 않는 의문이다.

『성공과 배반: 미국 기업에서 여성의 위기(Success and Betrayal: The Crisis of Women in Corporate America)』에서, 제이콥스(Jacobs)는 'BOGSAT' 현상을 기술하고 있다. 그 개념은 조직에서 대부분

의 중요한 의사결정은 책상에 앉아 있는 몇몇 남성들에 의해 이루어지고, 그것은 여성 직원의 의견이 상층까지 전달되지 않거나 옹호되지도 않음을 의미하는 것이다.[21]

"여성이 직감적으로 하는 일들 중의 하나는 사람들을 칭찬하는 것이다. 그것은 중요한 도구다. 칭찬은 남성의 입술에서는 자연스럽게 나오지 않는다."

앤 웩슬러 Ann Wexler

현대 상업 중심지에서 나타나는 가장 두드러진 경향 중에 하나는 여성 경영자들의 급격한 증가다. 예를 들어, 네이스비트와 애버던스가 『메가트렌드 2000』에 소개한 앞으로 다가올 열 가지 경향들 중 하나는 '1990년대: 여성 리더십의 시대'다. 그들은 제2차세계대전 이후로 일하는 여성이 200% 증가하였다고 밝혔다. 지난 20년 동안, 여성들은 새로운 직종의 2/3를 차지해 왔다. 아이가 없는 여성은 남성보다도 일할 확률이 더 높다(79% 대 74%). 그리고 아이가 있는 여성의 67%는 일을 한다. 『워킹 우먼(Working Woman)』(발행부수 90만 부)은 『포춘』, 『포브스』, 『비지니스 위크』를 능가했으며 『월 스트리트 저널』에게만 1위의 자리를 내주었다.

여성은 남성들보다 새로운 사업을 시작하는 속도 역시 두 배가 빠르다. 캐나다에서는 소기업의 1/3이 여성 소유이고, 프랑스에서는 20%가 여성 소유다. 1980년 이래로 영국의 여성 자영업자 수는 남성 자영업자 수보다 세 배 빠르게 증가해 오고 있다. 소기업 연합에서는 소기업의 30%가 여성 소유라는 사실을 보고했다.

1972년 이래로 여성 내과의사의 비율은 두 배가 되었고, 여성 법률가와 건축가의 수는 400%가 증가하였다. 프록터 엔 갬블(Procter & Gamble)과 애플 컴퓨터의 마케팅 담당 중역의 1/3 이상이 여성이다. 1990년 현재 『포춘』지가 선정한 500대 기업과 500대 서비스 기업의 여성 직원 83%는 부사장 또는 그 이상의 직급을 가지고 있었는데, 이는 1980년에는 35%였던 것과 비교된다.[21]

샤론 넬튼(Sharon Nelton)은 1990년까지 여성이 540만 미국 기업을 소유하고 있고 거의 1,100만 명에게 일자리를 제공했다고 말한다. 1988년에는 국가 여성기업인 위원회가 여성의 기업 소유권 법령의 제정과 함께 설립되었다. 그것은 1992년 말까지 여성 소유의 기업들이 일자리 창출 면에서 『포춘』지가 선정한 500개의 기업을 능가할 것이라고 최근에 예측하였다.[22]

주디 로스너(Judy Rosener)는 여성 리더십과 남성 리더십의 특성을 각각 '상호작용'과 '명령과 통제'로 묘사하고 있다. 더 나아가, 그녀는 상호작용 (여성) 리더십 스타일은 1990년대에 조직 변화의 속도가 가속화됨에 따라서 더욱 효율적이라고 제안한다. 그녀는 상호작용 리더들은 기본적으로 명령과 통제 리더들과는 다음과 같은 점에서 다르다고 말한다.

1. 참여를 격려한다.
2. 권력과 정보를 기꺼이 공유한다.
3. 타인들의 자기가치를 높인다.[23]

> "모든 사람은 '내가 중요한 사람임을 느끼게 해 주세요!'
> 라고 쓰여 있는 보이지 않는 표지를 달고 있다.
> 사람들과 함께 일할 때 이 메시지를 절대로 잊지 마라."
>
> 메리 케이 애시^{Mary Kay Ash}

여성 리더들은 종종 참여를 장려하고 권력과 정보를 공유한다. 그들 대부분은 형식적인 권한을 탐하지 않으며, 그것 없이 사람들을 이끄는 법을 배운다. 샤론 넬튼은 현명한 기업은 상보적인 남성적, 여성적 리더십 스타일 두 가지 모두를 이용하여 다양성을 존중한다고 믿는다.

소위 남자다운 특징과 여자다운 특징이라고 일컬어지는 것들이 조화된 양성적인 경영 스타일을 차용하는 것은 직장에서 여성들이 성적 고정관념의 부정적 효과를 극복하는 데 도움이 될 것이다. 그러므로 여성들은 타인들에게 호감이 가고 유능한 사람이라고 인식되어야 한다.

하우스홀드 인터네셔널(Household International)의 경영자인 안토니아 슈스타(Antonia Shusta)는 너무 많은 남성 경영자들이 인생의 정서적인 부분을 경시한다고 믿는다. "사업은 곧 사람이고 사람은 상당히 정서적이다. 만약 당신이 감성을 이해하지 못한다면, 당신은 많은 것을 놓치는 것이다." 슈스타는 여성들이 대개 '까다로운' 직장에서의 정서에 대처하는 능력이 더 뛰어나므로, 직원들에게 소속감을 심어 줄 수 있다고 말한다. 그것은 결국 충성심을 낳게 되고, 사람들이 최선을 다하도록 장려한다.

미국 웨스트포인트 육군 사관학교의 첫 번째 남녀공학 학급 학생들을 대상으로 한 리더십 연구에서는, 남녀가 동등한 업무수행 능력을 보여 주었다. 그러나 여성생도들은 부하들의 복지에 대해 신경 쓰고 그들의 일상에 대한 관심을 보여 줌으로써 부하들에 의해 더 높게 평가되었다. 넬튼은 리더십의 여성화가 사업의 이치에 부합하기 때문에 모든 리더십이 점점 더 '여성화' 되어 간다는 것을 알아냈다. 그 결과로, 1990년대에 남성들은 어색함 없이 자유롭게 리더십의 '여성적인' 수단을 사용하게 될 것이고, 여성들 역시 개인적으로 자신에게 좀 더 자연스러운 스타일을 사용하는 데 편안함을 느낄 것이다.[22]

격려하는 리더가 강조하는 것은 성별에 상관없이 남성다울 수도 있고 여성다울 수도 있는 리더가 완벽한 리더라는 것이다.

● ●

"가운데 방의 벽에서 깨끗한 물이 계속 뚝뚝 떨어진다. 그것은 마치 벽이 울고 있는 것 같다. 그것은 마치 만족감의 영혼이 울고 있는 것 같다. 왜 그것은 우는가? 그것은 시인들의 몰락 때문에 운다. 그것은 버팔로의 뼈 때문에 운다. 그것은 백인처럼 생각하는 흑인 때문에 운다. 그것은 정착민처럼 생각하는 원주민 때문에 운다. 그것은 어른처럼 생각하는 아이들 때문에 운다. 그것은 잊혀 가는 마법 때문에 운다. 그것은 죄수처럼 생각하는 자유로운 사람들 때문에 운다. 그러나 무엇보다, 카우보이처럼 생각하는 카우걸 때문에 운다."

톰 로빈스 Tom Robbins 의
『카우걸도 울적해질 때가 있다(Even Cowgirls Get the Blues)』에서

제5경향: 변혁적 및 거래적 리더십은 '총체적'인 리더를 특징짓는다

제임스 맥그리거 번스(James MacGregor Burns)는 그의 저명한 저서 『리더십(Leadership)』에서 두 가지 유형의 리더십을 변혁적 리더십(transformational leadership)과 거래적 리더십(transactional leadership)으로 구별했다. 그렇게 함으로써, 번스는 리더십이 단일 개념이 아니라는 것을 인식했고, 역사 속의 훌륭한 리더들을 통하여 이러한 점을 설명하였다. 거래적인 리더는 직원들의 사리사욕을 만족시키는 보수를 제공함으로써 이익 추구의 바람직한 방식이 있음을 믿도록 타인들을 동기화시킨다. 생산성 증대에 대한 임금상승과 같이, 리더와 직원들은 상호 가치 있는 것들을 교환한다.

> "우리가 조직 내에서 가장 두려워하는 것들
> —변동, 불안, 불균형—은 창조성의 주요한 원천이다."
>
> 마거릿 제이 휘틀리 Margaret J. Wheatly

변혁적 리더는 다른 사람들을 사리사욕 때문에 행동하도록 하지 않고 더 높은 이상 혹은 탁월한 목표에 대한 전념 때문에 행동하도록 동기화시킨다. 이러한 관계를 통해서, 리더와 직원들 양쪽의 동기화와 상호성이 더 높은 수준으로 올라간다.

변혁적 리더는 카리스마적이고, 고무적이고, 사람들을 지적으로 자극할 수 있고, 개개인에 관심을 보여 준다는 특징을 가진다. 카리스마는 리더와 리더의 임무에 대한 헌신과 무조건적인 신뢰를 불러일으킨다. 리더의 영감은 개방성과 믿음의 분위기를 창조하며, 지적인 자극은 직원들로 하여금 새로운 가능성을 보게 하고 그들의 억측에 이의를 제기하게 한다. 개개인에 대한 관심은 조직 내에서 그들의 가치와 발전에 초점을 둔다. 변혁적 리더의 관계는 창조와 헌신이라고 요약할 수 있다. 이것은 비전을 창조하고 조직 구성원들이 그 새로운 비전을 위해 헌신할 수 있게 하는 새로운 의미를 창조하는 것이다.[24]

많은 저자들은 리더들이 전형적으로 변혁적이고 거래적인 리더십을 둘 다 보여 준다고 단언한다. 대부분의 리더들은 두 리더십을 다 보여 주지만 그 정도는 다르다. 변혁적 리더십과 거래적 리더십은 그 의미를 명확히 하기 위해 필요한 용어다.

● ●

"현명한 관리자는 사람들로 하여금 그들이 가지고 있지 않은 것에
희망을 걸게 이끄는 것이 아니라 그들의 내면적 요구를 만족시키는 것이다."

노자

버나드 배스(Bernard Bass)는 변혁적인 리더를 다음과 같이 묘사했다. "그들은 직원들에게 카리스마적이고 그것으로 사람들을 고무시킬지도 모른다. 그들은 각각의 직원들의 정서적인 욕구를 충족시키고, 지적으로 자극할 것이다."[25] 무엇이 될 것인가에 대한 리더의 비전은 '종합적 품질(Total quality)' 과정의 첫 번째 단계다.

변혁적인 리더십을 바라보는 한 가지 방법은 밀고 당기는 조직적 에너지와 관련이 있다. 미는 에너지의 한 예는, 그 조직이 관련된 특정 사업을 규명하는 사명 선언이다. 전략상의 계획과 연례적 예산집행 과정 또한 조직하고 종합하고 보상하고 통지하는 조직 도구의 예다.

반대로, 당기는 도구는 사람들이 끌어당겨질 수 있는 미래의 상태를 창조하는 것이다. 공동의 조직 비전을 창조하는 것이 그 예다. 미는 도구가 한정요소와 한계를 설정하는 반면, 당기는 도구는 사람들로 하여금 스스로의 경계선을 설정하는 것을 가능하게 한다. 당기는 도구는 내부에서 사람들이 스스로 자신을 동기부여하게 하는 반면, 미는 도구는 적은 수의 사람(주로 사장)에 의해 부과된다. 당기는 도구는 공동의 구체적인 비전을 창조하고, 고무적이고 공유되고 직원들 사이에서 지속될 수 있는 미래의 청사진을 창조하는 것을 돕는다. 그러므로 밀고 당기는 에너지 모두가 필요하다.

변혁적 리더는 효과적인 비전을 확립하도록 도울 수 있는 세 가지 부분으로 구성된 '고층건물 유추(analogy)'를 사용할 수 있다. 부분 1은 가치들("내가 그것이 무엇인지 믿을 것은 무엇이고 나에게 무슨 의미가 있는가?")로 구성되었다. 부분 2는 가장 중요한 혹은 'A-목록' 항목들("내가 그것이 무엇인지 어떻게 알 것인가? 내가 원하는 것은 무엇인가? 나는 왜 그것을 원하는가?")로 구성된다. 부분 3은 회사가 미래에 어떤 모습일지에 대한 구체적 묘사다("나는 무엇을 느낄까? 나는 무엇을 듣게 될까? 나는 무엇을 보게 될까?").[26]

> "꿈꾸지 않으면 아무것도 이룰 수 없다."
>
> 칼 샌드버그 Carl Sandburg

두 번째 중요한 리더십 스타일은 거래적 리더다. 거래적 리더는 집단의 방향을 적극적으로 형성하거나 변화시킬 수 있는 통찰력을 가지고 있는 변혁적 리더들보다 좀 더 섬세하고 눈에 띄지 않는 경향이 있다. 거래적 리더십과 변혁적 리더십은 동양 도교의 음(陰)과 양(陽)의 개념을 사용하여 기술할 수 있다. 리더십에서 음은 여성적, 수용적, 반응적 측면이 있지만 양은 남성적, 외향적, 창조적, 단정적인 측면이 있다.

거래적인 리더는 음이고, 변혁적인 리더는 양이다. 완전한 리더는 변혁적이고 거래적이 될 수 있는 두 가지 능력을 가지고 있는데, 이는 구체적인 상황에 적합하기 때문이다. 비록 대부분의 리더들이 변혁적이거나 거래적인 스타일 중 한쪽으로 기울게 되는 개인적인 성향이 있지만, 두 가지 스타일 모두 자질 있는 리더가 되기 위해 필요하다.

여기서 거래적인 리더십은 특수한 개인들의 요구와 능력을 이해하고, 각 구성원들을 전체의 합으로 결합시킴으로써 얻어 내는 힘보다 전체 집단으로부터 더 큰 힘의 원천을 창조하기 위해 집단역학과 팀워크를 이용할 수 있는 능력이다. 그 밖의 다른 곳에서는 그것이 엄밀하게 실제적 거래와 관련이 있는 것으로 단순히 묘사되지만, 여기서는 인간관계 요소로 조정하여 정의된다.

시너지라는 용어는 증가된 팀 효과를 묘사하기 위해 종종 사용된다. 효율적인 거래적 리더는 향상된 인간관계를 장려하는 섬세한 힘을 이용하여 결과적으로 성과의 증대를 꾀하는 데 뛰어난 능력을 가지고 있다.

> "리더의 목표는 힘을 발휘하는 데 있지 않고 그의 직원들에게 권능을 부여하기 위한 것이다. 리더는 강압적인 사람보다는 겸건한 사람에 더 가깝다."
>
> 제임스 맥그리거 번스 James MacGregor Burns

격려 리더십(사회기술적 접근)

직원들의 능력 향상을 위한 격려하는 리더의 몇 가지 속성은 다음과 같다.

1. 구술적인 의사소통기술: 즉, 말하기, 경청하기, 직원 모임하기 그리고 회사 전체모임하기
2. 서면 의사소통기술: 즉, 메모, 보고서, 서간
3. 자기 자신과 타인의 불완전성을 수용하기: 사적으로 비평하고, 공개적으로 칭찬하라. 그리고 다른 사람들을 관대하게 믿어 주는 한편, 잘못되고 있는 어떤 것에도 책임을 져라. 최상위 리더의 한 가지 특징은 고통과 모호성을 견디어 낼 수 있는 역량이다.

4. 능력 향상과 새로 부과된 책임감을 받아들이도록 사람들을 준비시키기
5. 이윤에 대해서 직원들에게 규칙적으로 보고하기: 이를 통해 이윤을 당연한 것으로 생각하지 않게 해야 한다.
6. 부하 직원들의 태도, 문제 그리고 성공에 대하여 사회적으로 세심하게 알아차리도록 직원들을 교육하기
7. 전문적 기술뿐만 아니라 사회적 기술을 강조하는 수행 평가를 확립하기
8. 창작력이나 기술적인 생산성뿐만 아니라 리더십을 보상하는 봉급 수준, 승진, 봉급 인상을 유지하기
9. 직원들에 대한 이해와 공감을 보여 줄 뿐만 아니라 훈육하고 통제할 수 있는 역량을 실증하기

격려하는 리더: 두드러진 특성의 요약

다음은 격려하는 리더의 두드러진 특성의 목록이다. 격려의 이론과 실제가 다음 장에 더 자세하게 기술될 것이다.

● **격려하는 리더들**
① 상황을 문제로 보지 않고 도전과 기회로 본다.
② 모든 상황에서 긍정적인 잠재력을 확인할 수 있다.
③ 개성을 존중하고 유사성들을 찾아낸다.
④ 공로를 인정하고 긍정적인 피드백의 힘을 이해한다.
⑤ 적절하게 반응하고 의사소통을 한다.

A. 의도하는 바를 말한다.

　　B. 진심으로 말한다.

⑥ 타인의 책임감을 증가시키고 북돋운다.

⑦ 긍정적인 수행 평가를 제공한다.

⑧ 동등하게 참여한다.

⑨ 타인에 대한 권력으로부터 그들과 함께하는 권력으로 바꾸고 전통적인 권력의 언어(통제, 지시, 처벌, 위협, 명령, 요구)를 새로운 문제해결의 어휘(갈등해결, 영향을 주기, 설득, 협력, 협동, 공동 문제해결, 동의를 구함, 직원들을 자기주장으로 끌어들이기, 상대방의 다른 의견을 인정하기)로 바꾼다.

요 점

❶ 자기 자신의 회사를 설립하기 위해서는 위험을 감수하는 용기가 필요하다.

❷ 성공적인 조직은 조직구성원들의 전문적이고 정서적인 욕구에 관심을 기울인다.

❸ 네이스비트가 주목하듯이, 회사가 더욱 '첨단기술화(high tech)'가 되면 될수록, 직무에 대한 '인간적 기술(high touch)'의 대인관계가 더 중요해진다.

❹ 허즈버그는 '동기요인'(흥미로운 작업, 책임감, 인정, 승진과 같은 내적 요소들)과 '위생요인'(물리적 작업환경, 봉급, 지도감독,

갈등과 압력, 직업안정성과 같은 외부적 요인들)을 구별하였다.

❺ 맥그리거의 X이론은 사람들은 근본적으로 돈, 이익 혹은 처벌의 위협에 의해 동기화된다고 하며, Y이론은 사람들이 기본적으로 자기지향적이며, 적절하게 동기화되면 업무에 책임을 지고 창조적이 될 것이라고 한다. 오우치의 Z이론은 동양과 서양의 기업실제의 최상의 것들을 결합하였다.

격려 리더십 적용

❶ 21세기의 다섯 가지 리더십 경향을 검토하라. 어떠한 것들이 이미 당신의 조직에 영향을 미치고 있는가? 구체적으로 어떤 항목들에 강하게 동의했고, 동의하지 않았는가? 이러한 경향들을 당신의 조직에 완전히 실현시키는 것을 시작할 수 있는 구체적인 태도와 행동들을 규명하기 위한 실행계획을 세우라.

❷ 격려하는 리더들의 두드러진 특성 목록을 길잡이로 참조하여, 9개의 특성 목록에 대해 당신 자신에게 1부터 10(1=낮음, 10=높음)까지의 점수를 부여하라. 당신에게 부여한 점수의 특징을 나타내는 한두 가지 예에 대해 심사숙고해 보라. 희망하는 변화들이 발생하게 하기 위해서는 실제 행동과 태도를 가능한 한 구체적으로 규명하라. 그다음, 변화가 이미 일어난 상황을 상상하라.

격려기술

❶ 이 장에서 제시되었던 다섯 가지 경향을 검토하라. 각각의 경향을 성공적으로 실행하기 위한 구체적 기술은 무엇이라고 생각하는가?

❷ 중요한 기술은 능력이 있는 분야를 도전할 분야로까지 보편화할 수 있는 능력이다.

　A. 각각의 다섯 개 경향에 있어서 당신의 현재 효율성에 대해 1부터 10(1=낮음, 10=높음)까지의 점수를 부여하라.

　B. 당신의 가장 높은 점수에 대해 생각해 보라. 그것을 획득하기 위해 필요했던 구체적인 기술은 어떤 것들이었나?

　C. 당신의 가장 낮은 점수에 대해 생각해 보라. B에서 언급했던 기술들을 C에 일반화시켜 보라. 예를 들어, 인적관리에서 9점은 팀원들의 능력을 구별하는 것을 가능하게 하는 능력을 포함할 것이다. 인적자본 자기평가점수 9점을 여성다운 리더십 자기평가 점수 5점과 대조해 보라. 개개인의 능력을 구별하는 기술을 일반화하는 능력은 남성과 여성을 일개인으로 보지 않고 고정관념적인 남성/여성적 발언을 하는 것을 자제하는 능력을 포함한다.

　D. 당신의 최고점을 최저점까지 일반화할 수 있는 구체적인 한 가지 기술을 말해 보라.

CHAPTER 3

Leadership by Encouragement

직장인의 심리학

"직원의 동기는 복잡하지만, 그 원인은 우리 모두가 삶의 일정 영역에서 중요한 사람으로 여겨지기를 원한다는 간단한 사실에 기초한다."
– 테렌스 딜과 알렌 케네디 Terrence Deal & Allen Kennedy

개 관

리더십은 인간관계의 기술이고, 모든 사람은 그 기술의 적용에 대한 자신의 독특한 스타일을 가지고 있다. 경영상의 많은 도전과제들은 인간에 대한 문제들이고, 특정한 업무 상황에 실용적인 행동과학 이론을 적용할 수 있는 능력이 가장 성공한 리더들을 특징짓는다. 적용된 행동과학은 직원들의 행동을 이해하고, 그들의 자기존중감과 생산성 향상을 위해 동기를 부여해 주기 위한 단서를 제공하는 데 매우 중요하다.

이 장에서는 여러 조직에서의 자문심리학자로서 우리의 역할의 중요성을 요약함으로써 이 책 전반에 걸친 이론적 개관을 제공한다. 우리는 수많은 심리학 기법을 사용하지만 그중 저명한 심리학자인 아들러(Alfred Adler)와 드레이커스(Rudolf Dreikurs)의 연구에 기초한 한 가지 유용한 경영상 문제 접근 방식을 알아냈다.

SUPER 리더십

엑스타인(Eckstein)은 기본적인 아들러의 원칙을 나타내기 위해서 다음과 같은 두문자 SUPER을 사용하고 있다.[1]

Social interest

Unity

Private logic

Equality

Reasons

Social Interest

U

P

E

R

사회적 관심(Social interest)은 모두의 공동선—모든 인류의 보편적인 관련성—을 위해 타인들과 기꺼이 협력하려는 의지다. '인본주의적 동일시'라는 말은 현재 타인에게 느끼는 밀접한 친근감이며 과거, 현재, 미래에 걸친 인류 전체에 대한 강한 친화성이라고 할 수 있다. 직장에서의 높은 사회적 관심은 소속감과 협동심, 책임감을 의미한다.[2]

아들러는 일이 삶의 세 가지 기본적인 과업 중의 하나라고 말한다. 조직은 가족과 매우 유사한 사회체계다. 개인의 사적인 권한과 지위, 수입, 직함과 같은 많은 부분이 이러한 결정적인 인생과업과 연결되어 있다. 대부분의 사람들은 하루의 1/3~1/2을 일하면서 보낸다. 직업은 자아개념에 중요한 기여를 하고, 직업에 대한 자신감과 자부심은 그가 수행하는 일의 종류와 수준과 연결된다. 우리는 새로운 누군가를 만날 때, "당신은 어떤 일을 하십니까?"라고 자주 묻곤 한다.

> "당신이 많은 사람들로 하여금 그들이 원하는 것을 얻도록 도와준다면,
> 당신 역시 당신 인생에서 원하는 모든 것을 얻을 수 있다."
>
> 지그 지글러 Zig Zigler

인간 최초의 근본적인 사회집단은 가족이다. 이 때문에 사람들은 직장에서 가족형태의 구조를 만들어 내는 경향이 있다. 최고 경영자는 부모의 모습을 하고 경영자 또는 조직의 가치, 표준, 절차를 확립하고 본보기를 제공함으로써 업무환경을 창조하도록 돕는다. 만약 최고경영자가 완벽을 요구하거나 실수에 대해 비난하거나 처벌하는 데 급급하다면, 주도성, 탐구, 창조성, 독립성 그리고 표현력은 제약될 가능성이 가장 크다. 과감하게 시도하고 실수할 수 있는 자유는 용감한 창조성과 생산성의 본질이다.

- ■ 다음의 빈칸에 당신의 원가족을 가계도로 그려 보라. 당신의 부모, 조부모, 형제자매의 이름을 써라. 만약 당신에게 영향력 있는 친척들이 있다면, 그들을 그림에 포함시켜라.

■ 직장에서의 당신 자신을 도식화해 보라. 회사의 계층구조에 당신을 적절하게 위치시켜 보라.

■ 두 가지 도식을 완성한 후, 다음 질문에 답하라.

1. 당신의 원가족과 현재의 직장에서 어떤 비슷한 점이나 공통화제가 있습니까?

   _____
   _____
   _____

2. 당신의 회사에서 '어머니' '아버지' '형제자매'와 비슷한 어떤 인물들이 있습니까?

   _____
   _____
   _____

이 과정을 설명하기 위해서, 이 책의 공동저자인 대니얼 엑스타인(Daniel Eckstein)의 개인적인 예를 들어 보겠다. 그의 원가족에서 그는 4명의 자녀 중 맏이다. 맏이로서 그는 그의 부모님이 출타하실 때 종종 책임감을 갖게 되었다. 그의 부모님이 하나의 소집단을 형성하고 그의 세 명의 형제들은 또 다른 소집단을 형성하였다. 그래서 그는 두 소집단의 중간이 되었다. 또한 그는 두 집단 모두에 사실상 어울리지 못하는 약간 고독한 사람이 되었다.

그는 직장에서 25%의 업무 시간을 개인적 업무에 사용하는 자문 심리학자다(다시 '고독한 사람' 증후군). 그가 여러 대학에서 강의를 할 때, 그는 대학 이사진들(부모)과 학생들(어린 형제들)의 중간에 있게 된다. 그래서 그는 원가족과 현재의 직업 사이에 많은 유사성이 있음을 알게 된다. 당신은 어떠한가? 당신의 가족과 직업 사이에는 어떤 유사성과 차이점이 있는가?

●●

"누군가가 올바른 방식으로 일처리를 하도록 하는 가장 좋은 방법은
당신이 얼마나 그들의 업무수행에 감사하고 있는지를 그들이 알게 하는 것이다."

샘 월턴 Sam Walton

토머스 에디슨(Thomas Edison)은 그가 시도한 95%의 실험을 실패하였고, 에이브러햄 링컨(Abraham Lincoln)은 일리노이 주 상원의원과 미 대통령 선거에서 당선되기 전까지 28번의 공직 선거에서 패배하였다.

유능한 최고경영자는 특정한 업무수행에 가치를 부여하는 보상체계를 확립함으로써 정직, 수용, 유머 그리고 개방성의 분위기를 창조할 수 있다.

◦ ◦

"당신은 단순히 살아가기 위해 여기에 존재하는 것이 아니고, 당신은 이 세상을 더 충실하게, 더 큰 비전으로, 희망과 성취를 위한 더 멋진 패기로 살아가기 위해서 여기에 존재한다. 당신은 세상을 풍요롭게 하기 위해서 여기에 있으며, 만약 당신이 그런 사명을 망각한다면, 당신은 스스로 나약해져 버릴 것이다."

우드로 윌슨 Woodrow Wilson

사회적 관심과 관련된 구체적인 감정과 사고가 있다. 높은 사회적 관심과 관련된 리더십 감정은 다음과 같다.

1. 소속감: 독립적인 조직의 가족팀의 일원이라는 믿음을 심어 주기
2. 공동체감: 타인과의 극단적인 차이점들보다는 유사성을 찾기
3. 낙관주의: 전반적인 업무와 특정 분야에서의 향상을 믿기

사회적 관심과 관련된 리더십 사고는 다음과 같다.

1. 황금률(내가 다른 직원들에게 대우받고 싶은 대로 그들을 대우하기)
2. 나의 개인적, 직업적, 조직적인 포부는 타인을 억누르거나 무시

하는 것이 아닌 조화를 이룬 상태에서 이루어질 수 있다.
3. 우리의 조직, 국가, 세계의 번영과 생존은 실로 타인들과 함께 기꺼이 일하려는 의지에 달려 있다.
4. 나의 리더십에 대한 궁극적인 척도는 내가 얼마나 전체 조직 사회의 복지를 향상시켰는지의 정도가 될 것이다.[3]

● **역 20/80의 법칙**

"성공적인 조직이 나(Me)라는 질병으로 오염될 때, 결과의 20%를 창조한 사람들이 그 보상의 80%를 받을 자격이 있다고 믿기 시작할 것이다."

팻 라일리[Pat Riley]

사회적 관심, 자신감 그리고 최적의 정신건강은 효율적인 리더와 밀접한 관계가 있다. 위에서 언급한 팻 라일리의 말처럼 개인이 더 많이 행동하고, 느끼고, 생각하면 할수록, 다른 직원들은 보다 더 긍정적으로 반응할 것이다. 고양된 자신감은 사회적 관심을 생성하고, 이 모든 것은 직장과 가정에서 행복감과 안녕감을 갖게 한다. 많은 조직들이 인류의 복지증진에 많은 기여를 한다(예를 들어, 미래상을 제시하는 라이온스 클럽, 소아마비 어린이와 함께하는 로터리클럽, 아동병원을 건립한 슈라이너스(Shriners)).

> "상호 원조는 상호 투쟁과 같은 야생동물의 법칙이다."
>
> 프린스 크래포트킨 Prince Krapotkin

직장에서의 사회적 관심은 타인에 대한 순수한 배려와 관심이라고 할 수 있다. 그것은 사람들이 자신이 인정받고 있고, 가치 있게 여겨지고 조직의 일원이라고 느낄 때, 그들의 재능을 가장 잘 이용할 수 있기 때문에 격려 리더십과 밀접하게 관련되어 있다.

> "우리는 홀로 있을 운명이 아니다. 우리는 어디엔가 혹은 누군가에 소속될 필요가 있다. 공동의 헌신이 있는 곳에서만 사람들이 타인의 이익을 위해 자신을 자제한다. 우리가 홀로 살고, 홀로 일하고, 홀로 놀고, 컴퓨터나 워크맨 혹은 텔레비전에 의해 고립될 때, 외로움은 다음 세기에 현실적인 질병이 될 것이다. 이탈리아 사람들은 현명하게도 '홀로(alone)'와 '외로이(lonely)'를 같은 단어로 표현하는데, 전자가 궁극적으로 후자를 의미하기 때문이다. 우리가 관계를 맺고 있는 곳 혹은 우리가 속해 있는 것은 더 이상 분명하지 않다. 그러나 만약 어디에도 속해 있지 않다면, 고군분투할 지점을 찾기 힘들다."
>
> 찰스 핸디 Charles Handy

Social Interest

Unity

P

E

R

　'전체는 부분들의 합보다 더 크다.'는 말은 개인의 전인격을 표현하는 한 가지 방법이다. 모든 사람은 일반적으로 타인과 자기 자신의 삶에 대해 개인적인 신념을 가지고 있다. 유능한 리더는 모든 직원들의 각기 통합된(unified) 혹은 전체적인 개인임을 깨닫는다. 효율적인 리더는 또한 인사관리의 최상 형태 중의 하나가 공감 기술 혹은 직원의 생활방식을 이해할 수 있는 능력이고, 그러고 나서 직장에서 그 생활양식의 영향을 이해하고 예측하는 능력이라는 것을 안다.

　다음 두 명의 직원이 그들의 감독에게 제시하는 도전과제에 대해 생각해 보자. 해리의 기본적인 신념은 '삶은 고통, 괴로움, 비극 그리고 결국 죽게 된다는 생각으로 가득 차 있다. 다른 직원들은 일반적으로 나와 경쟁하고 있으며, 나의 승진을 가로막고 있다. 경제가 정체되면 노동력의 수요 감소 때문에 해고될까 두렵다.'로 요약될 수 있다. 반면에 마빈의 기본적인 신념은 '삶은 기쁨, 모험, 흥분 그리고 직장에서의 새로운 기회로 가득 차 있다. 다른 직원들은 나에게 가치 있고 창조적인 문제해결의 접근방법을 가르쳐 준다. 나는 이 직장에서 해고된다고 하더라도 나의 기술과 관심에 맞는 다른 의미 있는 직업을 찾을 것이라고 확신한다.'는 것이다.

공평한 작업 기준의 확립이 필요하긴 하지만, 유능한 리더는 각각 개인에 맞는 리더십 스타일을 개별화함으로써 해리와 마빈의 기본 신념에 대한 인지를 보여 준다. 해리는 분명히 더 기가 죽어 있기 때문에 그의 두려움이 수행에 영향을 미치지 않도록 더 많은 관심과 지지가 필요하다.

◉ 최우선 사항

소유해야 할 가장 중요한 것은 무엇인가? 가장 긴급하게 회피해야 할 것은 무엇인가? 이러한 질문은 최우선 사항의 성격을 규명한다.[4]

네 가지 최우선 사항은 편안함, 기쁨 주기, 통제, 우월성이다. 어떤 것도 다른 것보다 더 중요하다고 할 수 없다. 그것들은 각기 장점과 지불해야 할 대가를 가지고 있다. 결과적으로 네 가지 상이한 직원 스타일은 다음과 같다.

1. 편안함: 직원들은 어떻게든 스트레스, 책임감, 기대를 회피하고 싶어 하는 편안함에 의해 근본적으로 동기화되어 있다. 그들은 어떠한 위험도 떠맡지 않고 새로운 프로젝트에 거의 자원하지 않는다. 그들의 장점은 전형적으로 태평하고, 거의 요구가 없으며, 남의 일에 간섭하지 않는 경향이 있다는 점이다. 만약 직원들의 생산성이 감소하고 그들이 '나에게 안전함과 편안함을 제공해 주세요.' 라는 태도를 가진 응석받이가 된다면, 리더는 종종 그러한 직원들에게 화가 나거나 싫증이 난다. 유능하고 격려하는 리더는 그러한 사람들이 위험을 감수하는 방향으로 조금

씩 진전하도록 도울 수 있다.

2. **기쁨 주기**: 어떤 직원들은 리더가 그들을 인정해 주길 원한다. 그들의 장점은 친절하고 사려 깊다는 것이다. 그들은 리더가 그들에게 일반적으로 기대하는 것을 빈번하게 자원해서 수행한다. 리더는 처음에는 친절하고 고분고분한 사람들에게 종종 즐거움을 느낀다. 나중에는 직원들의 관심과 인정에 대한 욕구 그리고 사장의 사소한 얼굴 찡그림을 개인적인 거부로 해석하는 경향에 격분하게 된다. 남에게 기쁨을 주려는 직원들은 개인적인 행복이 너무 자주 동료들이나 리더의 인정에 영향을 받기 때문에 전형적으로 노심초사한다. 비록 남에게 기쁨을 주고 싶은 욕구가 리더에게 개인적인 즐거움이 될 수는 있지만, 정직한 관계를 해치는 대가를 치르게 된다. 그들은 거부에 대한 두려움 때문에 진실된 의견을 내놓지 않는다. 격려하는 리더는 기쁨을 주는 직원에게 사장의 개인적인 인정 없이도 자신의 자기존중감을 회복하도록 해 준다.

3. **통제**: 어떤 직원들은 전형적으로 자기 자신, 타인, 작업환경에 대한 영향력을 발휘함으로써 통제하려고 애쓴다. 창피함은 어떻게든 피하려 한다. 매우 높은 통제력, 잠재적인 리더십, 훌륭한 조직적 능력과 생산성은 그들이 가진 장점이다. 리더는 이러한 개인들에게 가끔 화가 나고 도전 의식도 느낀다. 지나치게 통제함으로써 창조성의 감소, 자발성의 결핍, 동료와 감독자들 간에 사회적 거리감 등이 구체적인 한계로 나타난다. 격려하는 리더는 가능하면 그러한 개인들과 파워 게임을 피할 필요가 있

으며, 내적 지배력과 통제력을 격려하고, 가능하면 언제나 힘과 리더십의 책임감을 제공한다.

4. 우월성: 어떤 사람은 다른 사람들보다 더 잘하고, 더 능력 있고, 더 자주 옳은 결정을 하고, 더 유용할 필요를 느낀다. 그러한 개인들은 식견이 있고, 정확하고, 일반적으로 끈기가 있다. 그들이 피하고 싶어 하는 조직의 문제점은 무의미함이다. 우월성을 나타내는 직원들은 가끔 지나친 부담, 지나친 책임, 지나치게 몰두하고 있음을 느낀다. 격려하는 리더는 인지적 접근을 사용하여 자신이 최고가 되지 않으면 쓸모없는 인간이 된다는 비합리적 신념에 맞서게 한다. 발전하려고 애쓰는 것은 긍정적인 노력이다. 그러나 이기적인 사람은 종종 타인의 성공을 함께 나눌 수 없다. 왜냐하면 그것은 단순히 더 잘 해내야 하는 또 다른 도전이 되기 때문이다.

유능한 리더의 궁극적인 목표는 직원들의 최우선 사항을 변화시키지 않는 것이다. 리더는 자기 자신의 스타일과 직원들의 최우선 특징을 인식함으로써, 각각의 직원들이 자신과 스타일이 다른 직원에게 야기하는 반응, 그러한 스타일이 치르는 대가, 직원들과 리더와의 업무관계에 미치는 잠재적인 영향 그리고 감소된 생산성에 대한 잠재적 가능성을 더 잘 지각하도록 도울 수 있다.

요약하면, 사람의 행위 통합성(unity)은 일에 접근하는 일반적인 스타일에 반영된다. 통합성은 직원이 전인이며, 그에게 일은 삶의 오직 한 부분임을 의미한다. 너무 많은 업무는 직원을 소모시키고,

그들 삶의 다른 부분들을 개발할 시간들을 남겨 주지 않는다. 유능한 리더는 개인적인 삶의 위기가 업무수행에 미치는 영향에 민감하다. 또한 유능한 리더는 여러 가지 성격적 성향과 그것이 업무에 미치는 영향을 충분히 민감하게 관찰하고 존중한다.

Social Interest

Unity

Private Logic

E

R

"우리는 사물을 있는 그대로 보지 않고, 우리 방식대로 본다."

아나이스 닌^{Anais Nin}

업무에 대한 개인적인 스타일과 가장 밀접하게 관련되어 있는 전체적, 통합적 개념은 아들러의 '사적 논리(Private Logic)'인데, 그것은 개인의 가치, 선호, 바람 그리고 요구를 구성하는 개인적인 여과장치다. 모든 행위는 이러한 여과장치에 기반을 두고 있다. 그래서 외적인 사건은 각 개인의 내적, 주관적 준거체계를 통해 여과된다. 그러한 방식으로, 모든 사람은 내적 태도와 일치하도록 상황을 왜곡하거나 구성한다.

· · "당신은 당신 자신을 보는 방식과 일치하지 않는 방식으로는 지속적으로 일을 수행할 수 없다."

지그 지글러 Zig Zigler

다음의 비유는 우리의 사적 논리를 형성하는 여과장치들을 설명하고 있다. 당신이 미시간 호에서 고기의 크기를 조사하는 일을 맡았다고 상상해 보라. 당신은 고기의 표본을 모으기 위해 호수로 간다. 당신의 그물코는 4인치다. 당신이 어떤 고기를 잡은 후에, 보고서에 조사결과들을 다음과 같이 기록한다. "미시간 호의 고기는 4인치 이상이다." 당신의 친구에게 동일한 과제가 주어졌다고 생각해 보자. 그러나 그의 그물코는 2인치다. 그는 보고서에 "미시간 호의 고기는 2인치 이상이다."라고 쓸 것이다. 어느 보고서가 맞나? 둘 다? 당신과 당신의 친구가 보고한 것은 무엇인가? 고기의 크기? 아니다. 두 사람은 각기 자기가 사용한 그물코의 크기를 보고하고 있다. 당신이 사용한 그물코의 크기는 당신이 수집할 수 있는 고기의 크기를 결정한다.

우리는 우리의 머릿속에 이러한 그물을 가지고 있다. 이 그물은 바늘과 실이 아닌 과거 학습, 과거 경험, 동기, 공포, 욕구 그리고 관심으로 만들어진다. 이러한 그물은 여과기로 작용하고, 우리의 환경으로부터 들어오는 자극은 지각되기 위해서 그 여과기를 통과한다. 물론 우리 각자는 우리의 조그만 그물, 즉 개인의 작은 사적인 여과기를 가지고 있다. 심지어 우리는 동일한 환경에 있다고 하더라도,

사람마다 다른 측면들을 여과하기 때문에 그것을 동일한 방식으로 보지 않을 것이다. 우리 대부분은 이러한 여과과정이 일어나고 있는 것을 깨닫지도 못한다. 많은 사람들은 탐색하는 여과기를 가지고 있지만, 그것이 너무 막혀 있어서 우리는 일어나고 있는 일들의 아주 적은 부분만을 보게 된다. 어떤 사람들은 환경으로부터 우리에게 들어오는 자극들을 왜곡하는 여과기를 가지고 있다. 하지만 중요하게 기억해야 할 것은, 우리가 어떤 것에 대하여 말할 때는 언제나 그 자체에 대하여 설명한다기보다는 우리의 그물, 우리의 여과기를 설명한다는 것이다. 우리가 그림이 아름답다고 말할 때, 우리는 우리 자신, 우리의 취미 그리고 가치체계에 대해 말하는 것만큼 그림에 대해서 말하지 않는다.[5]

성공적인 리더는 자기 자신의 여러 가지 '그물'과 직원 개개인 그물들을 이해하고 인식하기 시작한다. 진정으로 공감할 수 있는 사람은, 타인의 개인적 바람, 요구 그리고 가치를 완벽하게 이해하지는 못하더라도 자신의 고유한 판단이나 태도에서 벗어나 타인에 대한 인지를 할 수 있다.

● ●

"우리 각자는 우리의 머릿속에 아주 많은 지도를 가지고 있고, 그것은 두 가지 주요한 범주로 나눌 수 있는데, 어떠한 대상이 존재하는 방식이나 현실에 대한 지도와 그 대상이 마땅이 어떻게 존재해야 하는지에 대한 판단과 가치에 대한 지도다. 우리는 이러한 정신적 지도를 통해서 우리가 경험한 모든 것들을 해석한다."

스티븐 코비|Stephen Covey

조직은 조직의 공식적이고 비공식적인 기준, 가치, 요구 그리고 윤리를 반영하는 사적 논리를 가지고 있다. 그러한 기본적인 신념들은 고객 만족에 심오한 영향을 미친다. 자문가이자 노스웨스트 항공사의 훈련 담당 부사장을 전임했던 신시아 포터(Cynthia Potter)는 조직문화의 기본적 신념과 고객 만족과의 관계를 요약하기 위하여 다음과 같은 공식을 고안하였다.6

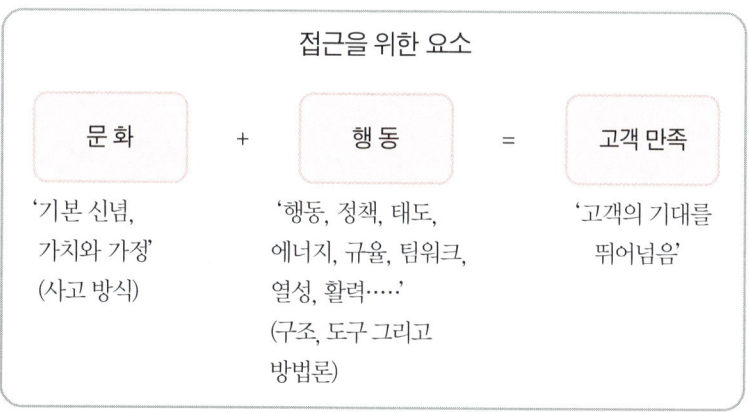

신시아 포터, 1993
(저자가 인용을 허가하였음)

다음의 대조적인 조직 신념에 대해 고려해 보자. 첫 번째는 낙담시키는 X이론 접근이다.

기본 신념	+	행 동	=	고객이 보는 것
'나는 ~권한이 없다.' '그것은 나의 일이 아니다.'		CYA 승인의 여러 단계		욕구가 즉석에서 해결되지 않음. 질문에 대한 답을 얻을 수 없음.
'사람들은 항상 불평불만을 한다.'		방어적 행동 고객들을 무시 인내심 없음		무례한 직원 주의력 결핍
'고품질은 비용이 너무 많이 든다.'		예산 삭감 돈·시간 절약 훈련부족 자원부재		기술 붕괴 초라한 외모 발전 없는 직원
'우리가 고객에게 인사를 하러 간다는 것은 대단한 일이다.'		재정 자료를 이용한 경영 비용절감을 위한 축소 경영 단기적 예산 삭감		참을성 없는 직원들 '기다리는 시간'이 길어짐

신시아 포터, 1993
(저자가 인용을 허가하였음)

포터는 고객에 대한 Y이론적 접근, 즉 격려하는 태도를 다음과 같이 요약하고 있다.

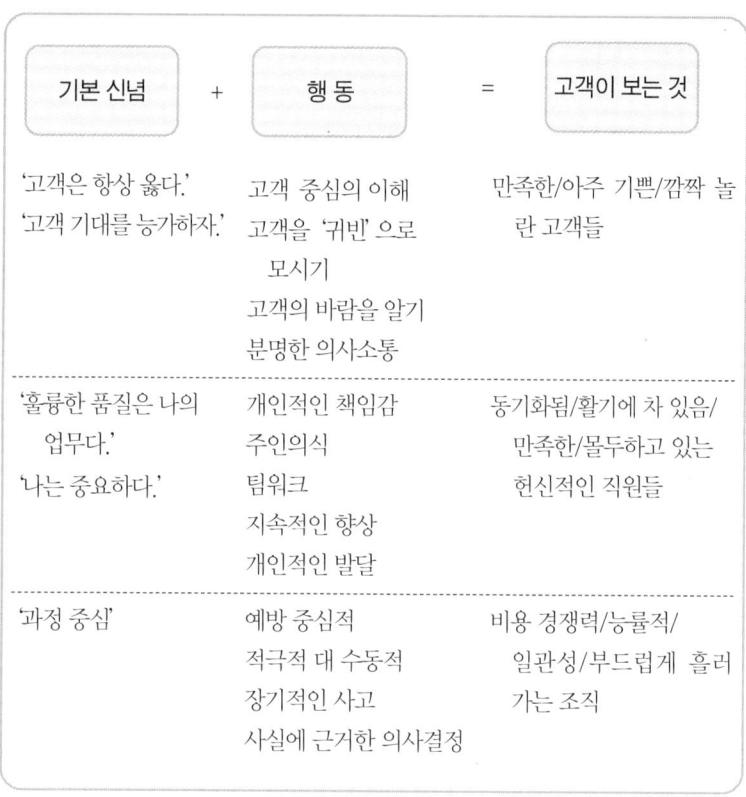

신시아 포터, 1993
(저자가 인용을 허가하였음)

> "당신의 능력으로 전략을 세우기보다는 고객의 눈으로
> 그것을 정의하고 고객에게 가치를 어떻게 전달할 것인지를 정하라."
>
> K. 오매^{K. Ohmae}

대부분의 경영자는 시장을 구성하는 집단으로서 고객들을 보기 때문에 시장에 대한 비교적 비인간적인 태도에 익숙하다. 경영의 많은 다른 측면들처럼, 경영자는 시장에 대해서 상당히 분석적이고 정량적인 용어로 사고를 하며 시장점유율, 시장세분화, 시장 성장, 시장 생명 주기 등의 용어를 편안해한다.

> "리더는 시장에 대해 양적이고, 인간적인 두 가지 대조적 관점을 선호하며, 시장을 개별적인 고객들로 생각하기를 좋아한다. 리더의 마음은 고객들의 인간적인 측면, 즉 고객들이 상품이나 서비스를 구매하도록 하는 감정, 정서, 요구 그리고 바람을 고려한다."
>
> C. 해크먼^{C. Hackman}의
> 『경영자의 마음, 리더의 정신(*Mind of a Manager, Soul of a Leader*)』중에서

그러므로 리더와 직원 그리고 조직의 신념체계는 격려하는 혹은 낙담시키는 조직의 사적 논리의 구성요소다.

Social Interest

Unity

Private Logic

Equality

R

　공평한 정치적·경제적·사회적 권리는 민주주의 이념의 핵심이다. 권위주의적 자세가 상호 간의 존중, 솔직, 수용의 분위기에서 이루어지는 동등한 사람들 사이의 대화로 점차적으로 대치되고 있기 때문에 동등성(Equality)은 또한 격려하는 리더 심리학의 중요한 원칙이다.

　아들러의 용어인 '남성성 추구(masculine protest)'는 여성운동이 투쟁하고자 했던 성차별주의의 선구적 용어로서 탄생했다. '여성성'보다는 '남성성'이 갖는 의미에 본질적인 가치를 둔 문화에서, 남녀 모두 부정적인 결과로 인한 고통을 당하였다. 동등성은 사람들에게 수직적으로 접근하는 방법이라기보다는 수평적으로 접근하는 것으로 설명될 수 있다.[7]

　사람들을 명백히 동등하게 바라보는 여러 가지 방법들이 있지만 수평적 접근은 사람들을 동등한 존경과 관심을 받을 가치가 있는 존재라고 본다. 이러한 동등성은 동일성을 의미하지 않고, 모든 인간의 천부적인 권리의 무조건적인 존경과 존엄을 의미한다.

　이와 대조적으로 수직적인 접근은 인간을 '한 수 위' 혹은 '한 수 아래'의 관점으로 평가한다. '보다 나은/보다 못한'은 수직적인 면으로 특징지을 수 있지만, '~과 다른'은 수평적 관점이다. 오렌지는 사과와 다르지만(수평적), 사과보다 더 낫지 않다(수직적).

열등감과 우월감은 아들러가 말한 한 동전의 양면이다. 두 개념은 타인과의 분리 혹은 단절의 감정에 기인한다. 수평적 견해는 만족과 행복을 이끌지만, 수직적 견해는 타인을 '위(up)' 또는 '아래(down)'로 보는 '사다리'를 의미한다. 사회적 관심은 타인에 대한 우월성의 추구와는 대조적으로 동등성과 민주적 상호작용에 근거한 정신건강과 관련된다.

직장에서의 동등성은 동일성을 의미하지 않는다. 유능한 리더십은 모든 인간을 가치 있는 인간으로 존중하는 철학에 의해서 위협받지 않는다. 점차로 증가하고 있는 성희롱 소송, 여성의 부당한 보수, 인종 차별 그리고 문화적/국가적 차별은 상호 존엄성과 존중이 아직도 중요한 조직적 가치가 될 필요가 있다는 증거다. 동등성은 중요한 조직의 규준이다. 그것은 서열, 지위, 교육 혹은 봉급과 전혀 관계가 없다. 그것은 고객 만족에 영향을 주는 직원 만족도와 관련 있는 모든 것이다.

개인의 우월성의 문제는 또한 다문화적 상관관계를 가지고 있다. 사회학자들은 자기의 특수집단 혹은 문화의 규준을 개인적으로 선호하는 것을 자기민족중심주의(ethnocentrism)라는 용어로 설명한다. 예를 들어, 일본에 사는 미국인이 장례식에 참석하였다. 그는 관에 놓인 음식을 보고 주인에게 "당신은 왜 관 위에 음식을 놓습니까? 그 사람은 음식을 먹지 못합니다."라고 말하였다. 일본인 주인은 "왜 미국사람들은 관 위에 꽃을 놓습니까? 그 사람은 분명히 꽃의 향기를 맡지 못합니다."라고 대답하였다.

자기민족중심주의는 우월성이나 열등감의 지역적, 문화적 그리고 국가적인 감정이고 여러 문화 간의 투쟁의 주요한 원인이다. 그에 반해서 유능한 리더는 상호 존엄과 기본적 존경에 근거하여 타인에 대한 동등한 의식을 가지고 있다.

Social Interest
Unity
Private Logic
Equality
Reasons

개인적인 행동의 근거(Reasons), 즉 동기요인을 찾아보면, 모든 행동은 의도적이거나 목표지향적 신념 그리고 우리 모두가 의미 있는 일이나 완벽을 위해 분투노력한다는 신념을 포함하고 있다.

대부분의 명백한 자기패배적 행위는 몇 가지 이득을 가지고 있다. 예를 들어, 계획한 일을 완수하지 않는 것은 그것이 절대 평가받지 않아도 된다는 보상이 따라온다는 것이다. 다른 이득은 직원이 자신의 관리자로부터 관심을 끌 수 있다는 것과 업무 완수를 위한 도움을 받을 수 있다는 것이다. 세 번째 이득은 그것이 직원의 낮은 자기존중감을 입증한다는 것이다.

모든 행위가 어떤 기능을 수행한다는 점을 깨닫는 것은 직원의 목표와 의도를 이해하는 데 도움이 된다. 안전, 승진, 인정, 통제 그리고 조직 목표에 대한 관심과 같은 직원의 목표에 초점을 맞춘다는 것은 리더들에게는 도전이다. 그러나 목표에 대한 결과적 일치는 에너지와 이익을 만들어 낸다.

그러한 원칙을 수행함에 있어서, 리더는 '그가 어떤 목적으로 그 일을 하는가? 혹은 그 행동은 그에게 어떤 가능한 이득을 가져다주는가?'를 질문한다. 듣지 못하는 부모와 함께 사는 어린아이가 소리를 내지 않고 특유의 얼굴 표정과 신체적인 제스처로 화를 내보이듯이 직원들 역시 이러한 기능을 하는 행동을 한다. 직원들은 화를 표출하는 대신에 다른 사람을 이용하고, 처벌하고, 관심을 요구하고 혹은 좌절이나 부적절감을 나타내는 것과 같은 목적을 위해서 의식적으로든 무의식적으로든 그러한 기분들을 잊어버린다. 리더는 역기능적인 행동의 목적이나 이득을 찾음으로써, 더 쉽사리 그것을 이해하고 다룰 수 있다.

"해리는 성공을 정말 받아들일 수 없어 보인다."는 것이 분기 수행평가 후 경영자의 관찰이다. 사실 그가 인정이나 승진을 받아들일 때마다 해리에게 커다란 불운이 일어난 것처럼 보였다. 한 번은 그가 이상하게도 중요한 보고서를 분실하였고, 다른 때에는 9시 회의를 10시로 수첩에 잘못 적어 놓았다.

이 모든 불행은 해리에게 어떤 가능한 이득을 가져다줄까? 사실상 그는 결코 승진할 수 없다는 것이다. 그의 자기패배적인 여과기는 자신이 승진할 자격이 없고 부가된 책임감을 감당할 수 없다고 판단해 자신의 승진을 방해하기 위해서 불행을 일으키는 것이라고 말해 준다.

해리는 승진할 수 있는 자신의 능력을 내적으로 의심하였다. 그의 태도와 그의 행동 사이의 불일치 또는 비일관성 때문에 그는 잘못된 어떤 일을 했을 때 편안해졌으며 그것은 그가 처음부터 옳았다는 것을 증명하는 것이 되었다. 덕분에 그의 실수로부터 그의 신념과 그의 오래된 직무의 안전에 대한 확신을 얻게 된다.

유능한 리더는 직원의 파괴적 행동의 배후에 내재하는 동기나 심지어 가장 그럴듯해 보이는 자기패배적 행동에서 얻게 되는 이득에까지 확장된 큰 그림을 볼 수 있다. 격려하는 리더는 그러한 낙담과 싸우도록 도울 수 있는 구체적인 행동양식을 가지고 있다.

요점

❶ 사회적 관심(또는 인본주의적인 동일시)은 다른 사람들의 요구, 사람들과의 유대감에 대해 고려할 줄 아는 능력이다.
❷ 직원, 리더, 조직은 개인적 가치, 필요, 동기요인 그리고 요구를 반영하는 통일된 주제 또는 생활양식을 가지고 있다.
❸ 편안함, 기쁨 주기, 통제 그리고 우월성은 가장 우선시되는 생활양식이라고 밝혀졌다.
❹ 사적 논리 또는 개인적 여과기에 대한 이해는 리더십의 주요한 특징이다. 그것은 감정이입 또는 다른 사람의 주관적인 세계에 대해 인식하는 능력과 같은 뜻이다.
❺ 동등성, 상호 존중감과 존엄성은 효율적이고 격려하는 리더와 조직의 기본적인 특징이다.

❻ 격려하는 리더와 조직의 가치는 상호 존중을 바탕으로 한 수평적 관점에 의해 특정지어진다. 반대로, 실망시키는 리더와 조직은 우월과 열등을 바탕으로 한 수직적 관점에 의해 설명된다.

격려 리더십 적용

❶ 당신이 당신의 조직에서 관찰해 왔던 사회적 관심의 사례를 일지에 적어 보라. 당신은 개인적으로 사회적 관심을 어떠한 방법으로 설명할 것인가? 직원들을 향한 당신의 인본주의적 동일시를 향상시키기 위해 당신은 어떠한 단계를 밟겠는가?

❷ 당신의 개인적 여과기, 사적 논리에 대해 심사숙고해 보라. 당신의 주요 가치, 동기요인, 요구는 무엇인가? 당신은 어떠한 특징을 가진 사람인가?

❸ 당신을 가장 힘들게 했던 직원들과 가장 성공적이었던 직원들을 비교 대조해 보라. 그들은 어떻게 다른가? 이러한 차이가 당신의 가치와의 갈등을 어떻게 반영하는가? 이제 당신과 당신의 '스타 직원', 당신과 '당신을 힘들게 한 직원'과의 유사성을 확인해 보라. 당신의 여과기가 어떻게 이러한 개인들에 대한 당신의 인식에 기여하나? 당신을 '힘들게 하는' 직원들의 개인적 스타일을 인지함으로써 격려할 수 있는 접근방법을 개발해 보라.

❹ 최우선 사항들에 대한 목록을 참고하라. 어떤 것이 가장 전형적인 당신의 특징인가? 당신이 직장에서 어떻게 그 사항을 행

동적으로 표현하는지 설명하라. 각각의 직원에 대해서도 이와 같이 하라.

❺ 당신의 일반적인 조직적 가치들은 무엇인가? 그것들을 수평적 차트와 수직적 차트와 함께 비교해 보라. 조직적인 관점에서, 수직적인 면을 수평적인 면으로 옮길 수 있는 전략은 무엇인가?

격려기술

❶ 사회적인 관심 또는 인본주의적인 동일시는 태도와 기술이다. 당신을 가장 힘들게 했던 직원 한 명을 정하라. 당신은 어떠한 구체적인 방법으로 이 사람에 대한 사회적 관심을 좀 더 나타낼 수 있는가?

_____
_____
_____

일주일 동안, 당신의 증가된 사회적 관심을 보여 줄 수 있는 실천 계획을 세워라.

7일 동안 후속 관찰을 포함한다.

_____
_____
_____

❷ 역설은 중요한 리더십 기술이다. 이것은 명백히 모순되는 두 진술 속에서 연관된 진실을 찾아내는 능력이다. 예를 들어, 동등성의 개념에 대해 생각해 보라. 당신의 조직 내 모든 사람들의 독특하고 개별적인 개성들에도 불구하고, 특정한 공통된 주제가 있다는 역설에 대해 규명하려고 노력해 보라. 주요 유사성과 차이점들을 대조해 봄으로써 역설의 기술에 대해 설명해 보라.

a. 핵심적인 차이:

b. 핵심적인 유사성:

CHAPTER 4

Leadership by Encouragement

리더십과 경영성과 증진

"주저하지 말고 의사결정을 하라.
준비-머뭇-머뭇-머뭇 증후군에 희생되지 마라."
— T. 분 피컨스 T. Boone Pickens

개관

이 장에서는 리더십/경영 중재 모델을 제시한다. 이 모델은 리더십에 대한 체계적인 접근을 설명한다. 그것은 성공적인 성취를 위해서 모델의 처음부터 끝까지 완수해야 하고, 그다음에 심층적인 수준에서 새롭게 시작하기 위해 처음으로 돌아간다는 전제하에서 순환적이라 할 수 있다('부록 7. 문제해결 처리과정: 경영성과를 증진하는 사이클'을 참고하라.).

경영성과 증진 사이클은 격려 철학을 통합한다. 경영수행 증진 모델의 단계는 다음과 같다.

1. 문제점 확인하기
2. 자산 목록 만들기
3. 목표설정과 목표조정하기
4. 성과평가하기
5. 결과

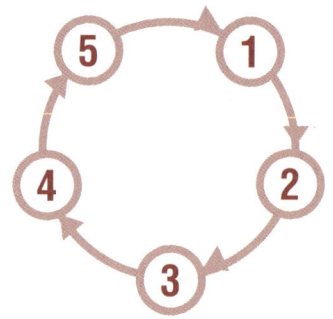

경영성과 증진 사이클

경영성과의 증진은 경영자가 현실적인 쟁점과 문제들에 대해 체계적으로 사고하도록 돕는 과정이다. 그것은 경영자가 자원과 자산을 어떻게 축척할 수 있는지와 직원의 목표와 일직선에 위치하는 조직의 목표를 어떻게 설정할 수 있는지를 보여 준다.

이 과정은 성과를 평가하고 평가결과에 근거하여 결과를 이행하는 방법을 포함한다. 이러한 결과는 논리적 결과, 즉 격려, 칭찬 그리고 징계다.

경영성과 증진과정

단계 1 >> 문제점 확인하기

어떤 문제가 리더에게 제시되면, 첫 단계는 문제점을 분명하게 확인하는 것이다. 리더는 가능한 한 문제점과 관련된 많은 정보를 찾고, 즉각적으로 드러나지 않는 사실들을 찾는다.

평가와 경영 의사결정에 건전한 준거를 마련하기 위하여 직원들과 함께 운영 목표(operational goals)를 수립하는 것이 중요하다. 분명한 운영 목표를 가지고 있으면, 직원들은 설정된 성과 기준과 비교하여 일들이 어떻게 진행되고 있는지를 리더가 확인할 수 있도록 도울 수 있다. 운영 목표에 도달하지 못했을 때, 리더는 성과를 바로잡기 위한 조치를 취해야 한다.

어떤 문제 상황에서 실제적인 문제점을 확인할 때, 문제가 기술의 문제인지 동기화의 문제인지 아니면 두 가지가 결합된 문제인지를 결정해야 한다. 기술의 부족은 동기나 태도적인 접근에 의해서 변하지 않는다. 운영 목표를 충족시키기 위해 직원들은 반드시 필요한 기술 수준까지 훈련되어야 한다.

또 다른 경우는, 동기의 부족이 주요 문제가 될 때다. 직원들은 사람들이나 상황을 통제하고 싶어 하기 때문에 목표 문제로 갈등할 것이다. 그들은 설정된 기준을 충족시키는 것보다 편안함을 더 중시하거나, 다른 사람을 즐겁게 하려는 욕구로 인해 업무수행을 방해할 것이다. 동기화의 부족으로 인해 열악한 성과가 발생할 때마다 리더는 직원들의 생산성을 저해하는 목표나 동기를 찾아내야 한다. 이것이 한번 규명되면, 리더는 직원들에게 특정한 중요사안들에 대해 건설적이고 생산적으로 이야기할 수 있다.

예를 들어, 직원이 통제와 관련된 문제를 가지고 있고, 직속상관과 갈등 관계에 있다면, 그것은 생산성에 영향을 미칠 것이다. 만약 과도하거나 실현 가능하지 않은 기준 때문에 직원의 생산 속도가 떨어진다면 작업 집단의 생산성은 저하된다.

만약 문제가 한 개인의 개인적인 동기부여에 관한 것이라면, 컨 생활양식척도(Kern Lifestyle Scale)가 도움이 될 것이다. 그것은 몇 분 내에 실시하고 채점할 수 있다. 컨 생활양식척도는 통제, 완벽주의, 남을 기쁘게 하려는 욕구 그리고 피해자 또는 희생자가 되려는 욕구와 같은 특징을 규명한다.[1] 역기능적인 개인의 동기와 관련하여, 어니 라슨(Earnie Larsen)과 지넷 굿스타인(Jeanette Goodstein)은 『누가 당신의 버스를 운전하는가: 일 중독자, 완벽주의자, 순교자, 최고의 댄서, 관리인, 남에게 기쁨을 주는 사람들의 상호 의존적인 직무 행동(*Who's Driving Your Bus: Codependent Business Behaviors of Workaholics, perfectionists, Martyrs, Top Dancers,*

Caretakers, and People Pleasers)』에서 많은 통찰을 제공하였다.[2]

● 기술 혹은 동기부여? 상황적 리더십을 도구로 사용하기

상황적 리더십은 문제를 규명하기 위한 최초의 단계에서 특히 유용하다. 허시와 블랜차드(Hersey & Blanchard)는 직원의 업무수행 능력(업무관련 준비도)의 두 가지 수준을 기술(기능적 능력)과 자발성(자신감/동기화)으로 규명한다. 준비도 수준은 R_1(낮음), R_2(낮음~보통), R_3(보통~높음), R_4(높음)로 정의된다.

허시와 블랜차드는 적절한 리더십 스타일은 직원의 업무관련 준비도에 대한 평가로부터 기인한다고 설명한다. 그들은 네 가지의 리더십 스타일인 말해 주기(S_1), 이해시키기(S_2), 참여시키기(S_3), 권한 위임하기(S_4)를 확인한다. 이것들은 과업 중심과 관계 중심 리더 행동의 구체적인 조합이다.*

과업 중심 행동은 각 업무의 구체적인 특징을 정의하는 것과 각 업무가 무엇을, 언제, 어디서, 어떻게 성취될 것인가에 대한 설명과 관련이 있다. 목표설정, 조직하기, 시간 제한 설정하기, 지시하기 그리고 통제하기는 리더의 과업 행동의 구체적인 예다.

관계 중심 행동은 격려와 지지 제공, 촉진, 강화와 보상을 의미한다. 의사소통, 중재를 촉진하기, 적극적 경청, 피드백 제공하기는 관계 지향의 리더 행동이다.

'말해 주기(telling)' 리더십 스타일은 업무를 기꺼이 수행하려는

---

*이 이론에 대한 더 많은 정보를 얻으려면, 리더십연구센터(140 South Hickory Street, Escondido, CA 92024)와 접촉하시오.

마음이 없고 능력도 없는 직원들에게 이용한다. 리더는 이러한 직원들에게는 누가, 무엇을, 어떻게, 언제, 어디서와 같이 구체적인 업무와 관련된 지시 사항을 제공해 주어야 한다. 이것은 높은 업무/낮은 관계 리더십이다.

'이해시키기(selling)' 리더십 스타일은 기꺼이 일을 하려는 마음은 있으나 능력이 없는 직원들을 위해 사용한다. 이것은 기술 문제라기보다는 동기 문제일 수 있다. 이 리더십 스타일은 동기를 형성하고 진전을 격려하고 성과를 보상하기 위해서 향상된 리더십 면모를 갖춘 높은 업무관련 지시사항에 의해 특징지어진다.

'참여시키기(participating)' 리더십 스타일은 직원이 능력은 있으나 일하려는 의지가 부족하고 확신이 없을 때 사용된다. 이것은 직원의 자신감과 일에 대한 책임 수용을 격려하기 위해 낮은 업무 행동(직원이 무엇을, 어떻게 해야 하는지 등을 이미 알고 있음)과 높은 관계 행동을 요구한다. 상호 의사소통과 적극적 경청은 지지적이고 비지시적인 분위기에서 발생한다. 이 스타일이 참여시키기라고 명명되는 이유는 리더와 그를 따르는 사람이 의사결정을 공유하고 리더의 주요 역할이 촉진자와 의사소통자이기 때문이다.

'권한 위임하기(delegating)' 리더십 스타일은 능력이 있고, 기꺼이 일하려는 의지와 책임질 자신이 있는 직원들을 위해 사용된다. 이렇게 직원의 준비도 수준이 높을 때 경영자는 최소한의 지시(업무)와 지원(관계)을 제공한다. 사실상 이 단계에서는 지나친 관계 행동은 오만과 간섭으로 여겨질 수도 있다. 직원의 성취감과 자기주도성은 주요한 동기부여 요소다.[3]

가장 흔하고 부적절한 리더십 스타일은 매우 조직화되고 지시적인 방법으로 일을 착수한 후에 사실상 직원들을 관리하지 않고 '떠나 버리는' 리더다(부적절한 행동이다.). 버림받은 직원이 실수를 하거나 지나치게 허용적인 스타일을 악용하면, 리더는 자칫 과잉반응하고, 지나친 지배와 조직화로 되돌아간다. 이러한 분위기에서 직원들은 종종 규칙에 대한 불확실성이 극대화되고 비지속성에 대한 혼란을 느끼게 된다.

문제점을 확인하는 첫 번째 중요한 단계는 그 상황이 능력(기술)부족, 동기 혹은 확신의 부족 또는 그것들이 조합되어 발생한 문제인지를 밝혀 직원의 준비도 수준을 사정하는 것이다.

◉ 기술문화와 기술 훈련

로라 필드(Loura Field)는 그녀의 책 『미래의 노동력을 위한 기술 훈련(Skills Training for Tomorrow's Workforce)』에서 '기술문화(Technoculture)'라는 용어를 소개하고 있다. 그것은 조직에서 기술과 사회체계 간의 관계에 대한 복잡한 형태를 말한다. 그녀는 직원이 특수한 일을 수행하거나 새로운 능력을 발휘할 분야에 대한 학습을 위하여 사용하는 기술을 빙산에 비유해 설명한다. 업무 기술은 빙산의 핵심이고 주로 표면 위에 있다. 수면 아래 주로 있으면서 핵심 기술을 지지하는 네 가지 다른 형태의 기술이 있다.

1. 업무관리 기술: 낭비를 최소화할 수 있는 활동을 계획하고, 적절한 순서로 많은 업무를 수행하거나 문제점을 예측하고 예방하

는 활동을 포함한다.
2. 작업환경 기술: 제한된 환경에서 효과적으로 일하거나 업무의 비위생적이고, 불안전한 측면을 변화시키는 일
3. 직장 학습기술: 자기주도적으로 학습하기, 변화에 적응하기 또는 직장에서의 학습을 장려하기
4. 대인관계 기술: 좋은 업무관계 유지하기, 팀 내에서 일하기, 혹은 직장 내의 사안이나 문제점을 토론하기와 같은 일[5]

기술 훈련에 대한 네 가지 구체적인 접근은 대부분의 조직에서 일반적으로 쓰인다. 사외(Off-site) 훈련은 사설 훈련과 학교, 직업훈련 센터, 지역사회 전문대학, 대학, 장비 제작소, 기타 기관들을 이용한다. 공식적인 사내 훈련은 실제 업무 장소가 아닌 곳에서 제공되는 구조화된 프로그램을 의미한다. 현장 연수는 숙련된 직원, 감독관, 트레이너의 지도하에 작업장에서 이루어진다.[4]

현장에서는 기술 훈련에 대한 전통적인 접근이 종종 업무 기술만 지나치게 강조하고 표면에 드러나지 않는 기술들을 간접적으로 다루거나 심지어는 모두 무시한다고 믿는다. 격려하는 리더는 이러한 '감춰진', 그러나 중요한 인간 기술들을 구체적으로 다룬다.

● **사례연구**

다른 원인에 기인하지만 같은 문제를 지닌 역기능적 직원 행동에 대한 다음의 사례에 대해 숙고해 보라.

마크와 레인은 정보 처리 회사의 경험이 풍부한 감독관이다. 생산 수준과 제고관리에 대한 주간 보고서는 부사장에게 꼭 필요한 것이다. 지난달에 마크와 레인은 둘 다 보고서를 늦게 제출하였다.

마크와 이야기하던 중, 부사장은 마크가 스스로에 대해 자신이 없고 능력이 모자란다고 느낀다고 생각했다. 그는 그의 부서에서 가장 빈틈없고 양심적인 감독관이라는 명성에도 불구하고, 현재의 업무에 새로 임명되었기 때문에 보고서를 제출하기를 꺼렸다. 새로운 위치에서 그는 그의 자료나 적요서 제출방법에 대한 확신이 없었다. 그 부사장 역시 완벽주의자로 유명했기 때문에 마크는 그의 통계에 대해 완벽하게 확신하기 전까지 그의 정보를 공개하지 않았다.

이와 반대로, 레인은 그의 직무, 정보, 실제적인 보고서 작성 과정에 대한 완벽한 지식을 드러냈다. 실제적인 문제점은 업무를 완수하려는 그의 의지였다. 그는 그 보고서의 실질적인 필요에 대해 동의하지 않았고, 보고서를 어떻게 작성하는지에 대해 쓰인 메모를 보고 분개했다. 또한 그는 업무 완수를 위한 시간이 부족하고, 더 많은 책임을 떠맡았다고 느꼈다.

부사장과의 대화에서 레인은 그 임무가 부여되는 방법에 대해 분개를 표시했고, 그 적요서가 어떻게 개선될 수 있는지에 대해 구체적인 제안을 했다. 그 프로젝트를 완성하는 것에 대한 레인의 실패는 그 임무가 부여되는 방법에 대한 그의 저항이었다.

동일한 행동, 즉 주간 보고서를 완성하는 데 실패한 것은 다른 원

인에 의해 동기화되었다. 마크는 능력이 부족하고 자신감이 결여되어 있다고 느끼는 반면, 레인은 능력은 있었지만 의지가 부족했다.

리더가 바람직한 해결 방안을 찾을 수 있는 오직 한 가지 방법은 실제적인 문제점을 규명하는 것이라는 점을 기억하는 것이 매우 중요하다. 리더는 기술 문제와 동기 문제를 구별하지 못하는 경우가 너무 많다. 아마 인간행동의 의도적 특성에 대한 이해가 부족한 리더도 많다. 지배, 우월성, 위안 그리고 기쁨 주기의 관점에서 개인의 최우선 사항들, 사기와 생산성에 대한 그것들의 결과적 영향력에 대한 인식 없이, 리더는 실제 문제점을 발견해 낼 수 없을 것이다. 실제 문제점이 확인되면, 리더는 적절한 행동을 계획할 수 있다.

마크는 능력이 부족하고 자신감이 없으며 레인은 능력은 있으나 업무를 끝마치려는 의지가 없다는 분석 결과를 토대로 중재 전략을 세우려고 노력해 보라.

다음 체크리스트*는 상황적 리더십 모델에서 기술 대 동기 문제를 규명하는 데 유용하다.[6]

---

* Roseman, E., "Situational leadership, flexibility is the key." Medical Laboratory Observer, January 1983, p. 62. 저자의 허락하에 사용됨.

A. 업무

☐ 일상적임　☐ 특별함

1. 얼마나 빠르게 끝내야 하는가?

　☐ 아주 빠르게

　☐ 다소 빠르게

　☐ 정해진 기한이 없음

2. 그것은 얼마나 복잡한가?

　☐ 업무는 복잡하지 않고 집단은 그것을 어떻게 수행하는지 알고 있다.

　☐ 업무는 복잡하고 집단은 그것을 어떻게 수행하는지 알고 있다.

　☐ 업무는 다소 복잡하고 집단은 그것을 어떻게 수행하는지 확신하지 못한다.

3. 당신과 당신의 직원들은 그 업무 기준에 동의하나?

　☐ 완전히 이해하고 동의한다.

　☐ 상당히 이해하고 동의한다.

　☐ 어느 정도 동의하지 못하거나 혼란스러운 부분이 있다.

　☐ 상당부분 동의하지 못하거나 혼란스러운 부분이 있다.

B. 리더-구성원의 관계

1. 당신과 당신의 직원들은 얼마나 친한가?
    - ☐ 친하다
    - ☐ 다소 친하다
    - ☐ 다소 불편하다

2. 당신의 직원들은 과거에 얼마나 협조적이었나?
    - ☐ 매우
    - ☐ 상당히
    - ☐ 다소
    - ☐ 거의 아님

3. 당신의 업무 태도는 직원들의 태도와 얼마나 다른가?
    - ☐ 매우 비슷하다
    - ☐ 상당히 비슷하다
    - ☐ 다소 다르다
    - ☐ 매우 다르다

C. 직원 문제

1. 당신의 직원들은 얼마만큼의 지식을 가지고 있나?
   - ☐ 매우 많음
   - ☐ 보통
   - ☐ 거의 없음

2. 당신의 직원들은 경험이 얼마나 많은가?
   - ☐ 매우 많음
   - ☐ 보통
   - ☐ 거의 없음

3. 당신의 직원들은 어느 정도의 책임감을 가지고 있는가?
   - ☐ 책임감이 강하다.
   - ☐ 다소 책임감이 약하다.
   - ☐ 책임감이 약하다.

4. 당신의 직원들은 얼마나 동기부여되어 있는가?
   - ☐ 강하게
   - ☐ 다소 강하게
   - ☐ 약하게

D. 권력

1. 당신의 관리상의 권한은 어느 정도인가?
   - ☐ 강하다
   - ☐ 적절하다
   - ☐ 낮다

2. 당신의 직원들은 관리자로서의 당신의 전문지식에 얼마나 의존하는가?
   - ☐ 매우
   - ☐ 다소
   - ☐ 전혀

단계 2: >> 자산 목록 만들기

단계 2는 어떤 노력, 흥미, 능력에 대한 긍정적인 잠재력을 확인할 수 있는 능력을 키우는 것을 포함한다. 이것은 지각적 대안들을 명료하게 설명할 수 있는 능력을 갖춤으로써 성취된다. 지각적 대안은 어떤 상황에서 긍정적인 측면을 볼 수 있는 능력을 제공한다. 그것은 컵의 비어 있는 부분보다는 차 있는 부분을 볼 수 있는 능력이다.

어떤 게임에서 한 사람이 이겨서 승리감을 맛보게 되면, 다른 사람은 기가 죽고 패배감을 느낀다. 사건은 동일하지만, 그 경험의 해석은 다르다. 지각적 대안은 특별한 상황에서 어떤 긍정적인 잠재력이나 가능성을 이용할 수 있는지 질문할 수 있는 기회를 제공한다. 지각된 단점은 종종 단지 재정의나 재구조화되기를 기다리는 장점이 된다. 고집 센 성격은 결의가 굳은 것으로 여겨질 수 있고 저항적인 성격은 자신의 행동의 근거나 지위에 대한 전념으로 여겨질 수 있다. 여기서의 과제는 부정적인 특성을 잠재적인 자산으로 바꾸는 것이다.

다음 사례는 한 혁신적인 교사가 부정적으로 여겨진 특성을 어떻게 성공적으로 재구조화했는지에 대한 이야기다. 이것은 필자가 35년 전에 일어났던 일을 회상하면서 추수감사절 저녁에 쓴 글이다.

많은 무관(無冠)의 왕들과 왕비들에게 바치는 찬사

1962년 여름이었다. 나는 볼티모어에 있는 조니케이크 중학교의 7학년, 정확히 말하자면 7학년 B반의 학생이었다. 연초에는 똑똑한 학급과 저능한 학급(나의 학급)이라는 꼬리표를 붙이는 것을 피하기 위해 각각의 학급을 '빨간 새들'과 '파란 새들'이라고 불렀다. 그러나 우리 모두는 누구누구가 빨간 새들과 파란 새들의 계급에 해당하는지 알고 있었다. 그래서 그것은 7A와 7B로 바뀌었다.

내 주변의 모든 친구들은 7A에 속하기를 열망했다. 나는 놀이터에서 노는 것이 전공이었다. 나는 "네 각하, 아니요 각하, 나는 그것을 더 이상 하지 않겠습니다, 각하~."에서처럼 학교에서 '짱'이었다.

나는 자제심이라고 막연하게 정의되어 있는 범주에서 지속적으로 낮은 점수를 받는 전형적인 왼손잡이로서, 학습장애를 가진 과활동적인 사내아이였다. D는 B처럼 보였고, P는 Q처럼, M과 N의 구별이 불가능했다. 수업은 지나치게 길었고, 책상은 너무 작았으며, 야외활동 시간은 너무 짧았다. 감옥으로 돌아가기 전에 3개월간의 휴가를 얻은 죄수처럼 나는 6월까지 날짜를 세고 있었다.

7A와 7B를 모두 가르쳤던 그 선생님은 다른 누구보다 내 눈에 두 배는 더 두려워 보였으며, 키가 6피트 2인치의 거대한 괴물, 아메리카 삼나무 같은 존재였다. 미스터 킹은 그 선생님에게 걸맞은 별명이었다. 그는 친절했고, 박식했으며 드물게 7A와 7B 모두에서 존경받는 드문 선생님이었다.

어느 날, 예상치 못하게 미스터 킹이 7A의 내 친구들에게 다가와 말했다. "7B에는 너희들만큼 똑똑한 학생이 하나 있다. 문제는 그 애는 너희들보다 먼저 성공할 아이라는 것이다."

미스터 킹의 말은 그날 오후 스쿨버스를 탔을 때 나에게까지 전달됐다. 나는 믿어지지 않아 어리벙벙하고 충격적인 느낌을 기억한다. "그래, 그렇겠지. 장난하지 말라고." 나는 친구들에게 태연하게 대답했지만, 나는 더 깊숙하고 더 미묘한 나의 내면에서 내 영혼을 불타오르게 했으나 차츰 꺼져 가고 있던 따뜻한 빛을 기억한다.

2주 뒤 두려워하던 보고서 시간이 돌아왔다. 그 보고서는 오직 미스터 킹만이 읽고 채점해 줄 만큼 형편없었다. 아아! 구술 보고서만큼은 피할 길이 없었다.

내 차례가 돌아왔을 때, 나는 급우들 앞에 진지하게 서 있었다. 나는 제임스 페니모어 쿠퍼(James Fenimore Cooper)의 서사시인 『길잡이(Pathfinder)』에 대해 천천히 그리고 어색하게 이야기하기 시작했다. 내가 이야기를 할 때, 머릿속에서는 18세기 미국 서부개척자 카누의 이미지가 울창한 숲의 모습과 충돌했고, 시끄럽게 호수와 계곡을 미끄러지듯 내려갔던 원주민들과 충돌했다. 독립기념일의 그 어떤 불꽃놀이도 그날 내 머릿속에서 일어났던 폭발을 능가하지 못했다. 그것은 충격적이었다!

나는 흥분하여 나의 경험을 친구들에게 말하려고 노력하기 시작했다. 그러나 내가 카누에 대한 말을 시작하자마자, 그 지역의 다른 장면이 원주민들과 충돌했다. 나는 다른 장면으로 껑충 뛰어넘기 전에 어떤 장면의 중간 부분쯤에 대해 이야기하고 있었다.

나는 기쁜 나머지 매우 흥분했고, 불완전한 문장들은 전혀 앞뒤가 들어맞지 않았다. 친구들의 비웃음은 내 안의 불꽃놀이를 산산이 망쳐 버렸다. 나는 당황스럽고 창피했으며 날 괴롭히는 그 친구들을 때려 주거나 집으로 뛰어가 엄마 품에서 실컷 울고 싶었다. 그러나 나는 오래전에 이러한 기분을 감추는 방법을 배웠었다. 그래서 나는 겉으로 드러나지 않게 감추려고 노력했고, 내 책상으로 돌아갔다.

그 비웃음은 미스터 킹의 낮고 동정이 가득한 목소리 때문에 멈추었다. "있잖아, 대니." 그가 말했다. "너는 외부를 향해 이야기하는 동시에 내면적으로 생각하는 특별한 능력을 지녔어. 그러나 종종 즐거움으로 충만한 너의 마음을 너의 말들이 쫓아가지 못하는 경우가 있어. 너의 즐거움은 전염성이 있어. 난 네가 언젠가 그 아름다운 재능을 좋은 일에 사용할 수 있길 바란다."

나는 또 한 번 미스터 킹의 말에 매료되어 서 있었고 그것은 영원히 지속될 것 같은 정지의 순간이었다. 장면 전환의 기적이 내 안에서 일어났고 친구들은 박수와 축하하는 환호를 보냈다.

30년이 흐른 뒤, 어린아이들을 가르치는 이름 없는 수많은 미스터 킹 그리고 미시즈 킹 선생님들에게 내가 고맙다는 말을 전해야 할 차례다. 나는 지금 어떻게 미스터 킹이 영원히 내 인생을 재구조화하는 것을 도왔는지에 대해서 격려 또는 단점으로 인식된 점을 장점으로 바꾸라는 용어를 이용해 묘사할 수 있을 것이다.

인생을 가장 멋지게 사용하는 방법은 궁극적으로 후세까지 이어질 대의를 위해 인생을 소비하는 것이라는 말이 있다. 비록 종종 낮은 임금, 너무 많은 학생들과 부족한 자원들에 직면할지라도, 나는 당신들 선생님들에게 경의를 표하고, 차이를 만들어 냈던 당신의 섬세한 방법들을 당신과 당신의 지역사회가 인정할 시간을 마련하길 바란다!

부정적이라고 여겨지는 것을 긍정적으로 재구조화하는 것은 자산에 초점을 맞추는 한 방법이다. 다른 관점에서 다른 전망을 보는 것 역시 매우 중요하다. 리더는 이사회의 의장이나 CEO가 문제를 인식하는 방법과 광고, 마케팅 또는 생산 부서에서 일하는 직원들이 인식하는 방법이 어떻게 다른지를 이해해야 한다. 조직 내에서 문제해결의 잠재력에 대해 인식하고, 직원의 다양한 자산과 인식에 대해 파악함으로써 리더는 직원들이 문제해결에 긍정적인 힘을 갖도록 도울 수 있다.

각 직원들의 자산과 자원을 확인하는 동안, 리더는 다양한 자원이 어떻게 개인을 격려하는 것이 되기도 하고 낙담시키는 것이 되기도 하는지에 대해 깊이 생각해야 한다. 예를 들어, 현명함은 문제를 해결하는 데 바람직한 요소다. 그러나 항상 현명하길 바라는 기대는 부담이 될 수 있다.

리더는 직원들이 문제의 해결방안을 찾도록 도와야 한다. 직원들이 자신의 자산이나 자원, 가능성에 대해 자기평가를 하도록 돕는 것은 좋은 출발점이다. 그다음에 리더는 반드시 직원들이 각각의 동력의 원천이 어떻게 적용될 수 있는지에 대해 정확한 의사결정을 내리도록 도와야 한다.

많은 사람들은 자신의 장점을 인정하는 데 조심스러워하고 겸손해하는 경향이 있다. 한 직원이 95% 정도의 업무에서 만족할 만할 성과를 거두고 오직 5%만이 그렇지 않았다고 가정해 보자. 당시 그 직원은 100% 유능한 사람이 아니었기 때문에 업무 능력은 그의 장점이 아니라고 여겨질 수 있다. 규칙의 예외로 여겨지는 단점과 한계에 초점을 맞추는 것은 동기, 참여, 헌신을 감소시킨다.

자산을 인식하는 데 있어서 두 번째 장벽은 최고가 되는 것을 강조하는 것에서 나온다. 자신의 능력을 인정하는 데 있어서, 사람들은 종종 정말 가치 있는 사람이 되기 위해서 반드시 최고가 되어야 한다는 생각을 가지고 자신의 성공을 평가한다.

자산을 확신하도록 도울 수 있는 한 가지 방법은 직원에게 그의 이전의 성공이나 능력을 보여 주는 사례에 대해 인식하게 한 다음, 그 능력을 현재와 미래의 상황에 일반화시키도록 하는 것이다. 만약에 어떤 사람이 한 가지 일에 성공적이었다면 리더는 그 일에 관련된 구체적인 능력을 확인하고 그 능력이 현재의 업무에 어떻게 이용될 수 있는지를 연구하도록 도울 수 있다.

마크와 레인의 보고서 제출 기한 초과 사례로 돌아가 보자. 마크가 무능함을 느끼고 있다는 구체적인 문제점을 확인한 후에, 부사장은 마크의 낙담을 재구조화하기 위해 지각적인 대안을 이용하였다. 구체적으로, 부정적인 꼬리표(완벽주의자)는 더 격려적인 것(제대로 일을 함으로써 성취하고자 하는 열망)으로 재구조화되었다. 행동의 변화는 없었지만 마크의 자기 자신에 대한 견해는 급격히 바뀌었다.

레인에 대한 구체적인 문제는 동기 문제였기 때문에, 부사장은 자신의 신념을 지지하는 레인의 용기를 인정했다. 부사장은 적극적으로 경청했고 레인의 제안을 받아 적었다. 그들은 감독 과정에 관한 합의를 이루어 냈다.

단계 3: >> 목표설정과 목표조정하기

이러한 리더십 절차는 모든 리더의 능력범위 내에 있을 것이다. 우선, 성취될 수 있고 직원의 참여를 보증할 분명한 성과 기준이 마련될 필요가 있다. 이것은 직원들이 목표를 성취하는 데 열성적이고 적극적이 되기 위해서는 성과 기준과 목표가 직원들에 의해 수용되고, 직원들이 원하는 것이어야 한다는 것을 의미한다.

직원들과의 어떤 회의에서도, 경영자는 반드시 성공적인 목표달성에 대한 분명한 기준을 가지고 있어야 한다. 목표에 대해 토의하고 합의를 할 수 있는 기회가 반드시 이어져야 한다.

독재적인 리더들은 그들이 마치 직원들에게 맞는 목표를 설정할 수 있고 직원들이 그것을 성취해 낼 것이라 생각한다. 격려적인 리더는 처음부터 직원과의 협력, 참여, 열정의 필요성을 인식한다.

목표에 대한 합의를 이끌어 내고, 구체적이고 현실적인 기준을 설정하기 위해 직원들과 시간을 보내는 것은 장기적인 생산력을 위해 필수적이다.

조직의 목표에 대해 토론하기 위한 회의의 끝 무렵에서, 리더는 반드시 다음 업무 프로젝트의 목적이나 목표와 다양한 직급의 직원들의 구체적인 목표에 대해 간략하게 적어 놓아야 한다. 업무가 진행되어 감에 따라, 이러한 목표는 직원들로 하여금 그들의 행동이 확인된 목표달성을 용이하게 하는지 아닌지에 대해 자신들을 평가할 수 있게 해 준다.

목표설정은 개인이 구체적이고 바람직한 행동이나 성과를 인지하도록 돕는 데 필요하다. 특별한 능력과 동기의 부족을 확인하는 것이 구체적인 목표를 설정하는 첫 단계다. 다음과 같이 요약할 수 있다. "나는 ~부족하지만(결핍), ~(원하는 결과)를 성취하기 위하여 ~(목표설정)하기를 원한다."

제임스 챔피(James Champy)는 다음에 이어질 열 가지 공동의/개인적인 가치를 제안했다.

① 항상 능력을 최대한으로 이용하여 일하라.
② 솔선해서 하고 위험을 감수하라.
③ 변화에 적응하라.
④ 결심을 하라.

⑤ 팀으로서 협동하라.
⑥ 앞으로 다가올 문제나 현재 닥친 문제에 대한 정보, 지식, 소식에 대해 특히 개방적이 되라.
⑦ 남을 신뢰하고, 신뢰받을 수 있는 사람이 되라.
⑧ 타인(고객, 제조업자, 동료)을 존중하고 자기 자신을 존중하라.
⑨ 행동에 책임을 져라.
⑩ 성과를 기반으로 평가하고 평가받고, 보상하고 보상을 받아라.[7]

● **목표설정을 위해 조직의 사명 이용하기**

직원들은 종종 단순해 보이는 조직의 중점사항과 업무에 대해 혼란스러워하거나 동의하지 못한다. 조직의 사명서는 단일화하는 힘이거나 가장 중요한 목표인데, 이 모든 것은 직원들이 자신의 부서 목표와 개인적 목표를 명확화하는 데 사용할 수 있다. 조직 사명서는 그 조직이 어떤 사업에 종사하는지와 조직이 성취하고자 하는 실제적 목표나 기능에 대한 명확하고 간결한 진술이다. 사명서를 작성할 때 조직은 반드시 세 가지 주요 질문에 대답해야 한다.

1. 그 조직은 어떤 기능을 수행하는가?
2. 조직은 누구를 위해 그 기능을 수행하는가?
3. 조직은 이러한 기능을 어떻게 수행해 나가는가?

많은 기업은 '무엇(what)' 이라는 질문에 그들의 목표나 생산된

제품(예: 목욕비누)과 관련해서 대답하는 경향이 있다. 그러나 그보다 더 광범위하게 고려해야 할 사항은 조직이 충족시키고자 하는 고객 욕구의 관점에서 그 '무엇'을 설명하는 것이다. 단순한 '비누' 대신에 실제적 목표는 미래에 헤어 제품, 목욕 후 보습제 등의 제품으로 확장될 가능성이 있는 개인위생용품을 고객에게 제공하게 된다.

'누구(who)'는 조직이 주요 목표로 삼은 전체 잠재적 고객의 기반을 명확하게 확인하는 것이다. 잠재적 고객 또는 고객 저변을 파악하거나 목표로 삼은 분야를 규명하는 과정을 시장 세분화라고 한다.

> "소비자는 우리의 사장이다. 품질은 우리의 업무이고
> 그 금액에 어울리는 가치는 우리의 목표다."
>
> Mars社 The Quality Principle of Mars

'어떻게(how)'는 마케팅 전략, 즉 분배 시스템, 고객 서비스 또는 개별 판매를 포함한다. '무엇' '누구' '어떻게'는 실현 가능하고, 객관적이고, 획득할 수 있는 조직 목표의 사명서 안에 반드시 포함되어야 한다. 그 대답은 리더에게 주요 사안과 지침을 제공해 준다.[8]

이러한 구체적인 목표를 이용하여 경영자와 조직의 리더들은 그들의 목표와 직원들의 목표를 명확하게 정의할 수 있다. 목표조정은 경영의 목표와 직원들의 목표가 일치되게 하는 과정이다. 직원들이 고려해야 할 한 가지 질문은 어떻게 그들의 개인적 목표를 공동의 목표

에 담아낼 것인가의 문제다. 때로는 일방적이고, 상의하달 방식의 의사결정이 필요할 수 있다. 그러나 직원들은 자신과 자신이 일하는 부서의 목표설정에 참여할 때 더 참여의식을 느끼고 결과에 대한 책임감을 갖게 된다. 분명한 조직 목표가 있을 때 리더는 직원들과 전폭적으로 상호적인 목표설정을 하기가 더 쉽다('부록 7. 문제해결 처리과정: 경영수행을 증진하는 사이클'을 참조하라.).

● ●

"과거의 '기계'로서의 조직은 훨씬 더 단순해 보였다. 당신은 당신을 위해 일할 사람을 고용했기 때문에 당신은 그들을 선택했고, 평가했고, 특정한 업무를 수행할 수 있는 능력에 따라 보상했다.

그러나 그것은 더 이상 효용이 없다. 조직의 재설계(reengineering)는 포부, 이상, 믿음을 공유한 지역사회의 일원으로서 우리와 함께 일할 사람을 고용하는 것을 요구한다. 특정 업무를 수행하는 능력만으로는 충분하지 않다. 오늘날 우리는 그들이 접하는 모든 과정에 가치를 더하고, 우리 회사에 가치를 가져다줄 수 있는 사람들이 필요하다."

제임스 챔피|James Champy

AT&T사(AT&T Universal Card University)의 최고 경영자 밥 오닐(Bob O'Neal)은 회사와 직원의 가치와 목표제휴를 도울 수 있는 세 가지 학습 분야에 대해 설명한다.

"첫 번째는 사람들의 업무 능력이다. 두 번째로 우리가 노력해야 할 것은 회사의 가치, 비전, 사명에 대해 전달하고 강화하여 사람들에게 우리가 믿고 있는 것이 무엇인지 알게 하는 것이다. 어떻게 그 일을 하느냐뿐만 아니라, 우리가 어떠한 철학적 구조 안에서 그것이 행해지기를 기대하느냐 하는 것, 즉 우리의 상호작용 방식과 서로 간의 관계의 본질도 중요하다.

그것은 우리의 훈련의 문화적 부분이고, 시작단계에서부터 필요하다. 신입사원 채용의 전체 과정은 사람들에게 우리가 동료로서 어떤 사람들이고 어떻게 상호작용하는지를 가르쳐 준다. 우리는 즉시 우리가 고용할 사람을 고객으로 대한다. 우리는 대우받고 싶은 대로, 또 그들이 고객들을 대하길 바라는 대로 그들을 대한다."[9]

제임스 챔피

단계 4: >> 성과평가하기

목표가 수립되고 사업이 시작되면, 리더는 체계적이고 효율적인 방식으로 성과와 진전을 관찰하고, 평가하고, 피드백을 제공해야 한다. 그러나 많은 리더들은 오직 이따금씩 그 프로젝트가 어떻게 돌아가고 있는지 관찰하고, 현상에 대해서는 무관심한 태도를 보인다. 리더는 반드시 어떤 일이 일어나고 있는지에 대한 체계적인 사례들을 가지고 있으면서, 분명하게 평가하고, 직원들에게 적절한 피드백을 줄 수 있는 위치에 있어야 한다.

체계적인 성과평가는 경영우수성을 위해 필수적이다. 철저하고, 행동을 구체적으로 규명하고, 필수적인 행동을 명확하게 지적해 내는 피드백을 제공하는 것이 리더에게 유익하다. 직원들은 그들이 직장에서 성취하도록 요구되는 것이 무엇인지 정확히 알지 못하거나 거의 모른다. 성과평가는 반드시 조직 목표에 의해 영향을 받아야 한다. 부정적인 피드백이나 긍정적인 피드백 모두 일반적인 장점이나 인지된 태도가 아닌 구체적인 행동에 대한 것이어야 한다. 특정한 행동에 대한 보상은 더 의미 있고 동기부여적이다. 만약 행동을 개선할 필요가 있다면, 정확히 어떤 행동이나 업무상 기능이 부족한지에 대해 설명하고, 그것이 이루어지기 위해서는 어떤 행동을 해야 하는지에 대해 구체적으로 말하라. 직원들에게 단지 더 열심히 일하라고 하거나 태도를 바꾸라고 말하는 것은 그들의 성과를 어떻게 향상시킬지에 대해 말해 주지 못한다.

> "물에 빠질 것인가 수영을 할 것인가(sink-or-swim)는
> 수영장에서가 아니면 더 이상 건전한 정책이 아니다.
> 단지 명령과 지배의 다른 형태일 뿐인
> 수영 연습용 날개부낭(water wings) 역시 소용없다.
> 최고의 정책은 명확하고, 예측 가능한 지침, 즉 수영 강습이다."
>
> 제임스 챔피

● 긍정적인 성과평가

격려하는 리더는 성과평가를 상호 피드백을 제공하는 기회로 사용한다. 평가는 조직에서 가치 있게 여기는 장점의 개발에 주의를 기울

인다. 격려적으로 이루어지는 성과평가는 직원에게 리더의 성취를 평가하게 하고 직원과 리더 모두에게 업무와 경영 스타일에 대해 논의할 수 있는 기회를 제공한다('부록 12. 업무평가'를 참조하라.).

격려적 성과평가에서, 직원은 다음을 발견한다.

- 경영자가 그의 성과를 어떻게 평가하는가?
- 그는 경영자와 함께 어디에 서 있는가?
- 봉급과 직무상의 직급 상승을 위해 무엇을 할 수 있는가?
- 그의 지위가 얼마나 안전한가?

인텔사(Intel Corporation)의 CEO인 앤드류 그로브(Andrew Grove)는 성과평가의 특징에 대해 다음과 같이 말했다. "그것은 관리자가 직원에게 제공할 수 있는 단연코 가장 중요한 성과관련 피드백이다. 인텔에서는 한 관리자가 각각의 직원들을 평가하는 데 다섯 시간에서 여덟 시간을 보내는 것으로 추산된다. 그것은 관리자의 1년 업무의 1/4에서 1/3을 차지한다." 그가 나중에 덧붙여 말했다. "미약한 성과까지도 포함한 직원의 성과에 대해 시간을 할애하는 노력을 하는 것은 관리자의 시간을 아주 가치 있게 보내는 일이 아니겠는가?"[10]

전통적인 성과평가는 이미 그 타당성을 잃었다. "연례행사로서 하느님 노릇을 하는 사장은 권한이 위임된 직원들과 잘 어울리지 못한다."라고 애리조나의 스콧데일에 있는 모토로라 그룹(Motorola's Government Electronics Group)의 부사장이자 중역인 줄리 새케트

(Julie Sackett)가 말했다.[11]

　대부분의 업무관리 도구들은 소급력이 있다. 즉, 지난 과정을 되돌아보는 것으로 이루어졌다. 이러한 접근은 직원이 1년, 6개월 또는 특정 기간 동안 얼마나 업무를 잘 수행했는지에 대해 보는 것이다. 많은 연구실 매니저와 관리자는 이 업무를 아주 싫어한다. 그들은 늑장을 부리고, 결국 그것에 직면했을 때 잘 해내지 못한다.

　성과평가는 정기적으로 계획되고, 최고 관리자에 대한 평가부터 시작해 조직 전체를 총괄해 진행되어야 한다. 그것은 사람들이 반드시 자신이 평가받고 싶은 방식으로 타인을 평가해야 한다는 철학이다. 만약 그 과정이 인간적이고, 간단하고, 정직하고, 관계와 업무를 향상시키기 위해 고안된 것이라면, 과도한 서류작업을 동반해서는 안 된다.

　성과평가는 상호 호혜적이어야 한다. 리더는 "당신들의 업무를 내가 어떻게 평가할 것인지 말하겠다. 그다음 나는 당신들이 내가 관리자로서 어떠한지 말해 줬으면 한다."라고 말할 수 있다.

　평가는 반드시 임원, 경영자, 관리자 그리고 전 직원들에 의해 보고서로 쓰여야 한다. 관리자와 직원 모두가 그들의 목표를 획득해 나가고 있는지 아닌지를 결정하기 위해 2주나 한 달 안에 후속조치(follow-up)를 하는 것과 함께, 성과 관계와 성과 향상을 위한 목표를 세워야 한다. 그 시스템은 구체적, 정기적, 계획적, 조직적 그리고 격려적인 피드백을 강조한다. 신입 시급제 직원들은 30일 또는 60일 동안의 견습 기간 말까지 평가되어야 한다.

　관리자와 직원은 서로에 대한 평가 내용을 공유하기 전에 자신의 성과에 대해 평가해야 한다. 그다음 그들은 성과 향상 목표, 목표한 날짜와 추후평가 날짜를 정한다.

그 과정은 자신이 동료들에 의해 인식되는 것이기 때문에 직원과 관리자가 자기 자신을 볼 수 있도록 돕는다.

성과평가 정책은 다음을 포함해야 한다.

1. 빈도(보통 일 년에 두 번)
2. 봉급과 승진이 그 평가에 달려 있는지 아닌지
3. 평가에 소요되는 시간
4. 성취 가능한 목표를 어떻게 설정하는지에 대한 경영자를 위한 훈련 세션

리 아이아코카(Lee Iacocca)는 그의 베스트셀러 『아이아코카(Iacocca)』[12]에서 연 4회 시행하는 부하직원에 대한 평가를 강력히 주장했다. 이러한 기간에 대한 그의 논리는 간단하다. 그 회사의 회장은 주주들에게 제공할 연 4회의 결과 보고서를 작성하기를 요구받았다. 그러므로 모든 매니저들은 그들의 상관에게 연 4회의 보고서를 제출해야 했다. 그것 이외에, 연 4회 평가 시스템은 리더들에게 조직의 양적·질적 형태에 있어서 교정적인 변화를 할 수 있는 기회를 주었다.

대부분의 사람들은 성과평가를 급여평가와 동일시한다. 완성된 성과평가 서식은 수당책정 부서로 보내져서 급여인상의 결정을 위해 사용된다고 흔히 사람들은 생각한다. 이러한 관점 때문에 종종 경영

자들은 수행자료를 조작하게 된다.

이와 반대로, 성과평가의 근본적 목표를 인적자원의 개발에 둠으로써 성과평가를 훨씬 더 유용하게 사용할 수 있다. 리더들이 성과평가를 직원 성과 향상의 중요한 도구로 여길 때 그것은 모두— 직원, 리더, 부서, 회사— 에게 유용하다. 성과평가에 따르는 불안을 감소시키고 직원의 발달에 초점을 맞출 수 있는 지침은 다음과 같다.

1. 객관적인 평가 기준을 설정하라. 상호 간에 합의된 목표, 최신 직무설명서, 명확하게 명시된 성과기준을 사용하라. 이것은 이미 가장 중요하다고 간주되었던 행동에 초점을 두어 대화하는 것을 지속 가능하게 해 준다.
2. 구체적인 사례를 많이 사용하라. 향상의 필요성을 명시할 뿐만 아니라 종업원들의 구체적인 성공 사례를 언급하라. 예를 들어, 단순히 "당신은 훌륭하게 의사소통을 하지만 계획의 실행을 위해 노력할 필요가 있어요."라고 말하는 것보다는 "나는 우리가 생산담당 관리자와 포장 부서의 직원들과 함께 가졌던 회의에서 당신의 참여 방식이 정말 좋았어요. 당신은 준비가 잘 되어 있었고 중요한 문제들에 계속 초점을 맞추었죠. 그 후, 나는 그 회의에서 제안되었던 몇 가지가 실행되지 않았다는 것을 알았어요."라고 말하라.
3. 미래의 성장을 위해 함께 계획을 짜라. 직원들이 강점과 약점을 보이는 구체적인 분야가 무엇인지 관심을 가진 후에, 강점을 최대화하고 약점을 극복할 수 있는 방법을 찾기 위해 브레인스토밍하

라. 이 토론은 구체적인 단계와 일정표를 포함해야 한다.

언제나 그 회의가 강의보다는 토론으로 이루어지게 하고, 당신이 개방적으로 직원들의 의견을 듣고 토론해야 함을 명심하라.[13]

4. 사업 목표를 반영하는 피드백 질문들을 고안하라.
5. 만약 직원들이 관리상의 도움 없이 갈등을 해결할 수 있다고 판단된다면, 직원이 이 점에 대해 어떻게 행동할 건지 물어보라.
6. 직원들이 질문에 무기명으로 대답하도록 허용하라.
7. **상향식 접근을 도입하라.** 비행기 엔진 제조업회사인 프랫 앤 휘트니(Pratt & Whitney)의 경영정보시스템 부서는 직원들이 관리자들을 평가하는 리더십 평가증진 과정을 만들었다. 직원들은 관리자들의 의사소통을 위한 능력과 의지, 리더십 능력, 팀 형성 기술과 같은 몇 개의 범주에 대한 19개의 질문들에 익명으로 대답함으로써 관리자들의 등급을 매긴다.
8. **융통성이 있어야 한다.** 전통적인 성과평가 시스템의 주요 문제점 중에 하나는 경직되어 있다는 것이다. 많은 기업들은 변화하는 환경에 잘 적응할 수 없는 관료적 형식과 마감기한과 같은 환경 속에서 운영되고 있으며, 속도와 융통성은 미국 회사들에게는 없어서는 안 되는 두 가지 전략적 능력이다.
9. 성과평가를 위해 따로 시간을 내고, 그것을 다른 회의들처럼 중요하게 여겨라. 적어도 45분 정도로 계획하라. 평가를 연기하지 마라. 이것은 당신 직원의 일정표에 중요한 일이다.
10. 가능하면 회의실에서 만나라. 방해를 받지 않을 뿐만 아니라, 회

의실은 위협적인 분위기가 덜하다. 당신은 책상 뒤에서 직원들에게 공고를 하는 것이 아니다. 안전하고 편안함을 느끼는 직원은 유용한 피드백을 내놓을 가능성이 높고 향상을 위한 제안을 받아들임에 있어서 더 수용적이다.

11. 변화 가능성이 있다는 전제하에 사람을 대하라. 대부분의 평가 목적은 무엇을 향상시키는 것이지 단지 형사고발의 목록처럼 문제들을 열거하는 것이 아니다. 이것을 강조하기 위한 한 가지 방법은 희망 향상 사항을 직원이 아직 하지 않은 일이라고 언급하는 것이다.

12. 숫자가 아닌 특성에 초점을 맞춰라. 평가양식에서 쓰인 숫자척도를 경시하라. 직원이 '4점' 때문에 직장을 그만두게 하지는 말아라. 이것은 직원의 능력에 대한 영원한 평가가 아니라 그가 얼마나 그 능력을 잘 사용했는지에 대한 현재의 평가라는 것을 지적해야 한다.

13. 신체언어를 관찰하라. 만약 한 직원이 모든 것이 잘 되어 가고 있다고 말하는 동안 그의 머리를 흔들고, 눈 맞춤을 피하거나 가슴 앞에 양손 끝을 맺고 있다면, 그 직원은 지금 당신에게 정직하지 않은 것이다. 신체언어는 거의 보편적으로 인식되는 의사소통의 형태다. "헤이즐, 당신은 동의한다고 말하지만 나는 당신에게서 반대의 아주 강한 비언어적 의미를 읽고 있어요."라는 말에 대해 고려해 보라.

14. 다음 단계에 대해 자세히 말하라. 현재의 행동과 기대되는 행동의 차이를 어떻게 줄일 수 있을 것인가? 직원이 어떤 행동의

변화를 언제 보여 줄 것인가? 이것에 대한 분명하고 솔직한 이해로 인터뷰를 마무리하라. 당신이 직원에게 무슨 말을 했고, 앞으로 어떤 일이 일어날 것인지와 궁극적인 목표가 무엇인지 다시 말하기 위해 질문을 하라.[14]

15. 성과평가의 효율성을 최대화하기 위해, 평가에 대한 체계화된 접근을 하고 중요한 문제들이 다뤄지는 것을 확실히 하기 위한 형식을 따르는 것이 필수적이다. '3-P' 접근—과거(past)의 성과, 현재(present)의 성과, 미래(prospects)의 성과—은 이 과정을 용이하게 한다. '3-P' 접근의 중요한 점은 미래의 수행에 대한 강조다. 과거와 현재의 성과에 대한 토론은 향상된 미래의 성과에 집중하는 것보다 덜 중요하게 다루어져야 한다.

성과평가 방법에 대한 훈련은 다음 사항을 확고히 해야 한다.

1. 평가가 상호 존중에 의해 이루어진다.
2. 숨겨진 안건은 없어야 한다. 평가는 공격적이거나 무례해서는 안 된다.
3. 평가는 성과를 격려하고 증진시킬 수 있어야 한다.
4. 직무에 대한 설명과 명칭은 확립되어 있고 명확해야 할 필요가 있다.
5. 성과평가의 목표는 매일 감독하는 것을 통해 강화되어야 한다.

DEC라는 기업(Digital Equipment Corporation)은 성과평가를 할

때 자신과 동료의 평가를 모두 포함하는 파트너십 접근을 이용한다. 전형적으로 연간평가는 직원들이 속한 팀의 모든 일원들로부터 나온 정보를 포함한다. 정보를 받은 후에 위원회는 그 개인과 함께 그것을 검토한다. 위원회는 보통 당사자, 당사자의 업무 대변자, 경영컨설턴트와 두 명의 동료로 구성된다. 성과평가가 성공적이기 위해서는 당사자의 동료들과의 관계가 포함되어야 한다.

성과평가가 실제로 직원의 성과를 향상시킨다는 증거는 거의 없다. 그러나 가장 강력한 혹평가들조차도 그것을 폐지하기를 권하지는 않는다. 의사결정 과정에 경영진을 참여하지 않게 하는 것이 향상의 한 가지 방법이 될 수 있다. 이런 목적을 위해서, 자기경영집단과 높은 관여 시스템과 같은 새로운 업무 설계에 있어서의 진전이 필요하다. 평정에 기반한 전통적인 업무평가 시스템의 몇 가지 단점은 인적 요소라고 할 수 있다. 몇몇 사장들은 시스템이 자신들의 목표를 위해 작동하도록 일상적으로 그 시스템을 조작한다. 몇몇 경영자들은 인위적으로 직원들의 평점을 낮추어 겁을 줌으로써 더 나은 성과를 이끌어 내려 한다. 평가의 정확성을 향상시키기 위해서 리더는 다음 내용을 지켜야 한다.

① 잘 경청하라.
② 통제하지 마라.
③ 부정적인 정보에 대해 천천히 그리고 조심성 있게 접근하라.
④ 관찰 가능한 행동에 초점을 맞추고 구체적인 사례를 제공하라.
⑤ 직원들을 곤경에 몰아넣지 않음으로써 언쟁을 피하라.

⑥ 의사소통을 제지하지 말고 성과의 문제점에 대해 직원들에게 직면하라.

성과평가와 관련된 스트레스의 대부분은 효과적인 평가방법을 따르지 못하기 때문에 생긴다. 경영자와 부하직원을 대상으로 한 설문조사는 다음과 같은 상황에서 평가가 비효율적임을 나타내 준다.

① 성과 기준이 불명확하다.
② 실제적인 업무성과에 대한 경영자의 지식이 부족하다.
③ 경영자가 평가를 위한 준비가 되지 않았다.
④ 경영자가 평가를 수행하는 기술이 부족하다.
⑤ 평가를 하는 사람이 그것을 심각하게 생각하지 않는다.

리더는 다음 내용을 기억함으로써 평가의 효율성을 향상시킬 수 있다.

① 평가 양식이 중요하긴 하지만, 그것은 과정에 불과하다.
② 평가는 하향식이어야 한다.
③ 평가 훈련은 반드시 그 상황과 관련성이 있어야 한다.

경영자들은 성과평가가 문제를 해결할 수도, 만들어 낼 수도 있다는 것과, 직원의 향상이 평가의 초점이 되어야 한다는 것을 알아야 한다.
성과평가가 좀 더 격려적일 수 있게 하는 부가적인 실천 제안은 다음 내용을 포함한다.

① 성과관리 프로그램을 고안하는 데 직원들을 참여시켜라.
② 우수한 것과 평범한 것을 명확히 구분하라.
③ 직원의 실패를 민감하게 다루어 그것이 직원을 쇠약하게 하는 것을 막아라.
④ 경영자의 자기업무평가의 상당부분을 경영자 자신이 직원의 성과를 위해 얼마나 잘 계획하고 격려하고 평가했는지와 관련시켜라.
⑤ 성과에 대한 판단을 직원의 인품이 아닌 결과에 기반을 두어라.

● **성과평가의 형식**

다음의 내용은 성과평가 과정을 시작하는 데 필요한 형식이다. 물론 이러한 면담은 실제 직무설명서에 근거한 평점에 의해 보완되어야 한다.

이름: _____   자기평가 날짜 : _____

1. 현재 직위(직무설명서 그리고 고용주와 감독관의 기대): _____
   _____
   _____

2. 어떤 일이 잘 되어 가고 있고 무엇을 성취했나? 자랑스럽게 생각하는 것은 무엇인가? _____
   _____
   _____

3. 무엇이 향상될 필요가 있는가?
_____
_____

4. 감독자 평가
   장점, 자산, 잘 되어 가고 있는 것: _____
   _____

   향상이 필요한 것: _____
   _____

   향상을 위해 합의된 계획: _____
   _____

5. 합의된 성취 가능한 목표: _____
   _____

6. 직원에 대한 감독자의 평가: _____
   _____

7. 감독자에 대한 직원의 평가: _____
   _____

● **최저 능력의 직원들 대하기**

성과평가에서 가장 어려운 부분 중에 하나는 그 과정에 대한 경영자의 태도와 그것을 해내려는 의지다. 평가의 초점은 종종 수행에서 벗어나 직원의 인간성을 향한다. 직원의 법적대응은 경영자에게 있어 가장 두려운 염려대상이다.

페이퍼(Pfeiffer)는 대다수의 경영자들이 분쟁을 피하고 싶은 마음 때문에 문제를 가지고 있는 직원들에 대해 효과적으로 대응하지 못한다고 말한다. 문제가 사라져 버리기를 바라면서 그것을 무시하거나 거부하기가 더 쉽다. 그러나 리더의 역할은 조직에 이익을 가져다주는 것이지 사람들이 수행기준에 도달하지 못하게 하는 것이 아니다. 여기서 세 가지 질문이 도움이 된다.

1. 그 개인은 자신의 성과가 최저수준인 것을 알고 있나?
2. 경영자는 그 최저 능력의 직원을 해고하지 않는 것을 정당화했나?
3. 생산성과 우수성을 보상하기 위해 조직은 무엇을 하고 있나?[15]

"피드백은 승자의 아침식사다."

◉ 격려적인 리더를 위한 지침
성과평가를 할 때, 다음의 지침을 참고하라.

1. 문제점 대신에 도전과 기회를 확인하라.
2. 모든 사람과 모든 상황의 긍정적인 잠재력을 확인하라.
3. 해결지향적이 되라.
4. 장점에 초점을 맞추고 단점을 관리하라. 단점을 다루기 위한 리더십 전략을 개발하라.
5. 사람들에게 그들의 장점을 상기시켜라.

6. 자산 목록을 작성하고 장점에 입각해서 사람들에 대해 생각하라.
7. 조직과 조직원 사이에서 목표를 설정하고 제휴하라.
8. 긍정적인 성과평가로 성과를 평가하라.
9. 선택과 결과에 대해 탐구하라.
10. 개방적으로 자주 의사소통하라.
11. 일방적인 평가로부터 벗어나서 직원들이 좀 더 자기평가적이 될 수 있도록 하라. 직원들이 내면의 기대들을 발전시킬 수 있도록 격려하고, 그들의 꿈, 희망, 목표에 도달하도록 도와라.
12. 사람들의 말을 경청하는 데 상당한 시간을 보내라. 메시지 전체를 들어라.
13. "당신의 좋은 점에 대해 나는 알고 있어요."와 같은 긍정적이고 낙관적인 태도를 전달하라.
14. 직원들이 무엇을 잘하고 있는지를 지적하려고 의식적으로 노력하라.
15. 직원들 각자가 자신의 공헌에 대한 타당성을 인정할 수 있도록 도와라.
16. 상호 존중과 존엄을 가지고 모든 이를 동등하게 대하라.
17. 직원의 감춰진 자산과 자원을 보고 그것들을 부각시켜라. 부정적이라고 여겨졌던 단점을 긍정적인 장점으로 재구조화하도록 도와라.
18. 단지 완수한 과업에 대해서보다는 노력과 향상에 관심을 가져라.

단계 5: >> 결과

대부분의 고용주들은 비생산적인 직원들이 할 일을 결정하려는 위치에 있어 왔다. 그들은 종종 거의 또는 전혀 소용이 없는 모든 종류의 구제활동을 찾아 나선다.

직원이 상황의 현실적 측면을 경험하도록 도와주는 것은 중요하다. 그 결과는 업무 실패와 직결될 수 있다. 업무성과 실패 결과의 예로는, 승진을 하지 못하거나, 임금인상이 없거나 보너스가 없거나, 사보나 메모 또는 게시판에서 한 번도 주목받지 못하는 경우가 있다.

결과를 적용할 때 리더는 반드시 사람으로부터 행동을 분리해야 한다. 과거에만 관심을 갖는 것 대신에 현재와 미래의 행동에 관심을 가져야 한다. 결과는 현재 이 순간과 미래에 일어날 일에도 영향을 미친다.

리더는 직원들이 결과와 처벌을 동일시하지 않도록 해야 한다. '결과'라는 말은 직원이 자신의 선택과 행동을 지시하고 그 결과에 대한 책임감이 있다는 것을 의미한다. 결과는 바람직한 의도를 내포하는 호의적인 방식으로 다루어질 수 있다.

1. 논리적 결과들: 직원들의 수행으로부터 기인한다. 다양한 결과들이 가능하며 각각의 결과는 적절하게 여겨져 선별되었다.
2. 격려: 이것은 리더가 행할 수 있는 동기부여적인 영향력 중에서 가장 강력한 것이다. 격려적인 리더는 아무리 작은 노력, 활동, 발전이라도 알아채는 사람이다. 그러한 리더는 직원이 수행하는 업무과정에서 드러나는 긍정적인 것을 모두 찾아낸다. 격려

적인 리더는 직원들에게 일어나는 일들을 존중하고 열정을 보인다. 그들은 직원들의 성장을 돕기 위해 직원들과 기꺼이 함께 일하려고 한다.

격려적인 리더는 항상 직원들의 자산, 장점, 가능성, 자원을 찾아낼 수 있다. 또한 격려적인 리더는 어떠한 상황에서도 균형 잡힌 시각과 유머를 찾아내는 능력이 있다. 격려적인 리더는 실수로부터 무언가를 배운다.

격려적인 리더는 직원들의 공헌에 대해 정기적으로 기록하고, 그 직원들과 동료들이 그들의 발전에 대해 확실히 알 수 있게 해 준다.

3. **칭찬**: 격려는 빼어난 수행이나 훌륭한 성과의 경우에만 한정되는 것이 아니다. 노력에 대해서도 격려할 수 있다. 반면에 칭찬은 뛰어난 성과를 인정한다. 그것은 성과에 대해 말하고 그 업무의 탁월함에 대해 언급한다. 칭찬을 할 때는 당신이 직원의 행동이나 성취에 있어서 구체적으로 좋아하는 것에 대해 말한다.

우수한 성과가 관찰되면, 칭찬하는 것을 늦추지 마라. 가능한 빨리 피드백을 줘라.

칭찬을 할 때 직원의 성과에 대한 당신의 기대가 아닌 직원이 이미 성취한 것에 대해 반응하라.

4. **질책**: 직원이 실수를 하거나 제대로 업무수행을 하지 않았을 때, 개인적으로 피드백을 받게 될 것임을 알려라. 그다음에는 어떠한 업무가 기대되었으나 성취되지 않았는지를 구체적으로 밝혀라. 이러한 종류의 피드백은 즉각적이고 간단하게 요점을 언급

해야 한다.

항상 사람이 아닌 그 사람의 행동에 직면하라. 이것은 나-전달법('I-메시지')(예: "당신이 당신의 할당량에 미치지 못했을 때 나는 정말 실망했어요. 왜냐하면 우리는 당신이 그것을 충족시킬 수 있다는 사실에 동의했다고 생각했기 때문이죠.")을 통해 가능할 것이다. 이러한 종류의 질책은 효율적인 업무관계를 유지하고, 비록 그의 업무가 만족스럽지 못하더라도 그는 가치 있는 사람으로 여겨진다는 것을 확실히 보여 준다.

리더는 직장에서 문제 상황에 어떻게 접근해야 하는지를 이해해야 한다.

① 문제를 확인한다.
② 그 문제가 능력에 의한 것인지 동기에 대한 것인지를 명확히 하라.
③ 구체적인 동기의 요소들을 확인하라.
④ 어떠한 자산들이 이용 가능하고 어떻게 그것들이 설정된 목표와 관련이 있는지 확인하라.
⑤ 명확하고 구체적인 방법으로 성과를 평가하라('부록 6. 경영에 격려적으로 접근하기'를 참고하라.).

● **직면과 갈등에 대한 격려적인 접근**
당신이 갈등에 어떻게 접근하는지에 대한 아래의 질문에 답하라.

1. 갈등은 _____
   _____ 이다.
2. 어떤 사람이 나와 갈등할 때 나는 주로 _____
   _____ 한다.
3. 내가 다른 사람과 갈등할 때 나는 일반적으로 _____
   _____ 한다.
4. 당신이 성공적으로 해결했다고 생각하는 갈등 관련 사건에 대해 간단하게 설명하라. _____
   _____
   _____
   _____

5. 성공적이었던 갈등 해결방법을 돌이켜 보면, 당신이 사용했던 주요 전략, 태도, 행동은 무엇이었나? _____
   _____
   _____

6. 이제 과거 또는 현재의 갈등 상황에 대해 생각해 보라. 만약 문제해결을 위해 무언가를 했다면 그것을 포함해서 간단하게 그 상황을 요약하라. _____
   _____
   _____
   _____

우리는 이제 이론적이고 개념적인 정보를 제시할 것이다. 나중에 당신은 당신의 갈등 상황으로 다시 돌아가 새로운 전략들에 대해 검토해 봐야 할 것이다.

갈등은 리더십의 불가피한 요소다. 갈등 상황에서 문제를 해결하는 능력은 격려 리더십의 필수적인 요소다. 갈등에 대한 당신의 기본적인 접근의 첫 번째 단계는 당신의 리더십 스타일에 대해 제대로 인식하는 것이다. 대부분의 사람들은 무엇이 잘 되어 갈 때 사용하는 '일상적' 스타일을 가지고 있다. 예를 들어, 장점 열거 목록(Strength Deployment Inventory)은 세 가지 기본적인 리더십 스타일을 제시하는 도구다. '차분한 성 버나드(cool blue St. Bernard)'의 특징은 따뜻함, 보살핌, 공감, 대인관계에 대한 깊은 관심이다. '불같은 사자(hot red lion)'는 행동 중심이고, 문제에 대한 전략과 해결 방법에 초점을 둔다. 반대로 '철저하게 분석적인 여우(analytical green fox)'는 상황에 대해 생각하고, 정보를 수집하며, 가정을 개념화한다.

어떠한 스타일도 다른 것보다 우수하지 않다. 각각의 스타일은 다양한 장점과 약점을 가지고 있고, 많은 사람들은 세 가지 스타일을 혼용해서 사용한다. 다른 성격과 다른 개성하에서 좀 더 효율적이고 '가장 적합한' 접근이 존재한다. 리더는 흔히 호전적인 상황과 반대되는 갈등 상황이 발생할 때 그들의 기본 스타일을 바꾼다. 예를 들어, 이 책의 공동저자인 엑스타인은 성 버나드의 차분한 기질이 우세하지만 사자의 불 같은 성질도 가지고 있다. 그러나 갈등 상황에서는 그는 무엇이 잘못됐는지를 밝혀내려고 노력하는 '철저하게 분석적인 여우'로 변한다. 스타일에 있어서 이러한 변화의 장점 중 하나는 그가 갈등 상황에 처했을 때 그 상황에 대해 이해하기 전까지는 종종 동결된 채 부동의 자세를 취한다는 것이다. 이러한 접근의 이점은 그가 그의 심리학적 면모를 사용하여 갈등에 영향을 미치는 요소들의 근원적인 원인을 밝혀내기 위해 이론과 모델을 이용하도록 한다는 것이다. 불같은 'red' 스타일은 마치 풋볼경기에서 팀 재편성을 위한 '타임아웃'이 필요할 때 게임을 지속하는 것과 같은 단점을 지닌 반면에, 행동을 강조한다는 장점이 있다. 차분한 'blue' 스타일은 다른 사람에 대한 개인적인 논리와 내면의 세계에 대해 숙고할 때 유용하지만 갈등의 기술적 요인들을 간과한다.

다른 문제해결 전략들과 짝을 이루는 자신의 스타일에 대한 인식은 갈등에 접근하는 격려 리더십의 첫 번째 단계다. 5번 질문(당신이 사용했던 성공적인 전략들)에 대한 당신의 답을 다시 검토해 보고 다음 질문들에 답하라.

7. 당신의 스타일은 어떤 것인가(차분한 'blue', 불 같은 'red', 분석적인 'green' 또는 혼합)?
   _____

8. 당신이 6번 질문에서 말한 도전과제에 5번 질문에서 열거한 장점을 이용하거나 적용하려고 한다면, 어떠한 행동이나 태도가 필요한가? _____
   _____
   _____

9. 예를 들어, 'red(행동)'에서 'blue(관계)'로의 전환처럼 당신이

스타일을 바꾸고 다른 전략을 이용한다고 가정해 보라. 당신의 행동은 어떻게 달라지겠는가? _____
_____

갈등에 대한 최초의 반응은 '3D', 즉 denial(거부), delay(지연), diffusing the issue(문제를 확산시키기) 중에 하나다. 이러한 회피 전략은 그 상황이 없어져 버리기를 바라는 마음에서 나온 것이다. 1970년대에 루이지애나의 농부들에게 유독성 폐기물 보관함을 그들의 땅에 묻는 대가로 많은 돈이 지원되었다. 그러나 몇 년 동안 그 치명적인 화학물질들은 철제 드럼통을 부식시켜 공급 용수에 침투하기 시작했다.

이처럼 해결되지 않은 갈등은 매장된 유독성 폐기물과 같다. 갈등이 안전하게 보관된 것처럼 보이는 반면에 3D는 미래에 더 많은 희생을 치르는 감정 폭발을 낳는다. 처음에 상황을 회피하고 그것을 쌓아 두는 리더는 문제의 형성시기에 정직하게 그것에 대해 밝혔을 때보다 더 강력한 폭발과 맞서야 하는 위험이 따른다.

갈등에 대한 격려적인 접근은 대체적으로 부정적인 의미의 함축을 재구조화하기도 한다.

예를 들어, 케네디(John F. Kennedy)는 세계 위기를 의미하는 중국의 두 가지 상징에 대해 언급하기를 좋아했다. 첫 번째 상징은 위험하고 거친 파도이고, 두 번째 상징은 기회다. 그러므로 조개 속의 모래 한 알이 진주를 탄생시키는 것처럼, 갈등 역시 어떤 것에 다른 방법으로 접근하고, 시스템을 향상시키며, 새로운 관계를 형성하는 기회가 된다.

◉ 건설적인 갈등 해결을 위한 제안

다음에 이어지는 갈등 해결 단계는 허버트 킨들러(Herbert Kindler)가 제안한 것으로 네 단계로 구성되어 있다.[16]

1. 진단: 명백한 갈등으로 변하기 전에 상황을 해결하기 위하여 애초에 어디에 차이점이 존재하는지를 점검하라. 갈등의 잠재적 원천은,
   - 정보가 다르게 해석된다.
   - 목표들이 양립할 수 없어 보인다.
   - 경계가 침범되었다.
   - 오래된 상처가 치유되지 않았다.
   - 증상을 근원적인 원인과 혼동한다.
2. 계획: 전략과 행동계획 발달시키기.
   - 대안적인 계획과 함께 상황을 해결하는 데 적절한 하나의 전략 또는 여러 가지 전략이 혼합된 것을 선정하라.
   - 차이점을 탐색할 수 있는 시간과 장소, 또 그것을 어떻게 할 것인지에 대한 계획표에 대해서 다른 부서와 상호 합의하라.
   - 과정을 어떻게 점검할 것인지 결정하고, 합의한 대로 이행했을 때 나타날 수 있는 실패의 그 결과가 무엇일지에 대해 논의하라.
3. 실행: 계획을 실행하라.

- 상호 존중과 친선의 분위기를 유지하라.
- 합의한 내용을 문서로 작성하는 것을 고려해 보라.

4. 추후 지도: 합의에 도달한 후에,
   - 합의한 내용이 이행되었는지 증명하기 위해 결과를 점검하라.
   - 만약 그 합의가 이행되지 않고 있다면, 그 이유를 확인한 후 나중에 시정 조치를 하라.
   - 합의 내용을 지지해 줄 행동을 강화하라.
   - 갈등과 불일치에 대한 각각의 경험으로부터 학습하라.

이제 당신의 원래 갈등 상황으로 돌아가서 아래의 내용에 대해 곰곰이 생각해 보라.

10. 이러한 추가적인 이론적 지식을 고려해 보면, 어떤 지식이 당신의 갈등 상황과 관련이 있는가? _____
_____
_____

11. 마지막으로, 당신의 상황에 맞는 문제해결 전략을 실행하기 위한 일련의 행동 단계를 수립하라. 특히 당신을 포함하여 그 상황과 관련된 대표적 사람들에게 무엇을, 누구에게, 어떻게 격려할지에 대해 자신에게 질문해 보라. _____
_____
_____

아래의 항목들은 직면해야 될 문제와 관련된 당신의 '사적 논리 (private logic)' (filter)를 좀 더 완벽하게 확인하도록 돕는 데 의미가 있다.

잠시 동안 직면이라는 단어에 대해 당신의 머릿속에 즉각적으로 떠오르는 반응에 대해 적어라.

1. 직면을 묘사할 수 있는 단어들을 열거하라. _____
   _____
   _____

2. 직면에 대한 당신의 주요 감정은 _____
   _____
   _____

3. 당신이 직원들과 직면해야 했던 구체적인 사례를 들어라. _____
   _____
   _____

4. 당신이 직원들과 직면해야 했으나 회피해 버렸던 때를 밝혀 보라. _____
   _____

많은 리더들은 직면이 업무상 가장 어려운 것들 중에 하나라고 생각한다. 갈등, 불쾌함, 불편함, 방어태세는 마치 명치의 결절처럼 갈등과 연관이 있다.

직면과 관련된 핵심 개념은 불일치다. 이와 관련된 구체적인 예는 다음과 같은 불일치를 포함한다.

1. 직무기술서의 내용과 직원이 실제로 하는 일이 대비됨
2. 어떤 사람이 자신이 하고 있는 일에 대해 한 말이 당신 또는 다른 사람이 관찰한 것과 대비됨
3. 어떤 사람이 자신이 앞으로 할 일에 대해 한 말이 실제로 일어난 일과 대비됨

위의 예들은 직원의 업무수행에서 부정적인 불일치들이다. 그러나 그 반대 상황 역시 흔히 발생한다는 것을 주목해야 한다. 격려적인 직면의 한 가지 형태는 직원 자신이 갖고 있지 않은 장점들이 리더의 예상보다 낮은 표준의 수행으로 나타났을 때 발생한다. 지각된 마이너스를 플러스로 돌리는 것은 특정 행동과 태도를 좀 더 긍정적인 방향으로 재구조화하거나 재해석하는 것을 포함한다.

예를 들어, 기업이 새로운 회계절차를 도입했을 때, 부기계원 중에 한 명이 새로운 시스템을 습득하는 자신의 무능력에 대해 극도로 자기비판적이었다. "나는 당신이 새로운 시스템을 배우기 위해 기울였던 노력을 정말 고맙게 생각합니다."라고 그녀의 상사가 말했다. "나는 또한 당신이 좌절하는 것을 알고 있었고 당신이 그것을 배우는 데 더디다고 자신을 비난하는 것을 들었어요. 그러나 새로운 시스템으로의 변화를 위해 우리가 계획했던 일정표보다 당신이 사실상 앞서 가고 있다는 것을 당신이 알았으면 합니다."

직원이 질책을 받아야 하는 순간조차도, 그것에 직면하는 여러 가

지 다른 스타일과 접근법이 있다. 너무나 많은 리더들이 필요한 직면을 회피하는데, 그들이 그것을 '문을 부수는 무거운 망치'와 연관시키기 때문이다. 리더는 직면에 대한 다른 접근에 대해 배워야 한다. 직원들이 그들의 자존감을 유지하려고 애쓸 때, 부드럽고 정교한 접근은 종종 방어적인 반응을 감소시킨다.

경멸적인 말, 빈정거림, 혹평은 직면에 대한 비효율적인 접근이다. 좀 더 정중한 접근은 불일치에 직면하게 하고 직원들에게 동기 부여를 해 준다. 예를 들어, "존, 나는 당신의 보고서가 가장 최근의 판매수치를 반영했어야 한다고 생각했어요. 내가 다음 주의 프레젠테이션을 위해서 그 수치들을 업데이트하는 데 당신에게 의존하지 못할 이유가 있나요?"

문제가 되는 행동과 태도에 직면하지 않는 것은 단순히 거부와 회피의 한 형태다. 직면은 명확하게 기대되는 행동을 규명하는 정중한 방법으로 행해져야 한다. 그 사람으로부터 행동을 분리하는 것은 변화에 대한 구체적인 문제점을 집어내고, 막연하고 획일적인 공격을 하지 않는 것을 의미한다. 긍정적인 직면의 예로는, "당신은 우리 부서에서 가치 있는 일원이에요. 당신의 행동은 ~에서 ~로의 변화가 필요해요." 이와 같은 직면에 대한 격려적인 접근은 훌륭한 리더의 특징 중 하나다.

● 해고에 대한 격려적인 접근

해고는 반드시 교정에 대한 모든 노력이 실패한 후 최종적인 문제 해결 전략이어야 한다. 대부분의 해고는 서로 융화되지 못하는 스타일 때문이다(상호 간의 친화력의 부재). 다시 말해 사장의 입장에서 볼 때 자신을 관리하는 그 직원의 방식을 좋아하지 않는다는 것이다. 대부분의 해고는 업무수행, 성실성, 반항과 같은 요소들과 거의 관련이 없고, 스타일과 깊은 관계가 있다. 조직 또는 개인이 조금만 적응하려는 노력을 한다면, 문제를 해결하고 가치 있는 직원을 구할 수 있을 것이다.

■ 해고 체크리스트 – 직원을 해고하기 전에, 다음과 같은 질문을 자신에게 던져 보라.

- 내가 화났나?(이성을 잃었을 때 행동하지 마라.)
- 내가 모든 사실들을 알고 있나?
- 직원들이 자신의 행동에 대한 규칙과 그에 따르는 징계에 대해 알고 있었나? 만약 그렇지 않다면, 그 직원이 당연히 알고 있어야 했다고 기대하는 것은 이치에 맞는가?
- 회사의 규칙이나 경영상의 명령은 질서정연하고 효율적이며 안전한 방식과 밀접하게 관련되어 있었나?
- 규율을 적용하기 전에, 나는 직원이 정말 경영상의 규칙 또는 명령을 위반하거나 불복종했다고 확신할 만큼 노력을 기울였는가?
- 조사를 하는 도중 관리자들은 그 직원이 비난받을 만한 잘못을 했다는 증거나 물증을 획득했는가?
- 회사가 규칙, 규율, 벌칙을 지속적으로 모든 직원들에게 적용해 왔는가?

- 그 처벌이 범죄에 가까운가? 이와 비슷한 위법행위에 대해 과거에 회사는 어떻게 대응했나?
- 그 직원에게 적절한 장소에서 경고를 받고 문제를 정정할 기회가 주어졌는가?[17]

해고는 당신이 실패에 직면하는 것이기 때문에 기업가를 관리자로 전환시키는 도전적인 문제 중 하나다. 어떤 이유로도 해고가 쉽게 이루어져서는 안 된다. 또한 너무 자주 있어서도 안 되는데, 당신이 회사의 해고 과정을 좀 더 교육적으로 만들 때 가능하다. 만약 당신이 해고를 당신 회사의 업무에 대한 하나의 증상 또는 부산물이라고 생각한다면, 당신은 이러한 실패한 직원들에 대한 책임을 질 수 있다. 당신이 그렇게 할 때, 당신은 왜 적절한 사람을 고용하고 그들을 적절히 관리함으로써 해고가 없어지게 되는지를 이해하게 될 것이다. 그것이 격려적인 조직의 목표이고, 당신의 궁극적인 목표이기도 하다. 당신이 해고해야 할 일이 전혀 없는 사람을 고용하고 그들을 잘 관리하라.

여기에 그 방법이 있다.

1. 올바른 사람을 고용하라. 당신은 올바른 직원들을 고용해 오고 있는가? 당신이 해고했던 사람들을 생각해 보라. 어떤 행동이 궁극적으로 이들을 실패하게 만들었는가? 세 개의 폭넓은 범주, 즉 직원의 직업에 대한 태도, 업무에 대한 태도, 동료들과의 적절한 적응에 대해 고려해 보라. 구체적으로 생각해 보라.

당신의 직원고용 과정에 대해 이해하고 철저해지는 것 또한 문제 발생 시 그것을 훨씬 더 빠르게 해결할 수 있게 한다.

2. 당신의 기대를 명확하게 하라. 해고의 가장 큰 원인은 당신이 직원들에게 기대하는 것이 무엇인지 말하지 않는 것이다. 처음부터 신입사원에게 정기적인 피드백을 제공하는 것이 매우 중요하다. 당신의 기준을 반복적으로 전달하고 직원들이 자신의 성공을 위해서 무엇을 바꾸어야 하는지 이해하도록 돕는다. 소규모의 회사들은 별도로 오리엔테이션 프로그램을 제공할 능력이 없다. 그러나 신입사원들에게 2주 혹은 3주의 직무순환을 통해서 회사와 업무를 배울 수 있도록 함으로써 그것을 가능하게 할 수 있다.

3. 해고의 사유와, 그 사유가 합법하다는 것을 명확하게 말하라. 사람들은 법에 위배되는 행동이나 당사자들의 동의에 의해 해고된다. 공정한 해고를 위한 법적 요구 사항은 없다.

　　법에 위배되는 사유의 예로는 다음이 포함된다.

- 인종, 성별, 나이, 종교에 의한 해고
- 장애를 이유로 해고

고용주와 고용인 사이의 계약요건에는 개별적 고용계약에 해고의 사유를 한정하는 문구들을 포함시켜서 해고를 예방한다.

4. 그 사유를 지지하는 증거를 확실히 하라. 증거의 종류는 해고의 이유에 따라 다르다. 다음 이어질 내용은 대체적으로 요구되는 서류의 종류에 대해 설명하기 위한 실례다.

　　만약 당신이 이러한 이유로 직원을 해고하려 한다면, 증거를 확실히 하라.
- 낮은 성과: 낮은 성과를 증명할 수 있는 서류가 필요하다.
- 위법행위: 당사자와 그 사건에 연루된 다른 사람과의 인터뷰를 포함해 사건에 대한 조사에 기인한 서류가 필요하다.
- 향상이 없음: 반복되는 경고, 상담 그리고 향상을 위한 기회를 제공한 후에도 성과 혹은 행동상의 진전이 없을 경우에, 이러한 행동들을 경고장, 평가보고서들을 모아 문서화 시켜야 한다.

어떤 경우에는 사전 증거서류 제출이 필요하지 않다. 과거 징계에 대한 증거 서류를 갖추는 것이 바람직하지만 해고를 위해 그것이 항상 필요한 것은 아니다. 예를 들어, 몇 년 동안 다른 직원들에게 귀감이 되어 왔던 직원이 어느 날 고객과 전화상으로 소리치며 싸웠다고 가정해 보자. 그가 그 자리에서 해고되지 말아야 할 법적 이유가 하나도 없다. 사실상 사전 증거서류가 없다고 해서 해고가 위법이 되는 것은 아니다.[18]

5. 조기 경고 시스템을 도입하라. 대부분의 경영자들이 무언가 잘못됐다고 느낄 때, 그것은 게임의 후반부다. 그 의무 불이행자는 무언가가 잘못됐음을 알고 그의 동료들도 그 사실을 안다. 경영자는 치명적인 실수가 발생하기 전까지는 제멋대로인 직원과의 문제를 무시한다.

6. 문제를 해결하라. 무엇이 잘못됐는지에 대해 평가하고 바꾸는 것은 경영자가 행하는 그 어떤 기술보다 많은 기술을 요구한다. 낮은 성과의 문제 당사자 이외에는 아무도 문제를 해결할 수 없

다. 경영자는 문제를 명확하게 하여 그 직원이 그것을 고치는 것을 거부하지 않도록 조력자 역할을 한다.

7. 그 직원에게 더 적합한 회사의 다른 분야를 찾아라.
8. 그 직원의 장점에 대해 인정하고 왜 당신 회사가 그것을 이용하지 못했는지 이해하라. 예를 들어, 말하라. "내가 가장 싫어하는 것은 당신이 성공적으로 일하지 못할 곳에 당신을 배정하는 것입니다. 그러나 나는 그렇게 해 버렸던 것 같습니다. 여기 우리가 직면한 문제점들이 있습니다……." 문제에 대해 글로 쓰는 것도 좋은 방법이다. 사전에 당신의 코멘트를 적음으로써, 당신의 처방이 개인에게 적합하도록 할 수 있다.
9. 해고당한 직원이 다른 직장을 찾을 수 있도록 노력을 기울여라. 만약 당신이 그 사람을 고용하는 데 최선을 다했다면, 당신은 그의 기본적인 능력에 대한 믿음이 있음을 기억하라. 직원이 다른 직장을 찾도록 돕기 위해 값비싼 직장알선 회사를 고용할 필요가 없다. 당신은 상인들, 고객들, 같은 업종에 종사하는 사람들에게 알리고 몇몇 경우에는 공식적으로 소개해 주는 것도 가능하다. 또한 당신은 제한된 기간 동안 당신 사무실의 자원을 이용하도록 허가할 수도 있다.
10. 퇴출 인터뷰를 하라. 당신이 퇴출 인터뷰를 통해 듣는 것은 가장 솔직하고 통찰력 있는 비판일 수 있다. 직원을 해고한 후 퇴출 인터뷰를 하는 사람은 거의 없다. 그러나 그것은 가치 있는 일이다. 해고된 직원이 인터뷰에서 하는 말이 새 직장을 위한 좋은 추천 또는 당신이 이미 베풀기로 한 편의를 앗아 가지 않을

것이라는 점을 확실히 해 둬라.

11. 해고된 직원의 어떠한 점이 구체적으로 마음에 들지 않았는지 자기 자신에게 물어보라. 당신은 고용 과정에서 그것을 예측했어야 했나? 경영 과정에서 그것은 어떻게 교정되었어야 했나? 만약 누군가를 해고한 후 당신이 아무것도 바꾸지 않는다면, 당신은 실수를 반복할 운명에 놓인다.

당신의 해고 경험은 당신 인생의 최고의 스승이 될 수 있다. 해고에 대한 철저한 분석은 당신이 오로지 제품 또는 시장에 초점을 두는 것에서 인간을 경영하는 것으로 바꾸기를 요구한다.

지난 20년 동안 잘못된 해고와 관련해 제기된 소송은 2,000%로 급상승했다(같은 기간 동안 전반적인 민사사건의 증가율이 125%인 것과 비교해서). 해마다, 해고되는 노동조합원이거나 공무원이 아닌 2백만 명의 노동자 중 거의 10%는 고용주를 상대로 소송을 제기한다. 직원들이 소송을 할 때 그들은 대개 승리한다. 평균 배상금은 $50만이지만 배상금은 수백만 달러가 되기도 한다.

회사가 소송에서 이긴다 하더라도, 그 비용은 비싸다. 변호사 선임 비용은 수만 달러에 이르고, 수십만 달러가 들기도 한다. 워싱턴 D.C.에 기반을 둔 리서치 회사인 랜드 코퍼레이션(Rand Corporation)이 행한 부당 해고에 대해 캘리포니아에서 제기된 소송은 평균 소송비용 $8만 4,000를 포함해 모든 법적 수수료와 비용이 $65만까지 이를 수 있다는 사실을 보여 줬다.[19]

● **문제 회피하기**

당신이 누군가를 해고할 때 법적 반격을 받을 가능성을 줄이기 위해 고려해야 할 점들을 열거해 놓았다.

1. 항소 정책을 마련하라. 이러한 정책은 회사에서 그 누구도 최소한 청문회, 항소 또는 상부 관계자와의 만남의 기회도 갖지 못한 채 해고될 수 없음을 명시해야 한다.
2. 직원 안내서, 정책 책자에 지속적인 고용 계약을 의미하는 증거로 사용될 수 있는 문구가 있는지 검토하고 그것을 제거해라. 예를 들어, 많은 정책 책자들은 직원이 법적 사유에 의해서만 해고된다고 명시하고 있기 때문이다.
3. 고용과 해고에 대한 의사결정에 참여하는 사람들은 직원들이 업무수행을 잘하는 한 고용관련 발언을 하지 않도록 주의하라. 만약 당신이 분규처리 수단을 가지고 있다면 그것이 '뜻대로 고용'한 것 이상의 권리를 의미하지 않게 해야 한다.
4. 적절하고 실용적인 성과평가의 절차를 개발하고 활용하라.
5. 사건에 대한 철저하고 객관적인 조사 없이는 그 누구도 해고하지 마라. 가장 바람직한 시작은 해고를 미루고, 모든 사실을 밝히는 것이다.
6. 직원 입장에서의 이야기를 들어야 한다. 직원의 잘못된 행동에 대한 주장에 대해, 그에게 증인들 앞에서 반박할 기회를 주어야 한다. 이러한 토론에 대한 상세한 기록을 보유하라.
7. 정책 책자나 채용 원서에 일반적이거나 구체적인 부인 진술서

(disclaimers)를 작성하는 것을 고려해 보라. 부인 진술서에는 예를 들어, 정책이 어떻게 누구에 의해 만들어졌고, 이러한 정책에 벗어난 노력은 회사를 속박할 수 없다는 것을 밝힌다.

8. 몇몇 회사들은 '자유고용(employment-at-will: 당사자나 회사가 언제라도 고용관계를 해지할 수 있는 고용조건)'에 대한 이해를 명시하는 서면 고용 동의서를 가지고 있다. 이러한 동의서는 주로 양 당사자가 이유가 있을 때나 없을 때나 언제든 관계를 끝낼 수 있음을 명시하는 계약서에 서명한 것이다. 이러한 접근은 높은 직급의 경영진, 전문직, 기술직 직원들에게만 장려된다.

9. 안내서는 불합리한 해고의 경우에는 무기가 될 수 있음에 좋은 아이디어인 것은 분명하다. 안내서는 모든 직원들이 따라야 할 기본적인 규칙들에 대한 윤곽을 제공한다. 그것은 모든 직원들에 대한 일관된 처우에 대한 개념을 제공하고 관리직원들에 대한 지침을 제공한다.

10. 꼼꼼하고 정확한 문서분류는 모든 합법적인 인사 업무의 기본 토대가 된다. 직원 경고장, 평가, 출석과 지각 기록을 문서화하라. 업무 계획과 승진에 대해 논의한 모든 회의들에 대해서도 문서화하라. 직원이 경고장과 업무성과 평가를 읽고 서명하게 하라.[20]

11. 직원을 해고하기 전에 그들의 단점에 대해서 간단하게 말해 줘라. 그 상황이 도둑질, 기물파손, 약물복용, 안전사고 문제가 아니라면 즉각적인 해고는 좋은 아이디어가 아니다. 최초의 경고는 연례고과 또는 특별회의에서 직원과 마주 직면해서

전달해야 한다.

다른 감독관이나 인사부서의 직원을 증인으로 내세우고 당신이 그 문제를 심각하게 여기고 있음을 알게 하라. 그 문제에 대해 직원에게 분명하게 설명하라. 단호하게 말하고 상냥한 태도를 보이지 마라. 예를 들어, 당신은 "한 고객이 당신이 직접 미팅에 가지 않고 부하직원을 대신 내보낸 데에 불만을 표시했어요. 우리는 고객 개개인에 맞춘 서비스를 자랑합니다. 그리고 당신이 고객들의 요구에 좀 더 주의를 기울였으면 좋겠다고 생각합니다. 당신이 이 불만사항들을 처리하지 않는다면 우리는 당신이 이 일에 적합한지 아닌지 고려해 봐야 할 것입니다."

12. 직원들에게 문제를 해결할 기회를 줘라. 직원에게 경고를 하고 향상의 기회를 제공하는 것은 상황을 향상시킬 것이다. 그것은 당신이 공정한 사람이라는 것과, 해고하기 전에 직원에게 당신의 불만 이유에 대해 알게 해 주기 때문이다.

직원에게 향상을 위한 적당한 시간을 주라. 시간의 틀은 업무와 심각성에 따라 달라진다. 비서는 2주 안에 향상된 모습을 보여 줄 수 있는 반면에, 중간급 경영자는 3개월이 필요할 것이다. 가끔은 문제의 특성이 적절한 기간을 결정한다. 예를 들어, 만약 첫 번째 분기와 두 번째 분기에서 그 직원이 속한 부서의 판매수익이 줄어든다면 당신은 그 해의 마지막까지 향상의 기회를 주어야 한다.

13. 언어적 경고를 문서화하라. 직원과의 미팅 후, 당신의 염려를

명백히 설명해 줄 메모를 작성하라. 예를 들어, "나는 오늘 제인 도(Jane Doe)에게 세 번째 분기 동안의 부서의 이윤 하락에 대해 말했다. 나는 그녀에게 다음 분기까지 적어도 이윤이 기준 선까지 돌아오기를 기대한다고 말했다."

14. 서면 경고와 함께 후속조치를 취하라. 서면 경고는 직원에게 그 문제를 이야기했었다는 증거가 된다. 경고는 명확하고 직접적이어야 한다. 예를 들어, "만약 프로젝트 마감일을 계속 어긴다면 당신은 해고될 것입니다."가 있다. "만약 당신이 이 문제를 해결하지 못한다면, 후속조치가 취해질 것입니다."처럼 막연한 말은 피하라.

15. 말조심하라. 직원과 개인적으로 말할 때와 후속(follow-up) 경고장에서, 차별적이라고 해석이 가능한 발언에 대해 특히 조심하라.

16. 해고 결정에 대해 제3자의 검토를 구하라. 직원을 해고하기 전에 제3자 집단에게 문제와 관련된 모든 면을 검토해 주기를 부탁하라. 객관적인 평가는 잠재적인 문제점과 해결방안을 드러내 줄 것이다. 재검토자는, 예를 들어 성격갈등이 문제의 근원이었다는 사실을 발견할 것이다. 직원을 다른 분야나 부서로 보내는 것은 법정 소송의 가능성을 제거할 뿐만 아니라 신입 사원을 선발하는 데 드는 시간과 비용을 절약해 준다.

17. 해고할 때는 인간적이 되라. 공정하게 대우받았다고 느낀 직원들은 고소할 가능성이 적다. 얼굴을 맞댄 10분 동안의 미팅을 목표로 하라. 문제의 핵심에 빨리 도달하라. 직원에게 정확

하게 왜 그가 해고됐는지 말하라. "당신의 전반적인 업무가 훌륭하지 못했어요. 최근의 문제는 기한을 맞추는 데 있어서 당신의 무능력, 당신 부서의 판매수익의 감소, 고객의 불만이에요." 직원의 질문에 대답하되 미팅을 오래 끌지는 마라. 만약 당신이 사실에 대한 질문들을 다루고 있다면, 그 직원 편에서 이야기를 들어 보고 그것을 받아 적어라. 동정심이 아닌 공평한 분위기를 조성하는 것은 직원이 복수심을 품게 되는 것을 막고 법정싸움을 일소할 수 있다.

18. 만약 당신이 문제가 생길 것을 예측한다면, 직원에게 법적 포기증서에 서명하도록 하라. 만약 그 직원이 당신을 고소하고, 당신이 회사의 결정에 대한 옹호능력이 의심스럽다면, 법적 분쟁으로부터 해방되기 위해 추가 퇴직금을 지급하는 것이 좋을 것이다.

19. 직원의 구직활동을 방해하지 마라. 가능하다면 관대한 해직 편익과 새 직장 알선을 제공하라. 그러나 훌륭한 추천서는 그 직원을 해고할 이유가 전혀 없음을 의미하기 때문에 역효과를 낳을 수 있다. 나쁜 추천서는 당신이 아마도 패소하게 될 명예훼손 소송에 휘말리게 할 수 있다. 만약에 장래의 고용주가 묻는다면 다음과 같이 간단하게 대답하라. "회사의 정책은 단지 고용 날짜를 확정하는 것입니다. 지원자에 대한 어떠한 긍정적이거나 부정적인 단정도 내려져서는 안 됩니다."

　　직원이 빨리 다른 직장을 찾으면 찾을수록 그가 고소를 할 확률은 줄어든다. 일을 하지 않는 사람은 해고에 대해 분개할

시간이 많고 소송에 대해 생각하게 된다. 다른 직장을 찾은 직원은 해고 문제를 뒤로 할 수 있다.[19]

"만약 당신이 열의에 의해 해고되지 않는다면
당신은 열의를 가진 채 해고될 것이다."

빈스 롬바르디 | Vince Lombardi

요약

경영성과 증진 사이클을 따르는 것은 '실패로부터 자유로운' 업무 환경을 조성한다. 그 사이클의 순환하는 성질은, 다섯 가지의 모든 단계를 거친 후에 다른 문제를 가지고 새롭게 순환을 시작할 수 있음을 의미한다.

이번 장에서는 생산성 향상을 위한 체계적 과정을 제공한다. 그 과정은 평가가 구체적이지 않거나 관련성이 없을 때 낙담하게 되는 것을 막기 위해, 실제적인 문제를 명백하게 밝힘으로써 격려를 제공한다.

개인의 자산, 장점, 자원을 확인함으로써 리더는 그 사람의 긍정적인 잠재력을 인식할 수 있다. 효율성을 증가시키는 방향을 알려 주는 피드백을 받는 것은 격려적인 일이다. 분명하고 상호 합의된 목표는 격려적이며 동기화시키고 최선을 다하고 있다는 느낌을 갖게 한다.

행동과 성과는 효율성과 생산성의 평가에 직접적으로 관련되어 있다. 분명한 결과로 이어지지 않는 피드백은 혼란스럽고 낙담을 줄 수 있다. 경영성과 증진 과정은 구체적인 피드백과 향상된 성과로 이어지는 결과를 가져다준다. 5장에서는 리더가 격려자가 될 수 있는 구체적인 방법에 대해 제시할 것이다.

요 점

❶ 문제 상황에서, 그 문제가 기술 때문인지 아니면 동기부여 때문인지 규명한다.
❷ 지각적인 대안들은 리더들에게 추가적인 자산을 파악하게 해 준다.
❸ 목표조정은 조직, 경영자 그리고 직원들의 목표를 일관되게 만드는 것이다.
❹ 결과는 개인의 선택과 행동의 산물이다.
❺ 경영성과 증진 사이클은 다음 단계를 포함한다.
   A. 문제점 확인하기
   B. 자산 목록 만들기
   C. 목표설정과 목표조정하기
   D. 성과평가하기
   E. 결과

격려 리더십의 적용

이 장은 직원의 업무상황에 개입하기 위한 그리고 그 업무상황을 관계와 생산성을 증진시키는 기회로 바꾸기 위한 체계적 모델, 즉 경영성과 증진 사이클을 제공한다.

당신의 리더십과 경영 기술에 대한 도전적인 상황을 선정하라. 이 상황은 당신의 흥미를 돋우고 사람들을 포함한 것이면 어떤 것이든 상관없다.

이 장에서 약술한 단계들을 밟아, 서면양식에 조사결과를 기록하라. 문제를 개념화하고 해결하는 체계적 방법으로서 경영성과 증진 과정을 확립하는 좋은 방법인 다섯 단계를 거침으로써 당신의 발전을 확인하라.

❶ 각 다섯 단계에 대한 답을 쓰라.
❷ 그 과정을 통해 당신 자신에 대해 배운 것을 서로 나눠라.
❸ 당신의 직장에서 그 과정을 사용할 수 있는 방법을 확인하라.

격려기술

문제점 확인하기

당신이 리더로서 도전이나 문제에 직면할 때마다, 뒤로 물러나서 실제적인 문제점이 무엇인지에 대한 견해를 얻는 것이 필수적이다. 표면에 드러난 문제점들(인력, 자원, 협력의 부족)은 종종 근원적인 문제가 아니다. 만약 당신이 표면적인 문제를 해결하려고 한다면, 당신은 미래에도 비슷한 문제들을 지속적으로 다뤄야 할지도 모른다.

문제가 드러났을 때, 첫 번째로 그 문제가 기술과 능력 부족에 기인한 것인지 아니면 동기, 참여, 자신감 또는 명확한 목표의 결핍에 기인한 것인지를 확인해야 한다. 기술의 수준은 직원이 필수적인 업무를 수행하는 것을 관찰함으로써 평가할 수 있다. 몇몇 업무는 고객, 동료 또는 관리자들로부터 객관적인 평가나 피드백을 얻기에 적합하다. 기술의 부족은 현재의 기술 수준을 파악하고 필요한 훈련 유형을 결정하면 된다.

동기부여에 대한 평가는 보다 현저한 자각, 민감성 그리고 관찰력을 요구한다. 당신이 직원들과 접촉하는 것은 동기부여적인 문제들을 규명할 수 있도록 도울 것이다. 동기부족은 직원의 목표와 관심을 발견하고 동기를 진작시킬 수 있는지 또는 그 직원을 다른 부서나 위치에 재배치해야 하는지 결정할 필요가 있다.

협동적인 노력과 생산성에 대한 동기부족은 직원의 믿음과 최우선으로 생각하는 것을 통해 이해될 수 있다(제3장을 보라). 만약 직원들이 인생은 불공평하고 믿을 사람이 없다고 생각한다면, 그들은 동료들과 리더들 역시 믿지 않을 것이다. 만약 그들이 최우선으로 생각하는 것이 지배와 우월성이라면, 그들은 권위에 도전하거나 그들에게 너무 많은 것이 요구되고 있다고 느끼는 경향이 있다. 어떤 경우에는 그들이 자신들과 같은 수준이라고 여기지 않는 직원들과 협력하기를 거부할 것이다. 만약에 어떤 직원이 협력에 반하는 믿음과 최우선 사항을 가지고 있다면, 실제적인 동기가 다뤄질 때까지는 동기 영역에서의 변화가 거의 없을 것이다. 아래 이어질 내용은 동기부여 문제들의 있음직한 원인들이다.

결 과	최우선 사항
권위에 도전하고 저항하고 싶다.	지배에의 욕구
무능력하고 부적절하거나 열등하다고 느낀다.	완벽의 욕구
처음에는 기분이 좋다가 찬성 또는 인정의 욕구에 의해 좌절된다.	남을 즐겁게 하려는 욕구
자신이 모든 것에 대해 비난받는 것에 대해 불만을 갖고 있다.	'피해자'의 태도

직원을 인터뷰할 때, 당신은 직원들이 자신, 타인, 일 그리고 인간관계에 대해 생각하는 패턴을 나타내는 특정한 단서를 듣게 될 것이다. 직원이 최우선으로 생각하는 것과 믿음에 대해 확인함으로써, 당신은 직장에서의 상호작용과 행동들에 미치는 영향을 확인할 수

있다. 당신은 관찰 내용들을 시험적으로 직원들과 공유함으로써 그 관찰내용을 체크할 수 있다. 당신은 아마 "나는 당신의 직장에서의 인간관계에 있어서 문제점이 무엇인지 알고 있어요. 당신에게 그것을 말해 주어도 될까요?"(동의를 구하고 당신의 추측을 시험적으로 제공함)라고 말할 수 있다. 이것은 직원을 함정에 빠뜨리는 것이 아니며 그러한 가정을 정직하게 고려할 수 있도록 만들어 준다.

한 장면 드라마

슈는 일류 출판사 마케팅 부서의 직원이다. 그녀와 함께 일하는 거래처는 능률적이지 못하다. 그녀에 대한 평가에서, 관리자는 그녀에게 낮은 피드백 등급을 주었다. 그녀에 대한 가장 최근의 인터뷰에서 관리자는 그녀가 기본적인 마케팅 기술을 가지고 있지 않은 것이 분명하다고 했다. 이 문제에 대해 다룰 때, 슈는 매우 공격적이었고 그녀의 관리자에게 도전적이었다. 그녀는 자신이 잘 교육되었고 진짜 문제는 서투른 동료들의 능력 부족과 관리자로부터 도움을 받지 못한 것이라는 주장을 지속했다. 그 관리자는 슈의 문제에 대해 다루는 것을 도와달라고 요청했다.

1. 슈의 상황에서 기술과 동기부여의 문제에 대해 논의하라.

2. 당신이라면 어떻게 슈와의 인터뷰를 지속할 것인지 설명하라.

3. 진짜 문제가 무엇이라고 생각하는가?
　　_____

4. 당신이 어떻게 결론에 도달했는지 말해 보라.
　　_____

CHAPTER 5

Leadership by Encouragement

격려자와 동기부여자로서의 리더

"만약 사람들이 당신의 리더십을 따르기 원한다면, 그들과 사적인 관계를 유지해야 한다. 그들은 당신이 신뢰할 수 있는 사람이며, 어려움에 처했을 때 함께해 줄 수 있는 사람이길 바란다."
― 노린 하프너 Noreen Haffner

"모든 힘의 근원은 많은 사람을 참여하도록 하는 데 있다."
― 해리 오버스트리트 Harry Overstreet

개관

　리더의 역할은 상당히 변화해 왔다. 과거 리더들은 특정 과업을 수행하는 데 우수한 능력을 발휘할 수 있었기 때문에 선택되었다. 그러나 어떠한 직원이 식견이 있고 생산적이라고 해서 반드시 그가 좋은 리더가 되는 것은 아니다. 사실 기술적으로 유능한 직원이 리더로 승진하는 것은 훌륭한 기술을 소유한 직원을 잃고 비효율적인 리더를 만든다는 점에서 이중으로 위태로운 결과가 될 수 있다.

　과거에 리더들은 종종 유능한 기술자였고 특별한 과업을 수행하는 데 다른 사람들보다 출중했기 때문에 그들이 다른 사람들이 생산적으로 일할 수 있도록 동기화시킬 수 있는 본보기라고 생각하였다. 이러한 조건하에서 경영에 대한 권위주의적 접근은 성공적인 것처럼 보였다. 리더들은 더 많이 알고, 더욱 숙달되었으며, 더 많은 경험을 하였다. 결국 직원들은 리더들의 지침을 수용하고 따르는 경향이었다. 권력과 실행은 리더로부터 직원에게 주어졌다. 리더들은 조직을 통제하고, 의사결정을 하고 직원들을 지도하는 책임을 갖고 있었다. 경영은 근본적으로 통제와 권력과 관련이 되었다. 사람들을 몰아세움으로써 더 높은 생산성이 획득된다는 신념이 있었다. 하지만 그러한 권위주의는 위급한 상황에서는 효과가 있었지만 그 효과가 오래 지속되지는 않았다.

　리더들에 대한 기대는 제2차세계대전 이후로 변했다. 판매, 마케팅 그리고 정보의 중요성이 증가하였고, 경영자 양성에 행동과학의 급속한 유입이 함께 이루어졌다. 리더들이 모든 사람은 서로 다르기 때문에 개인차를 인식하고 수용하는 것이 필연적이라는 것을 깨닫기 시작함에 따라, 경영철학을 바꾸는 것이 필요하게 되었다. 리더는 인간의 본성을 이해하는 사람이 되었고 개인과 조직이 더 생산적이 되도록 동기화시키는 방법을 아는 사람이 되었다.

사업이 더 복잡해짐에 따라, 리더의 역할은 더욱 전문화되었으며 목표경영 및 참여경영과 같은 경영이론들이 더 중요해졌다. 현재의 리더들은 리더의 특징들을 이해하고 발휘할 필요가 있다. 그러나 격려하는 리더가 있는가 하면 낙담시키는 리더도 있다.

낙담시키는 리더의 특성

지배적 특성을 갖고 있는 리더는 직원들을 소외시킨다. 직원들은 이러한 독재자에게 저항과 비협조적인 태도로 대한다. 독재자나 지배적인 리더들은 때로는 좋은 의도를 갖고 있지만 그 방법이 부적절하다. 그들은 보통 실수나 어떤 형태의 결점에 관용을 베풀 줄 모른다. 그들은 개인적인 약점을 인정하지 않으며 직원들에게 어떠한 약점도 허용하지 않는다. 그들은 항상 자신이 옳으며 가장 잘 알고 있다고 믿는다. 그들의 비판, 비난, 결점 찾기는 직원들을 계속 알아차리게 해 주지만, 불안하고 혼란스러우며 생산적이지 못하게 한다. 직원들은 리더를 믿지 못하고, 함께 일하는 사람들과 즐겁게 생활하고 있다거나 그들이 하고 있는 일에 자부심을 갖고 있다고 느끼지 못한다.[1]

리더의 목표 중 하나는 직원들이 그들의 잠재력과 최대한 가까운 업무수행을 하게 하는 것이다. 리더는 직장생활의 질을 높임으로써 사람들이 더 효율적이 되도록 돕는다. 동시에 리더는 자신의 팀이 매우 생산적이고 조직의 사명에 열중할 수 있도록 만드는 것에 대해 관심을 갖는다. 비록 이것이 명백히 경영의 목적일지라도, 몇몇 리더들은 오히려 권력과 지배에 더 관심을 갖는다.

어떤 관계에서건 권력과 지배는 자발성, 참여, 협동을 억제한다. 권력과 지배가 강조될 때, 직원들의 잠재력은 업무에 불완전하게 몰입함으로써 제한될 수 있다. 때때로 경영자는 실제로 의도하지 않아도 사람들의 기를 꺾는 요소로서 작용하고 직원들은 '계속 사장이 자신의 방식만 고집한다면 본인이 직접 한번 해 보라지.'라고 생각하기 시작한다.

당신이 경험한 가장 낙담시키는 리더를 생각해 보자. 당신을 낙담시키기 위해 당신에게 보였던 5가지 특성을 확인해 보자.

다음은 실망시키는 리더의 특성이다.

① 경청하지 않는다.
② 이중기준을 가지고 있다.
③ 사람들을 무시하면서 말한다.
④ 직원들을 깔본다.
⑤ 부정적인 피드백만을 제공한다.[2]

가치명료화(value clarification)로 유명한 권위자 시드 시몬(Sid

Simon)은 기말시험을 채점하는 영어선생님처럼 틀린 문제를 지속적으로 체크하는 매니저들을 확인하기 위해 '빨간색 연필 심리' 라는 말을 만들어 냈다.[3]

직원을 동기화시키는 데 방해가 되는 리더의 몇 가지 신념은 다음과 같다.

① 나는 모든 일과 모든 사람들에 대하여 책임감이 있다.
② 나는 어느 누구보다 모든 것에 대해서 더 많이 알고 있다.
③ 내가 흠이나 결점을 지적하는 것은 직원들을 동기화시킨다.
④ 완벽해야 되고, 덜 완벽한 것은 어떤 것이라도 인정할 필요가 없다. 사람들이 보수를 받고 하는 일에 왜 그들을 격려해야 하는가?

생산성을 높이기 위한 일환으로, 리더는 수행과 생산성에 있어 비현실적으로 높은 기준을 설정하기도 한다. 그러나 그러한 기준은 의도하지 않은 결과를 낳을 것이다. 직원들이 비판적인 경영자의 기준을 충족시킬 수 있는 방법을 생각해 낼 수 없다고 믿기 시작하면, 그들은 포기하고 회사의 사업에 수동적인 참여자가 된다. 그러므로 참여와 생산성을 높이기 위해 설정했던 높은 기준이 실제로는 역효과를 낳게 된다. 압박은 종종 적대감, 절도, 태업, 사고, 뒤떨어진 능력을 초래한다. 예를 들어, 소매회사에서 도둑맞은 재고품의 절반은 직원들이 훔쳐 간 것이라고 추정되고 있다.

때때로 아주 야망이 큰 리더들은 그들이 계획했던 것과 정확히 반대되는 결과를 얻기도 한다. 지나친 야망—추진력, 향상과 성취를 위해 다른 사람들이 움직이도록 밀어붙이기—은 직원들로 하여금 그들 자신이 훌륭하지 않다는 것을 말하는 신호로 받아들여진다. 높은 기대로 인해 직원들은 그들이 해야 할 만큼의 일을 하지 않고 있다고 끊임없이 생각하게 되고, 칭찬과 존중의 부족을 나타내며, 성취에 대한 불만족이 생기고, 평범함에 순응하게 된다.

격려하는 방법을 이해하기 위해서, 리더는 낙담시키는 교묘한 방법들을 이해할 필요가 있다.

낙담시키는 교묘한 방법

◉ 지배를 통한 낙담시키기

지배를 통한 낙담시키기는 리더가 무능하다고 생각하는 직원을 돕기 위하여 자신의 힘과 재능을 제공할 때 나타난다. 표면상 메시지는 "내가 어떻게 도울 수 있지?"다. 그러나 그것은 "나는 당신이 나의 기준을 충족시킬 수 없다는 것을 알기 때문에 당신을 위해서 그것을 할 것이다."로 받아들여진다. 감독자는 직원이 업무를 수행하도록 준비시키지 않는다. 간섭하면서 그를 위해 일해 줌으로써, 오히려 직원들에게 열등감, 의존성 그리고 실망만을 가르칠 뿐이다.

자신의 지능과 경험을 통해 지배하는 리더는 직원들이 부적절하게 느끼도록 만든다. 지배를 받는 사람은 보통 다음과 같은 낙담의 표시들을 나타내 보일 것이다.

- 무능, 복지부동 혹은 단념
- 자신감의 결여
- 무가치감
- 경쟁을 회피하는 경향
- '내가 충분히 기다리기만 하면 사장이 이 일을 떠맡을 것이다'는 신념

지배적인 사람과의 관계에서 어떤 사람은 항상 열등하고, 다른 사람은 우월하다. 지배자는 항상 무언가를 다 알고 있는 것처럼 말한다. 이러한 대우를 받는 사람들은 지배자에 대해 대항할 수 없다고 느낀다. 이러한 관계에서 직원은 실수에 대한 두려움으로 기술혁신을 하지 않거나 개선을 제안하지 않는다.

● ●

"쥐꼬리만한 월급을 주면 바보 같은 사람들만 일을 한다."

무명씨

◉ 냉담을 통한 낙담시키기

냉담을 통한 낙담시키기는 감독자가 앙갚음하거나 권력을 획득하거나 타인의 욕구를 무시할 필요가 있을 때 나타난다. 그들은 타인을 통제함으로써 자신의 자기존중감과 자기가치감을 증가시키려 한다.

대조적으로 격려하는 리더는 결점을 찾지 않고, 강점, 장점 그리

고 잠재력에 초점을 맞춘다. 그들은 긍정적인 측면을 확인하고 격려할 수 있는 능력이 있다. 그들은 사적으로 비판하고 공적으로 격려하고 인정한다.

● 침묵을 통한 낙담시키기

침묵(언급의 실패)은 직원들을 소외시키는, 매우 정교하지만 효과적인 방법이다. 직원의 노력이나 기여를 단순히 알아채지 못하는 것은 비언어적인 거부의 한 형태이고, 그의 행동이 기대할 만한 것이나 가치 있는 것이 아님을 직원에게 전달한다. 리더가 직원들의 업무에 대한 노력을 인식하지 못하는 것은 종종 직원들을 기죽임으로써 계속해서 자신들의 업무에 에너지를 투여하지 못하게 만든다.

많은 직원들은 침묵을 부정적 피드백으로 해석한다. 그것은 비판과 동일한 영향을 갖는다. 그것은 수용의 결핍을 의미한다. 양질의 작업과 향상을 알아차리지 못함으로써, 리더는 본질적으로 동기화를 감소시키며 낙담을 부추긴다.

직원들이 올바르게 인식되고 인정받게 될 때, 그들은 일에 대한 에너지를 증진시킨다. 격려하는 리더는 직원들의 가치감과 자신감을 증가시켜 준다. 리더가 직원들을 긍정적으로 인식하고, 그들과 친숙해지고 그들의 이름을 불러 주면, 직원들은 그들의 능력에 대해 확신을 하게 된다.

● 위협을 통한 낙담시키기

리더들은 사람들을 존엄한 인간보다는 하나의 사물로 취급함으로써 위협할 수 있다. 단지 생산성으로만 판단할 뿐 인간적 요인들을 인식하지 않음으로써, 리더는 개인을 협박한다. 반대로 리더는 사람들의 목표, 욕구 그리고 흥미를 고려하고 그들의 전적인 관여를 증진시키기 위해 애씀으로써 생산성을 향상시킬 수도 있다.

어떤 경우에 위협은 완벽이라는 비현실적인 표준의 결과다. 그것은 직원들이 아주 충분히 만족할 만한 좋은 상태가 아니므로 더 노력해야 할 필요가 있다는 의미다. 결국 위협은 직원들에게 그들이 아마 비현실적인 기대를 충족시킬 수 없고 사실상 포기할 수밖에 없음을 믿게 할 것이다.

낙담시키는 과정

우리는 리더를 동기부여자와 격려자로 생각하는 경향이 있다. 리더는 전체적인 운영에 책임이 있지만, 그들은 직원들을 참여시키고 공동의 목표에 전념하도록 하는 데에도 책임이 있다.

그러한 리더들은 대표자, 훈련가, 교육가 그리고 격려자로서 기능한다. 그들은 특수하고 단기적인 과업보다는 일반적이고 장기적인 책임감을 가지고 있다. 이러한 목표를 성취하는 방법은 직원에게 위임한다. 그러한 리더들은 전형적으로 더 인간적이다. 그들은 자신들의 한계를 인식하고 그들의 약점을 기꺼이 인정하며 다른 사람의 견해가 값어치 있다는 것 또한 인정한다. 그들은 직원들을 참여시킨다.

동기화시키는 리더는 비난하기나 결점 찾기에 초점을 맞추기보다는 장점을 더 강조한다. 그들은 사람들에게 일에 대한 책임감을 점진적으로 그리고 철저하게 준비시킨다. 그들은 그들의 기대에 대해서는 구체적이고, 성취에 대해서는 개별적이고 효과적인 방법으로 공로를 인정한다. 격려하는 리더는 직원들의 가치를 평가하고 인정함으로써 직원들에게 의미와 목적을 제공한다.

성공적인 리더는 보다 더 자율적이다. 그들은 자신의 감정을 느낄 수 있으며 그것을 전달할 수 있다. 직원들은 동기화시키는 리더가 지지적이고 그들을 인간으로 대해 주는 사람이라는 것을 경험한다. 그들은 개인적인 관계와 연대감을 느낀다.

낙담한 직원들은 그들 자신의 능력에 대한 신념이 결핍되어 있으며 삶과 일을 불공정하다고 보는 경향이 있다. 그들은 업무를 수행하는 데 시간을 보내지만 본질적으로는 일하는 시늉만 한다. 그들은 봉급받는 것 이상의 직업의 목적을 갖지 못한다. 이러한 직원들은 조직과 조직의 서비스와 제품의 목표에 대한 참여의식을 느끼지 못한다. 그러한 직원들은 조직의 효율성을 분명히 감소시킬 것이다. 그들의 관여, 소속감, 참여의 부족은 리더와 직원 양측의 낙담스러운 업무경험에 기인한 것이다. 그들의 부정적 태도는 팀 전체를 거쳐 오염되고 확산된다.

낙담의 과정에 포함된 원동력을 이해하는 것은 매우 중요하다. 경쟁과 해고에 대한 불안이나 두려움이 생산성을 향상시킬 것이라는 점을 예상하기는 어렵지 않다. 실제로 그것은 정확히 반대되는 결과를 낳는다. 대단히 경쟁적인 분위기에서 사람들은 조직에서 자기 자신의 적절성과 자기의 위치를 불확실하게 느낀다. 그들이 자신의 가치에 회의를 갖게 되고 열등감이 증가되면, 진보할 수 있는 능력에 대해서 낙담하게 된다.

직원들이 존중받지 못하고 존엄하게 대우받지 못할 때, 그들은 가끔 지나치게 통제되고, 반항적이고, 불안정하고, 무력하다고 느낀다. 이처럼 낙담시키는 분위기는 조직에 대한 그들의 동기화, 관여 그리고 성과를 감소시킨다.

직원들이 자기존중감을 발달시켜 그들이 능력 있고 관여되어 있으며 중요하다고 느낄 수 있게, 그들이 가치 있다고 느낄 수 있게 해야 한다. 가치 있게 느낀다는 것은 회사의 목표를 성취하는 데 정열적으로 참여하고픈 욕구를 자라나게 한다.

"우리 회사 사장은 자신이 '예스 맨'으로 둘러싸여 있다고 말한다.
그는 직접 나에게 그런 말을 했고.
나는 그의 말에 동의한다."

무명씨

직원들은 사장이 그들을 모르며 그들이 하고 있는 것에 대해 관심도 없다고 빈번하게 불평한다. 그들은 직원에 불과하다. 하지만 조직이 커갈수록, 직원들을 다루는 방식을 개별화하고, 그들에게 조직에 대한 소속감을 주고, 그들을 계획과 의사결정에 포함시키는 것이 점차로 중요해지고 있다.

> "나는 아직까지 아무리 지위가 높다 하더라도 비난의 분위기에서보다
> 칭찬의 분위기에서 더 일을 잘 해내지 못한다거나
> 더 많은 노력을 쏟지 않는 사람을 본 적이 없다."
>
> 찰스 슈왑 Charles Schwab

독재적인 경영에 대한 대안이 있다. 오늘날 우리는 리더를 격려자와 동기부여자로 생각한다. 리더는 조직에 대한 책임감뿐만 아니라 직원들을 상호 합의된 목표에 참여하고 공헌하게 하는 데 관심을 가지고 있다.

격려하는 리더의 특성

많은 성격이론가들은 격려가 인간의 모든 행동을 변화시키는 가장 기본적인 동인이라고 믿는다. 대부분의 사람들은 격려하는 리더십과 낙담시키는 리더십을 경험한다. 두 가지 리더십의 개념화를 돕기 위해, 당신이 경험한 가장 격려적인 리더십을 생각해 보자. 당신을 격려하는 행동으로 표현된 리더의 최소한 다섯 개의 특성을 규명해 보자.

다음은 격려하는 리더의 특성이다.

① 직원의 말을 경청한다.

② 직원의 능력을 존중하고 신뢰한다.
③ 정열적이다.
④ 유머감각을 가지고 있다.
⑤ 자신의 실수를 인정한다.
⑥ 직원들의 아이디어를 신뢰한다.
⑦ 긍정적이다.[2]

"직원에게 시간을 내어주고 주의집중하는 것은 경청을 경영의 도구로 사용하는 좋은 방법이다. 어떤 직원들은 들어와서 20분 동안 말하고, 그들 스스로 완전히 문제를 해결한 채 나갈 것이다."

니콜라스 아이우파 Nicholas Iuppa

격려는 긍정적인 것에 초점을 맞추고 한계점을 잠재적인 이점으로 재구조화하는 방법을 창조적이고 일관된 방법으로 찾는다. 격려하는 사람은 분명히 업무관계를 개선시키며 직원이 동기화되도록 돕는다.

성공적인 리더는 보다 자율적이다. 그들은 자신의 감정을 느낄 수 있으며 그것을 전달할 수 있다. 격려하는 리더는 또한 자신의 약점과 한계를 기꺼이 인정하며, 다른 사람의 의견이 가치가 있음을 인정한다. 그들은 직원들을 참여시킨다.

그러한 리더들은 대표자, 지도자, 훈련가, 교육가 그리고 격려자의 기능을 한다. 그들은 리더십과 동기를 제공한다. 그들은 구체적이고 단기적인 과업보다는 일반적이고 장기적인 책임감에 의미를 부여하며 목표를 성취하는 방법을 직원들에게 위임한다.

유능한 리더는 무엇이 직원들을 동기화시키는지 이해하고 있다. 직원들은 다음과 같은 것들을 느끼고 싶어 한다.

① 나는 리더와 유대관계가 있고 재정적인 수치나 객체 이상으로 여겨진다.
② 나는 공동의 목표와 관심을 가지고 있는 지역사회와 연결되어 있고 소속되어 있다.
③ 상호 존중과 신뢰를 느낄 수 있다.
④ 나는 팀, 부서, 조직의 성공에 대해 공적을 인정받는다.
⑤ 경영자들은 나에게 주의를 기울이고 내가 지지를 필요로 할 때 찾아갈 수 있다.
⑥ 구체적인 목표는 분명한 방향을 제시해 준다.
⑦ 나의 견해는 존중받고 중시된다.
⑧ 나의 아이디어는 인정받고 보답을 받는다.

유능한 리더들은 노고와 기여를 인정한다. 그들은 직원들과 사장에게 긍정적인 메모를 보낸다. 그들은 모든 직원이 "제가 중요한 사람이라는 것을 느끼도록 해 주세요. 제가 가치가 있음을 알게 해 주세요."라는 표지판을 들고 있는 모습을 마음속에 그린다.

격려가 일상적인 감독 과정의 일부가 될 때, 실수, 결손, 불완전을 강조하는 시간이 줄어든다. 실수를 인식하고 토론하지만, 그 경험으로부터 무엇을 배웠는지가 더 강조된다.

예를 들어, 조의 새로운 비서인 로라는 직무에 필요한 요건을 갖추려고 애를 쓰고 있다. 그녀는 특급우편 대신 보통우편을 이용함으로써 돈을 절약하기로 결정한다. 그러나 문서가 제시간에 배달되지 않아 많은 혼란이 야기된다. 로라를 나무라는 대신에 조는 그녀가 난감해하고 있음을 알고 있다고 말하며, 그 문서를 기다리고 있는 사람에게 그것을 팩스로 전송할 것을 요청하자, 긴장이 해소되고 로라의 수행이 정상화되었다.

직원의 자기존중감을 구축하기

자원을 알아보고 원석으로부터 다이아몬드를 찾아낼 수 있는 능력은 격려 과정에서 본질적인 것이다. 리더는 개인에게서 재능을 보고 그 사람이 자신의 잠재력을 실현하도록 하기 위해 이 긍정적인 사실을 전달해 준다. 리더는 한계를 넘어서 잠재력을 구체화함으로써 가능성을 보여 준다. 그때 직원은 직장에서 자신의 잠재력에 도달할 수 있는 기회를 잡게 된다.

직원들이 자기존중감을 향상시켜 그들이 능력 있고, 관여되어 있고, 중요하다고 느낄 수 있도록 하기 위하여, 그들은 스스로가 가치 있음을 느껴야 한다. 가치 있게 느낀다는 것은 회사의 목표를 성취하는 데 정열적으로 참여하고픈 욕구를 자라나게 한다. 격려하는 리더는 긍정적인 기대를 가지고 직원들에게 다가가서 결국 최대의 성과를 이끌어 낸다. 격려하는 리더는 대부분 열정적이다. 그들은 자신과 자신의 계획과 동료들에 대하여 확신을 가지고 있다. 결국 그들과 함께 일하는 사람들은 자신들에 대해서 더 확신을 느끼고 기꺼이 관여하려는 경향을 가지고 있다.

격려는 직원들이 자신의 능력을 믿고 자신감을 증가시키도록 돕는다. 직원들은 자신들의 모든 경험을 수용하고 그 경험들로부터 배우도록 격려된다. 그들은 실수가 재앙이 아니며 학습의 기회라는 것을 배운다. 그들은 생산성을 감소시키는 완벽주의로부터 불완전해도 되는 용기를 통해서 성취로 초점을 변화시킨다. 그들은 그들의 기여가 가치 있다는 것을 알기 때문에 협동하고 최선의 노력을 하도록 동기화된다.

동기화시키는 리더는 비난하기나 결점 찾기에 초점을 맞추기보다는 장점을 더 강조한다. 그들은 사람들에게 일에 대한 책임감을 점진적으로 그리고 철저하게 준비시킨다. 그들은 그들의 기대에 대해서는 구체적이고, 성취에 대해서는 개별적이고 효과적인 방법으로 공로를 인정한다. 격려하는 리더는 직원들의 가치를 평가하고 인정함으로써 직원들에게 의미와 목적을 제공한다.

> "무언가를 옳게 하는 사람을 잡아라."
>
> 케네스 블랜차드와 스펜서 존슨 Kenneth Blanchard & Spencer Johnson

올바른 견해를 가지고 바라보기

우리의 기대―긍정적이든 부정적이든, 사기를 북돋든 낙담시키든, 성공적이든 그렇지 않든―는 우리의 전망 혹은 우리가 사물을 보는 방식에 따라서 영향을 받는다. 자기 자신, 일, 인간관계에 대한 우리의 관점은 삶의 도전에 어떻게 대처할지에 영향을 준다. 우리의 상황을 지각하는 방식은 우리의 용기, 결정 그리고 효율성에 영향을 준다. 기대는 도전에 직면해서 성공에 영향을 주는 주요한 요인이다. 우리가 다른 누군가와 친해지기 어렵다고 예상하거나 어떤 상황이 우리의 능력 밖에 있다고 예상할 때보다, 그 사람이나 상황을 전망할 수 있고 우리가 문제를 지나치게 과장하고 있음을 알게 될 때가 아마 성공할 가능성이 더 높을 것이다.

우리는 우리의 자기 제한적 신념, 사적 논리 그리고 제한하는 신념의 결과로 가끔 낙담하게 된다. 우리는 다른 사람들이 더 능력이 있다고 믿을 때, 모든 상황에서 우리 자신들을 제한한다. 이처럼 제한되고 낙담시키는 시각은 우리를 불리하게 만든다.

격려받은 사람은 보다 넓은 전망을 하며 새롭고 제한이 없는 유리한 관점을 발달시킬 수 있다. 그는 또한 상황의 양 측면을 볼 수 있고, 가능한 해결책들을 고려할 수 있는 능력이 확장된다.

올바른 견해를 가지고 바라볼 수 있는 우리의 능력은 자기존중감과 자신감에 의해서, 자신의 장점과 자원에 의해서 상당히 신장될 수 있다. 우리의 자원이 어떻게 이용될 수 있을지를 보게 될 때, 우리의 열정은 자극받게 된다. 우리의 전망이 확장될 때 우리는 가능성들을 보게 되고 선택권에 대해 인식하게 되며, 자신 있게 선택하고 결정하게 된다.

> "태도 변화는 메시지를 수용하는 사람이
> 설득의 과정에 참여하게 될 때, 강화될 것이다."
>
> 세이버^{K. Shaver}

조직에서 참여의 부족은 직원들이 참여를 한다고 해서 달라질 것이 없다고 느끼기 때문이다. 결국 리더는 다음과 같은 몇 가지 다루기 어려운 성격의 직원들을 만날 수 있다.

1. 주목받고 싶어 하는 직원: 팀플레이어가 아니고 전체 조직의 과정에 관심이 없다. 자기 개발에 집중하거나 다른 사람을 혹평하면서 대부분의 시간을 보낸다. 동료 직원들과 잘 지내는 것보다는 자신과 자신이 도출해 낸 이익에 경쟁심이 강하며 더 관심이 있다.
2. 권위에 도전함으로써 권력을 추구하는 직원: 자신은 옳고 리더는 그르다는 것을 밝혀낸다. 협동을 하지 않기 때문에 사장은 빈번하게 그런 사람들에게 분노로 반응한다. 노동조합은 가끔 경영자가 능력을 인정하지 않았던 권력지향적인 개인을 리더로 선택한다. 이러한 리더들은 회사의 정책에 반대하는 경향이 있다. 그런 리더들은 만약 그들이 인정받고, 이해되고, 능력이 활용되

고, 직원들에게 영향을 주는 의사결정에 포함되면 경영자의 목표에 대해 열성적이 될 수 있다.

3. 조직에 의해 불공정한 대우를 받는다고 느끼는 개인: 이들은 앙갚음에 초점을 맞춘다. 승진하지 못한 것, 낮은 봉급 인상 혹은 부당한 대우라고 인식된 모든 행동에 대해 복수하는 것에 관심이 있다. 그들을 배려하도록 리더에게 도전한다.

4. 낙담한 직원들: 이들은 업무에 참여하는 것으로부터 면제받기 위해서 과업을 수행하는 데 서투르거나 부적절하다는 것을 보여준다. 예를 들어, 금요일 오후 5시에 한 리더가 최종 선적을 해야 한다고 상상해 보자. 그는 선적 부서로 갔지만 주말이라 회사에 사람이 없다. 그의 사무실로 돌아오는 동안, 그는 자료처리 부서의 사무원에게 달려가서 도와달라고 요청한다. 비록 업무가 사무원의 소관은 아니라 하더라도, 리더는 그 업무가 그 직원이 잘할 수 있는 일이라는 것을 알고 있다. 그 업무를 별 수 없이 해야만 할 때, 그 직원은 그 일을 잘 해내지 못해 리더는 결국 짐의 선적을 도와줄 다른 사람을 찾아야 한다. 이처럼 서투름과 부적절함을 보여 줌으로써 그 직원은 일하는 것으로부터 면제된다.

초점을 두어야 할 것을 결정하기: 관계를 바라보기

자기패배적 행동의 일부인 신념, 태도 그리고 목표를 이해하는 것은 중요하다. 어떤 의사소통은 아이디어, 감정, 신념, 목표를 포함한다. 이러한 것들은 인간행동을 이해하는 통로다. 경청하는 데 익숙하지 않는 리더는 일차적으로 메시지의 내용이나 메시지의 어느 한 부분에만 반응하는 경향이 있다. 그러나 집중하는 경청자는 언어적이고 비언어적인 것을 모두 포함한 전체적인 메시지를 듣고 어떻게 반응할지를 결정한다. 지각적이고 감각적인 경청은 이해를 전달하는 반응을 낳는다. 그 예는 다음과 같다.

빌(리더): "당신의 교대조는 내가 원하는 것을 생산하는 데 계속 실패하고 있어요."

조(감독): "나는 최선을 다하고 있어요. 당신의 기준과 기대가 너무 높아요. 구매 부서는 이번 주에 두 번이나 우리를 방해했고, 기계는 고장 났으며, 세 명의 기술자들은 일주일 휴가를 내고 사냥하러 갔어요. 나는 일을 너무 많이 하고 있어요."

만약 빌이 조의 말을 듣지 않기로 했다면, 그는 아마 "변명이 문제를 해결해 주지는 않아요. 결과로써 말할 뿐이죠."라고 말할 것이다. 반면, 빌이 조의 말을 듣기로 결심했다면, "왜 나의 기대가 너무 높다고 말하시는 거죠? 무엇이 구매와 출근 문제를 해결하는 데 도움이 될까요?"라고 대답할 것이다.

유능한 리더는 다른 사람의 견해를 듣고 진정한 문제를 집어낸다. 변화에 대한 공동 결정을 내리는 것은 상황을 개선시킨다. 그러나 지속적으로 낙담된 상태로 있는 것 역시 목적을 가지고 있다. 위험을 감수하지 않고, 문제를 해결하려고 노력하지 않는 데에는 결정적인 이유가 있다. 앞의 감독관은 그의 문제해결 능력을 강화하기 위해 리더와의 긴 토론이 필요할 것이다.

직원들은 그들의 자기패배적 행동을 직면할 필요가 있고, 이러한 행동이 어떻게 그들의 잠재력 개발에 방해가 되는지 알 필요가 있다. 습관적인 자기패배적 믿음과 행동을 극복하는 것은 주요 도전과제다. 열린 토론을 장려하고 실수를 허용하는 분위기를 만드는 것이 첫 번째 단계다.

격려하는 리더는 낙담한 종업원들을 변화시키기 위한 노력에 대한 인식이 있다. 노력 그 자체는 변화와 진보를 의미한다. 격려하는 리더는 직원이 노력하는 순간에 그곳에 있음으로써 그 노력을 관찰하고, 인식하고, 말로 표현해야 한다.

낙담한 종업원들은 그들에 대한 믿음이 있고, 그들의 진보를 인정하고, 비판하지 않는 격려하는 리더 아래에 있을 때, 좀 더 위험을 감수하려 하고 결국 효율적인 행동을 한다.

직원들은 동기부여시켜 주는 리더에 대해 그들을 지지해 주고, 인간적인 관심이 있는 사람이라고 생각하고 개인적인 관계와 친밀함을 느끼게 된다.

격려 리더십을 위한 체계적 계획

격려하는 조직은 우연히 만들어지지 않는다. 그것은 명확한 목표, 계획, 긍정적인 경영 태도를 통해서 사람들을 최대한으로 관여시키려는 철학의 결과다. 일관된 격려는 최고경영진의 출발점이다. 일터에서 사람들을 동기화시키는 방법에 대해 모든 리더를 교육함으로써 신뢰가 확산된다.

조직의 최고경영진은 훈련 프로그램, 중간간부회의, 출판 그리고 범 회사적인 모임들을 통해서 조직의 사명과 장기적인 목표를 공유할 필요가 있다. 회계감사는 비용, 가격, 비용절감 그리고 세금의 경향을 공유할 필요가 있다. 최고의 기술자는 새로운 디자인을 완성하는 것에 대한 진전과 장애물에 대해 알릴 필요가 있다. 제조 부서는 모든 사람들이 배송일, 장비의 필요성, 보수 관리 문제들에 대해 지속적으로 알 수 있게 해야 한다. 구매 부서는 공급, 새로운 자재들, 고객 배달 날짜에 영향을 주는 출하 등에 대해 다른 사람들에게 알려줄 필요가 있다. 인사 부서는 채용 공고, 급료 지불정책, 노조의 불만, 승진, 교대근무 변경 사항 등에 대해 모든 사람들에게 알리고, 인간관계에 대한 문제는 어느 것이든 보고하도록 해야 한다.

격려하는 리더들은 직원회의, 메모, 회사 신문, 게시판, 노조 회의, 지속적인 교육과정, 특별위원회를 통해 상하라인의 공식적인 의사소통 체계를 확립한다.

격려하는 리더는 회사가 모든 이의 소유임을 명백히 보여 준다. 그들은 언어적으로건 비언어적으로건, 직원들에게 공을 돌리고 감사하는 마음을 표현하는 것을 두려워하지 않는다. 콕스(Cox)가 말한 대로, 격려는 권능부여의 예술이다. "격려는 네 가지 방면—위로, 아래로, 가로질러, 안으로—으로 흘러가야 한다."[4]

리더는 직원들의 수행의 목표를 협동적으로 규명할 때 격려적이

된다. 그들은 상황 분석을 하고 무엇이 잘되었는지, 잘못되었는지를 결정한다. 리더는 자신의 경영 결정의 불완전성과 비평에 대해 용기를 갖고 있으며 실패와 실수를 통해서 배운다.

격려하는 리더들은 평가자의 역할에 소원하며, 직원들이 좀 더 자기평가적이 되도록 장려하고 가르친다. 그들은 결점을 찾고 비난을 하는 데 관심이 많지 않으며, 협력, 정보의 공유, 개인적인 권능부여, 책임감을 강조한다. 그들은 누구나 수평적인 대인관계 속에서 서로 다른 직함을 가지고 있으며, 다른 기능을 하고 서로 다른 봉급을 받을 수는 있지만 모두는 동등하게 취급받아야 한다고 믿는다. 직원들이 자신들이 가치 있고 존경받는다고 느끼기 시작한다면, 그들은 조직에 종사할 수 있는 더 많은 에너지를 갖게 될 것이다.

격려적인 접근을 계획하기 위해서, 리더는 직원 개개인의 목표를 규명해야 한다. 예를 들면, 그 직원은 직장에서 어떤 일이 생기기를 바라는가, 어떻게 하면 직업이 그에게 좀 더 의미 있는 것이 될 수 있을까, 내년 또는 5년 안에 경력과 관련해 어떤 일이 있기를 바라나 등이다. 직원의 목표를 정한 후, 리더는 이러한 목표와 조직의 목표가 어떻게 연결될 수 있는지 방법을 찾을 수 있다.

리더가 개개인의 구체적인 목표를 조직의 목표에 창조적으로 적용하기 시작할 때, 그들은 참여도와 생산성에서 증가를 보이게 될 것이다. 직원들의 목표를 고려함으로써, 그 과정은 활기를 띠게 된다. 반면, 리더가 직원들의 목표와 어긋나게 일할 때, 손해, 협동심의 부족, 조직의 목표에 대한 참여 부족으로 이어진다.

격려하는 행동

1. 경청하는 데 많은 시간을 보내라. 사람들은 할 일이 너무 많아서 스트레스를 받을 때, 그것이 옳건 틀리건 상관없이 빠른 답변을 주는 경향이 있다. 사람들이 무엇— 그들의 믿음, 느낌, 동기— 에 대해 말하고 있는지에 초점을 맞추는 것은 이해를 돕고 그들이 받아들여졌다고 느끼게 해 준다.

   카네기는 한 뉴욕 출판업자가 마련한 만찬회에서 저명한 식물학자와의 만남에 대해 묘사한다. 그는 몇 시간 동안 그 식물학자가 해외의 식물들과 실내, 실외 정원들에 대해 묘사하는 것을 듣고 있을 만큼 그에게 매료되었다. 밤늦게 그 식물학자는 떠나려 하면서, 파티 호스트에게 카네기가 '훌륭한 좌담가'라고 결론 내리며 그와의 좋았던 경험들에 대해 이야기했다. 이 찬사는 카네기를 숙고하게 만들었다. "나는 거의 아무것도 말하지 않았다. …… 나는 단지 골똘히 들었을 뿐이다. 나는 진심으로 재미있었기 때문에 그냥 들었고 그가 그것을 느꼈던 것이며, 그 사실이 자연스럽게 그를 즐겁게 했던 것이다. 이러한 종류의 경청은 우리가 누구에게든 줄 수 있는 가장 높은 찬사 중에 하나다. 그리하여 나는 그로 하여금 내가 훌륭한 좌담가라는 생각이 들도록 했지만, 사실 나는 단지 훌륭한 경청자였고, 그가 말할 수 있도록 독려했을 뿐이다."[5]

   남아메리카의 컴퓨터 회사인 손다(SONDA, S.A)의 회장인 안드레스 나바로(Andres Navarro)는 '듣기(hearing)'와 '경청(listening)'을 구별하기 위해 스페인어를 이용한다. 나바로의 말에 따르면, "스페인어에는 영어의 '듣다(to hear)'와 '경청하다(to listen)'와 거의 동등한 단어인 oir와 escuchar가 있다. 진정으로 경청을 한다는 것은 그냥 듣는 것 훨씬 이상의 것이다. 많은 사람들은 다른 사람의 이야기를 듣는 동안 그 사람이 말하는 것을 경청하려고 노력하는 대신에 '뭐라고 대답해야 하나?'라고 생각한다."[6]

2. 일과 사람에 대한 긍정적이고 낙관적인 태도를 가져라. 일을 시작하거나 사람들과 접촉할 때 긍정적이고 낙관적인 태도는 성장과 발전을 용이하게 한다.

3. 직원들의 실수 대신 잘한 것에 관심을 갖는 데 의식적으로 노력을 하라. 리더는 실수에 초점을 맞추는 것이 성과를 높인다고 생각하곤 했다. 그러나 그동안의 경험과 조사 결과, 어떠한 노력이나 긍정적인 행동에 대해 인정하는 것이 생산성을 증가시킨다고 한다.

4. 모든 직원들이 그의 기여가 얼마나 의미가 있는지 알아야 할 필요가 있음을 믿어라. 더 많은 직원들이 그들의 업무가 의미가 있고 그들의 공헌이 가치 있다고 느낄수록, 더욱더 열중하고 전념하려는 경향이 있다.

5. 가능하면 언제나 어떻게 하면 조직의 목표를 가장 효과적으로 성취할 수 있는지에 대한 의사결정에 직원들을 참여시켜라. 더 많은 사람들이 의미 있는 의사결정에 참여할수록, 조직의 목표에 도달하기 위해 노력할 가능성이 더욱 높아진다.

6. 직원들과 그들의 복지에 진심 어린 관심을 보이고 개개인의 장기적인 목표를 잘 이해하라. 에스지에스 톰슨(SGS Thompson)의 부사장 빌 마카힐라힐라(Bill Makahilahila)는 탁월한 인간관계를 가진 직원들에게 주는 우수 인재 상(Human Resource Quality Award)에 대해 설명한다. 그 프로그램은 훌륭한 경청을 한 사람을 위한 황금귀 상(Golden Ear Award), 훌륭한 의사소통을 한 사람을 위한 은혀 상(Silver Tongue Award), 권한부여 상(Empowerment Award), 뛰어난 정직성, 청렴성, 성실성을 보여 준 사람을 위한 피플 리더십 상(People Leadership Award)을 포함한다.

7. 직원들의 생각에 열린 마음을 가져라. 화장품 회사 설립자 메리 케이 애시(Mary Kay Ash)는 그녀의 생애에 큰 영향을 주었던 순간을 묘사한다. 스탠리 브러시(Stanley Brush) 집회에 참여하기 위해 친구에게 12달러를 빌린 후, 그녀는 기조연설에서 언급됐던 세 가지 항목을 떠올린다. "첫째, 계속 달리기 위한 궤도에 올라라. 둘째, 큰 뜻을 품어라. 셋째, 누군가에게 당신이 무엇을 할지에 대해 말하라." 연설이 끝나갈 무렵 그녀는 용감하게 걸어가서, CEO인 프랭크 새미 베버리지(Frank Sammy Beverage)에게 오늘 밤 어떤 여성이 일인자가 된 것처럼 그녀가 내년에 여성 일인자가 될 것이라고 말했다.

메리 케이는 웃으면서 덧붙였다. "만약 그가 누구와 대화를 나눴는지 알았다면, 그는 아마 웃었을 것입니다. 사업을 시작한 지 3주 된 내가 내년에 여성 일인자가 되겠다고? 그러나 그는 정말 친절한 남자였습니다. 그가 나에게서 어떤 점을 발견했는지는 모르지만, 내 손을 잡더니 내 눈을 똑바로 보고 말했습니다. '음, 내 생각엔 당신이 그렇게 될 것 같아요.'" 그녀는 계속해서 말했다. "이 짧은 말이 내 인생을 바꿨습니다. 나는 그를 실망시킬 수 없었습니다. 나는 내년에 여성 일인자가 되겠다고 맹세했습니다." 그리고 그녀는 그렇게 됐다.[6]

8. 사람들로부터 정기적으로 아이디어를 구하라. 직원들의 아이디어의 가치에 대해 믿음을 가져라. 그들이 향상을 바라는 부분에 대한 그들의 생각을 공유하지 않는다는 것은, 대개 믿음에 대한 부족을 의미한다. 직원들에게 제안을 요청하는 방법에는 제안상자, 브레인스토밍 회의, 기회균등 정책(open-door policy)이 있다.

9. 실수를 파국적인 것으로 보지 마라. 간단하게 실수를 수정하고 재발의 가능성을 줄일 수 있는 시스템을 마련하라. 실수를 배움의 기회로 보라. 실수가 발생할 때는 직원들이 무엇이 잘못됐는지, 무엇을 배울 수 있는지를 분석하는 것을 도와라. 비난하는 것이 주가 되어서는 안 된다. 실수를 한 직원을 존중해 주어야 다음에 같은 실수를 반복하지 않을뿐더러, 자신이 존중받고, 신뢰받고, 소속되어 있다고 느끼게 된다.

10. 새로운 직장에 대한 신입사원의 감정을 경청하고, 그들이 질문할 수 있는 안전한 분위기를 제공하며, 그들에게 모든 직원을 소개하라. 회사는 팀 또는 가족이 됨으로써 최상의 기능을 수행한다. 신입사원을 개인적으로 환영하고 그들과 함께 일하게 될 사람들

에게 소개하라. 이러한 상대적으로 적은 시간투자는 팀 형성의 주요한 과정이고 신입사원은 자신이 가치 있고 중요하다고 느끼고 소속감을 갖게 된다.

11. 직장을 떠나 있는 사람들의 감정에 민감하라. 휴직 상태에 있는 사람에게도 어떤 일이 일어나고 있는지에 대해 지속적으로 정보가 제공되어야 한다. 다시 복직했을 때, 부서의 다수 직원들을 통해 그들이 없었을 때 일어났었던 발전과 변화에 대해 공유할 시간을 갖도록 해 주어야 한다.

12. 직원들에게 당신을 신뢰하도록 격려하라. 믿음은 타인을 믿음으로써 양성된다. 리더는 직원들을 의사결정에 포함시킴으로써 믿음을 전달한다.

13. 직원들과 어떤 문제에 직면할 때는 그 이유를 매우 구체적으로 그리고 당신이 그들에게 무엇을 기대하고 있는지를 정확하게 말하고, 다음으로 그들이 향상될 수 있다는 당신의 신념을 표현하라. 직원이 실수를 했을 때, 질책하지 않는 태도로 문제를 설명하라. 그 실수가 재발생했을 때, 일시적으로 그 직원의 책임감을 덜어주고 추가적인 교육을 제공하는 것을 고려하라. 직원의 발전을 점검하는 것을 잊지 마라.

14. "우리는 할 수 있다."라고 말하는 긍정적인 팀 리더가 되라. 열정과 에너지는 리더가 팀과 함께할 것이며 그가 팀이 성공할 것임을 알고 있다는 사실을 전달한다.

15. 모든 사람을 공정하게 대하라. 격려는 편애, 특권 또는 특별한 규칙이 없고 모든 직원이 동등하게 존중받을 때 명확히 전달된다.

16. 낙담해 있고, 비생산적인 사람들은 사적으로 직면하라. 징계는 비공식적으로 행해지는 것이 최선이다. 직원을 당황하게 하거나 문제를 사람들에게 알리는 것을 피하라.
17. 적절한 직무연수가 제공되면 직원들이 일을 잘할 수 있다는 확신을 가져라. 책임을 위임하라. 위임은 직원을 독려하고 믿음을 전달할 수 있는 가장 효과적인 방법 중에 하나다. 무엇이 위임되었는지, 언제까지 일을 끝마쳐야 하는지, 그것이 어떻게 평가될 것인지에 대해 명확히 하라.
18. 당신의 직원들의 숨겨진 자산과 자원을 발견할 수 있는 능력을 개발하라. 격려하는 리더는 장점, 자원, 효율성, 잠재력, 가능성에 초점을 맞춘다. 직원들 스스로에게조차 항상 명백하지 않은 것들을 명확히 하고 장려하라.
19. 팀 파워를 키우기 위해서 경쟁보다는 상호 협동에 초점을 맞춰라. 카네기는 백만장자인 철강회사 중역 찰스 슈왑(Charles Schwab)으로부터 들은 일에 대해 이야기한다. 어느 날 점심시간에 슈왑은 제강공장들 중 하나를 지나가던 중 금연 표시가 붙은 곳에서 담배를 피우고 있는 사람들을 보게 되었다. 그들에게 규율 위반에 대해 말하는 것 대신에, 그는 멈춰 서서 그들과 우호적인 태도로 수다를 떨었다. 떠나기 전에 그는 그들에게 웃으며 시가를 건넨 후 말했다. "당신들이 밖에서 담배를 피운다면 정말 감사하겠습니다."[6]

팀의 목표를 위한 공헌, 협동, 헌신은 경쟁보다 효과적이다. 소속감, 팀의 일부라는 느낌, 가치 있는 공헌을 한다는 자부심의 힘은 위대하다.
20. 단지 일의 결과보다는 노력과 진보에 대해 인정하라. 진보, 성장, 생산성은 시도, 노력, 향상, 실행을 긍정적인 방향으로 신중하고 의도적으로 인식함으로써 얻어지는 결과다. 노력에 대한 인식은 동기부여, 용기, 열정의 향상을 촉진한다.

격려하는 시스템을 개발하기

다음은 격려하는 시스템을 개발하기 위한 몇 가지 원리다.

1. 직원들을 위한 조직과 개인이 공유하는 공동의 목표를 확립하라. 협력에 대한 저항은 목표조정의 부족을 의미한다. 격려하는 리더는 직원들이 자신의 목표를 발전시키고 표현하도록 돕고, 그 목표에 도달하는 효과적인 방법을 찾는다.
2. "이것은 우리의 조직이고, 우리는 이러한 생산품 혹은 서비스를 생산하며 우리가 하고 있는 일에 자부심을 느낀다."는 점을 전달하는 소속감의 태도를 창조하라. 예를 들어, 이윤분배는 이러한 책임의식을 강화시킨다. 많은 회사에서는 모든 직원이 주식 소유주다.
3. 주인정신과 장인정신에 자부심을 갖는 분위기를 만들라. 필요한 교육을 제공하라. 그 과정과 성취에 대해 인지하라.
4. 업무와 관련이 있는 의사결정과 조직을 위한 계획에 직원을 참여시켜라. 경영에 참여할 수 있는 과정을 개발하라. 주 1회 팀 회의, 자유로운 대화, 개방 정책, 회사 전체에 걸친 회의를 통해 직원들

을 정기적으로 의미 있게 참여시켜라. 플렁킷(Plunkett)과 푸르니에(Fournier)에 따르면 "정보와 책임이 의사결정을 내리기에 합당한 가장 낮은 단계까지 확장되어 조직의 의사결정을 내릴 수 있도록 하는 철학이 바로 참여 경영이라는 것이 우리의 견해다. 참여 경영의 목표는 적절한 사람들에 의해 효과적인 의사결정이 내려진다는 것을 확신하기 위함이다."7

5. 모든 종류의 공헌이나 긍정적인 움직임을 인식하고 인정하라. 회사가 사람들에게 자신의 장점을 이용할 수 있는 업무를 할당할 때 창의성과 에너지는 발산되어 그들이 그 장점을 사용할 수 있게 한다. 모든 직원의 교육, 훈련, 경험, 재능, 흥미는 알려지고 이용되어야 한다('부록 14. 자산 초점화'를 참조하라.).

● ●

"인정(recognition)은 인간의 엔진을 작동하게 한다."

레너드 베리 Leonard Berry, 텍사스 A & M 대학교

격려하는 분위기 만들기

격려하는 리더-직원의 관계는 상호 존중과 개방에 근거한다. 인간관계에서 문제가 발생할 때, 의사소통은 평가적이지 않은 경청에 근거한다. 양 당사자는 사실뿐만 아니라 타인의 감정, 신념, 의도, 태도를 경청하는 데 관심이 있다. 논쟁이나 직면과 달리, 토론은 변

화에 초점을 둔다.

그런 관계는 서로가 존경할 만한 가치가 있다는 신념에 근거한다. 서로를 비난하는 대신에 리더와 직원은 함께 장애물을 극복하기 위한 성실한 노력에 대해 공감한다.

> "종업원이 당신의 사무실에 들어왔을 때
> 그는 낯선 땅에 와 있는 것임을 기억하라."
>
> 어윈 셸 Erwin Shell

자기평가를 격려하기

주도성(솔선성)은 종업원이 외부적 평가를 두려워하지 않고 내적인 평가에 초점을 맞출 때 자극된다. 개인적 성장의 궁극적인 책임은 각 개인에게 있다. 외부적 압력은 단지 책임감만을 변화시킬 뿐이다. 직원들이 자신의 행동, 결정 그리고 진전을 평가하기 위한 능력을 발달시킴에 따라, 그들의 목표를 명료화하려는 용기를 키워 나간다. 그 목표들이 직원과 리더에 의해 상호적으로 이행될 때, 평가를 위한 구체적인 방법 또한 설정된다('부록 4. 격려하는 리더를 평가하기: 격려하는 경영자로서의 당신'과 '부록 5. 리더십 관계 평가하기'를 참조하라).

자기격려적 직원은 다음과 같은 특징이 있다.

1. 자신의 일과 팀의 일에 책임을 진다.
2. 자신의 판단을 신뢰한다.
3. 외부의 평가에 자주적이 된다.
4. 직무수행과 그의 매니저와의 관계에 대한 정직한 피드백을 개방적으로 수용한다.
5. 관심 혹은 힘, 복수, 무관심을 추구하기 혹은 효율적으로 기능하지 못하는 무능력과 같은 역기능적 행동을 적게 보인다.
6. 위험을 무릅쓰고 용기 있게 새로운 경험, 아이디어, 과정을 시도한다.
7. 자기의 감정, 신념, 행위에 대하여 개방되어 있고 정직하다.

리더의 목표는 직원들이 자기 자신을 신뢰하고 수용하기를 학습하고, 더 관여되어 결국에는 더욱 생산적이 되도록 돕는 것이다. 이것은 직원들이 자기 자신들을 평가하고 격려할 수 있는 능력을 발달시킴에 따라서 이루어질 수 있는데, 그것은 개인적인 성숙과 자기동기화로 나아가는 주요한 단계다.

노력과 기여에 초점 맞추기

더 깊은 관여와 생산성을 동기화시키기 위해서, 리더는 사람들의 가치감과 소속감을 증가시키는 것에 초점을 맞출 필요가 있다. 노력에 초점을 맞추는 것은 완수된 프로젝트와 눈에 띄는 성과에 초점을 맞추는 것과 대비된다. 궁극적인 목표는 어떤 도전에도 창조적으로 직면하는 자기동기화된 직원이 되도록 하는 것이며, 많은 사람들에게 최종목표를 향한 그들의 노력과 진전을 인정해 줌으로써 궁극적인 목표에 잘 도달할 수 있게 하는 것이다.

노력에 초점을 맞출 수 있는 능력은 직원들의 발전에 대한 긍정적이고 장기적인 안목에 의해 고양된다. 노력과 기여에 초점 맞추기는 활동과 계획에 대한 긍정적인 움직임이나 증가된 에너지, 흥미나 열정을 보여 주는 작은 것들에까지 귀 기울이는 것을 필요로 한다. 잠재성을 보고 주로 노력과 진전을 언급함으로써 그 개인에게 더 큰 만족으로 가는 길을 안내하라. 사람들은 보통 자기 자신의 실수를 알고 있으므로 당신은 그것을 강조할 필요가 없다. 사람들이 자신의 실수를 인식하지 못할 때, 당신은 그들이 필요한 변화를 인식하도록 도와야 하지만 동시에 그들이 이루어 낸 어떤 진전에 초점을 맞추어야 한다. 만약 어떤 사람이 직무의 한 부분에서 어려움을 경험하고 있다면, 직무의 다른 부분에서 그의 긍정적인 진전을 상기시켜라.

당신의 초점은 '나는 항상 어떤 상황에서나 긍정적인 가능성을 볼 수 있다.' 에 맞출 필요가 있다. 사람들이 당신을 지지적이고 격려적인 사람으로 보게 되면, 그들은 자유롭게 그들의 잠재력을 사용하게 된다.

한 장면 드라마

새로 온 당신의 비서는 받아 적고 서신을 작성하는 데 매우 유능하다. 그러나 일을 빨리 처리하려고 서두르는 까닭에 가끔 우편을 잘못 보내 혼란을 낳는다.

당신의 비서는 전화통화를 하는 데 아주 유능하나 그녀는 가끔 통화한 상대의 이름과 메시지를 혼동한다. 그래서 당신이 직접 확인해 보았을 때, 당신은 당황스러운 순간에 처하기도 한다.

당신은 그 문제를 비서의 능력부족이 아니라 그녀가 너무 많은 것을 성취하려 하고, 정확성보다는 일의 양에 더 관심을 두기 때문이라고 규명하였다. 그녀가 당신을 위해 하는 일 중에서 당신이 좋게 평가하는 것에 대해 토론하는 것으로 비서와의 대화를 시작하라.

1. 당신이 초점을 둘 수 있는 노력과 공헌에는 어떠한 것들이 있는가?
2. 그녀를 격려할 수 있는 가장 효과적인 방법은 무엇인가?
3. 실수를 다루는 가장 효과적인 방법은 무엇인가?

요 약

유능한 리더는 리더와 관련된 인간관계에서의 격려적인 요소와 낙담시키는 요소에 대해 알고 있다. 그들은 비현실적으로 높은 기준, 지배, 무감각을 피하려 한다. 또한 조직의 목표와 제휴될 수 있는 직원들의 목표를 명확히 하고 격려를 위한 체계적인 계획을 세운다.

격려적인 조직에서 직원들은 자신들이 참여할 수 있고 그 조직에 소속되어 있다는 느낌을 갖게 된다.

요점

❶ 권력, 지배, 두려움, 처벌은 자발성, 참여, 협동을 억제하고 생산성을 저하시킨다.
❷ 낙담은 지배, 둔감, 침묵, 위협의 결과로 생긴다.
❸ 리더는 지배자로서보다 격려자, 동기부여자로서 더 효율적이다.
❹ 훌륭한 리더는 자신의 진정한 감정을 전달할 줄 알고 자신의 실수를 인정한다.
❺ 직원들은 소속되어 있다고 느끼고 자신의 진가를 인정받는다고 느껴야 한다.
❻ 격려는 개개인의 장점과 자원에 초점을 맞추는 것을 포함한다.
❼ 격려하는 리더는 직원들의 장점과 자산을 인지하고 집어낼 줄 안다.
❽ 격려하는 리더는 잠재적인 자원을 알아본다.
❾ 격려하는 리더는 긍정적인 노력과 향상을 인지한다.
❿ 격려하는 리더는 직원들에게 자기존중감을 심어 준다.
⓫ 기대는 강력한 동기부여 요인이다.
⓬ 격려하는 리더는 저항적인 행동들의 목적을 이해한다.
⓭ 격려하는 리더는 직원들 각각의 목표를 안다.
⓮ 격려하는 리더는 긍정적인 기대를 하고 자신감이 있고 열정적이다.
⓯ 격려는 조직 전체를 거쳐 체계적으로 행해졌을 때 가장 효과적

이다.
⓰ 격려하는 리더는 자기평가와 자기격려를 장려하는 시스템을 개발한다.

격려리더십의 적용

낙담시키는 행위는 참여, 열정, 에너지의 성장을 방해하는 강력한 장애물이다.

❶ 당신 회사의 문화 중 직원들을 낙담시키는 몇몇 미묘한 방법에 대해 규명하라.
❷ 당신이 다른 사람을 낙담시킬 수도 있는 미묘하지만 고의적이지 않은 방법들에 대해 나열해 보라.
❸ 당신 자신과 낙담에 대해 무엇들을 배웠는가? 어떻게 하면 낙담시키는 사람이 되는 것을 그만할 수 있는가?
❹ 격려는 강력한 동기부여적인 철학이고 도구다. 당신이 좀 더 힘을 북돋아 주는 사람이 될 수 있는 중요한 방법들은 무엇인가? 그리고
   A. 당신 회사의 분위기를 바꿀 수 있는 방법은 무엇인가?
   B. 특정한 개인들과의 관계를 발전시키기 위해 그들과 일할 수 있는 방법은 무엇인가?

격려하는 리더로서의 당신

당신은 솔직하고 효율적으로 격려를 이용할 줄 아는 리더인가? 당신 자신에 대한 인식과 인간관계와 경영에 대한 당신의 접근방식을 개발하기 위해서 스스로를 평가해 보아라.

다음에서 당신의 현재 행동, 태도, 느낌을 가장 잘 묘사한 칸에 X 표를 하라.

	확실히 그렇다	가끔 그렇다	거의 아니다
1. 부하직원들이 발전할 수 있도록 돕는 것이 나의 책임이라고 믿는다.			
2. 나는 모든 사람들에게서 긍정적인 면을 확인하기 위한 계획을 가지고 있다.			
3. 나는 주의 깊게 경청한다.			
4. 나는 직원들의 감정에 나의 감정을 이입하여 대답한다.			
5. 나는 직원들의 메시지를 듣고 내가 들은 것을 명확히 표현한다.			
6. 나는 직원들의 감정과 생각을 말로 표현하여, 그들을 내가 이해했다고 느끼게 한다.			
7. 나는 직원들의 아이디어가 나의 아이디어만큼 좋지 않다고 생각하더라도 그것을 존중한다.			

	확실히 그렇다	가끔 그렇다	거의 아니다
9. 나는 직원들을 인지하고 반응할 때 열정적이다.			
10. 나는 직원들의 장점과 자원에 초점을 맞춘다.			
11. 나는 내 앞에 제시된 문제해결을 위한 대안을 찾는다.			
12. 나는 열정, 노력, 참여에 대해 인지하고 초점을 맞춘다.			
13. 나는 대부분의 문제들에 긍정적인 태도를 취한다.			
14. 나는 직원들이 경영과정에 참여할 수 있도록 장려한다.			
15. 나는 정직하고 열린 피드백을 제공한다.			
16. 나는 그것이 정당할 때는 공을 돌린다.			

위의 테스트를 다시 검토해 보고 당신의 답변을 다음과 같이 평가하라. 확실히 그렇다 = 3점, 가끔 그렇다 = 2점, 거의 아니다 = 1점. 만약 당신의 점수가 33점 이상이라면, 당신은 격려하는 리더로서의 태도를 가지고 있는 것이다.

격려기술

한 장면 드라마

잭은 전문화된 보험을 전국적으로 판매하는 회사를 가지고 있다. 받을 보험료가 있거나 새로운 고객이 있을 때, 잭은 전화를 하고 세부 사항에 대해 다루는 것이 그의 책임이라고 믿는다. 그는 그의 동료들이 이러한 상황을 다룰 수 있다고 믿지 않으며 그들이 고객들을 화나게 하고 사업을 망칠 것이라고 염려한다. 그의 동료들은 오직 작은 거래만 다룬다.

1. 잭의 제한적인 믿음은 어떤 것들인가?
2. 잭에게 좀 더 자유스럽고, 넓은 관점을 제시해 줄 수 있는 대안적인 믿음은 무엇인가?
3. 잭의 현재 관점이 그의 회사의 성장을 어떻게 저해하는가?
4. 만약 당신이 잭의 동료라면, 어떻게 다른 관점을 사용하여 그의 관점에 영향을 줄 것인가?
5. 잭은 어떻게 그의 관점을 바꿀 수 있을까?

CHAPTER 6

Leadership by Encouragement

격려훈련

"지위와 계급은 사회의 일부인 조직의 현실적인 논쟁거리다. 공장이나 본사의 한정된 공간에서 이렇게도 먼 사회적 거리가 존재한다는 것은 놀라운 일이다."
– 우드로 시어스 주니어^{Woodrow Sears, Jr.}

개 관

　직원들이 그들의 리더를 어떻게 보느냐에 따라 일에 대한 그들의 태도도 다르다. 리더에 의한 모든 결정, 정책 그리고 변화는 전체 작업집단에게 리더가 믿는 것을 가르친다. 직원들은 가까이에서 리더의 행동을 관찰하며 그의 말보다는 그의 행동을 신뢰하도록 학습한다. 리더의 행동은 직원을 격려하거나 실망시킨다. 그 영향은 전염성이 있고 직원 개개인의 태도와 성과에 영향을 준다.

　격려 모델링은 격려를 가르치는 가장 강력한 방법이다. 알렌 콕스(Allen Cox)에 따르면, "경영자가 동료를 격려한다는 것은 그가 높은 자기존중감을 가지고 있다는 것을 의미한다."[1]

> "어떤 것을 할 수 있다고 믿는 사람은 아마 옳을 것이다.
> 그리고 어떤 것을 할 수 없다고 믿는 사람 역시 옳다."
>
> 무명씨

격려훈련의 심리학적 기초

　유능한 리더십은 직원들에게 최선을 이끌어 내도록 격려할 수 있는 심리학적으로 건전한 인간행동 이론에 근거한다. 경영과 산업에서 동기화는 종종 처벌과 보상에 근거를 두고 있다. 즉, 협력하는 사람들에게는 보상을 주고, 그렇지 않은 사람들은 처벌을 한다. 이런 형태의 분위기에서는 많은 직원들이 존중받고 있지 않음을 느끼고 협력에 저항한다. 격려는 고용자와 직원들 간에 동의와 유사성에 초점을 맞춘 시스템이다. 격려는 자기존중감을 구축하기 위하여 인간의 자원과 장점을 연료로 한다. 자기존중감이 증가할수록 직원은 공동의 선을 위해 협력할 욕구를 키워 나간다.

모든 인간은 지향하는 목표가 있고 목적이 있다. 동기화는 우리가 각자의 목표들을 이해하고, 조직과 리더의 목표가 개인의 목표와 제휴되어 작용할 때 가장 효과적이다. 어떤 사람을 동기화시키려면, 본질적으로 그 사람의 목표를 잘 이해해야 한다. 행동은 우리가 목표를 이해할 때 항상 의미가 있다.

예를 들어, 앤디는 항상 그의 비서들에게 지시를 내린다. 그러나 그가 슈를 고용하였을 때, 그녀는 무엇을 해야 하는지에 대해 듣지 않으려 하였다. 앤디는 무엇이 슈를 동기화시키는지 배워야만 하였다. 그녀는 가정에서 첫째 아이로서 지시하는 것과 독립적인 것에 익숙하였다. 그러나 지금 그녀는 지시를 받고 종속적이 되어야 한다. 그 결과 앤디가 슈에게 과제를 줄 때마다 권력투쟁이 발생했다. 앤디는 슈와 함께 그녀의 목표에 대해 이야기하였고, 그들은 협력적인 관계로 발전되었다. 그는 어떤 영역에서 그녀에게 통제권을 주는 방법을 배웠는데, 그것은 책임을 맡고 싶은 그녀의 욕구를 만족시켰고, 동시에 그의 일 부담도 줄어들었다. 스트레스는 감소되었고 생산성은 증가하였다.

모든 인간은 사회적이고 타인과의 관계에 영향을 받는다. 직원을 동기화시키고 싶은 경영자는 그들 행동의 사회적 의미를 이해할 필요가 있다. 예를 들어, 보복적 행동 혹은 무관심의 의미는 무엇인가? 저항의 일부는 인정 혹은 지위의 갈망으로부터 나온다.

우리 모두는 소속의 욕구나 갈망을 가지고 있다. 소속감은 개인의 의미 추구에 중요한 요소다. 사람은 집단의 중요한 부분으로 받아들여진다고 느낄 때 더욱 잘 수행하거나 자기실현을 위해 힘쓴다.

조직이 재정적인 보상과 인정을 함께 제공하는 것은 중요하다. 리더들은 어떻게 각 개인이 인정받고 수용되기를 원하는지 이해할 필요가 있다. 직원들이 작업 팀의 일부로서 인정받을 때, 그들은 팀과 조직의 목표를 위하여 더욱 조화롭게 일할 것이다. 만약 그들이 반항적이고 심술궂게 행동함으로써 관심을 받을 수밖에 없다면 그때 그들은 경청하고 지지하는 관객에게 연극을 할 것이다.

격려는 항상 개인이 어떻게 대상세계를 지각하는지를 이해함으로써 개별화된다. 행동은 항상 개인이 사건을 지각하고 해석하는 것에 영향을 받는다. 개인의 지각은 타인과의 상호작용에 근거한다.

격려훈련의 목표

격려훈련의 목표는 다음 사항을 발달시키는 것이다.

1. 긍정적인 자기존중감, 긍정적인 자기인식, 긍정적인 자기이미

지 그리고 자기의 신념
2. 어떤 것을 이루고 성취하는 데 무엇이 필요한지를 아는 자기동기화된 사람
3. 긍정적인 자기기대를 가지고 성공하기를 기대하고 그것이 이루어지지 않을 때 대안을 찾아가는 사람
4. 조직, 리더들, 직원들의 목표들을 이해하고, 이러한 목표들을 조정할 수 있는 목표지향적인 개인
5. 자기 자신의 장점을 인정하고 규명할 수 있으며 그것을 공동선을 위해 그리고 개인과 조직의 성장을 위해 이용할 수 있는 능력
6. 감정과 의도뿐만 아니라 내용에 대해 경청하며 상대방이 자신이 이해받고 있다고 느낄 수 있도록 반응할 수 있는 공감적인 사람 ('부록 10. 격려훈련'을 참조하라.)

자기존중감 대 자아존중감

사람들이 과업에 자기의 모든 노력과 자원을 쏟아 부으려면 긍정적인 자기존중감(Self-esteem)이 필요하다. 자기존중감은 긍정적인 신념과 행동을 만들어 낸다. 반면에 자아존중감(Ego esteem)은 경쟁하고, 비교하고, 부적절감을 느끼는 것을 포함한다. 자아존중감은 자기존중감과 때로는 혼동되기도 하지만, 두 개념은 아주 다르다.

자기존중감을 갖고 있는 사람은 자기가치, 자기존경, 자신감이 있다. 그들은 실패, 진전 없음, 실수를 황폐화된 경험이라고 보기보다

자기존중감	자아존중감
용기 있고, 위험을 무릅쓸 수 있다.	남의 이목을 끌지 못하는 것에 대한 두려움에 의해 동기화된다.
내적 통제에 의해 동기화된다. 자기에 대해 긍정적으로 느끼고 타인의 생각에 대해 관심을 갖는다.	외부적 통제에 의해 동기화된다 ("나는 중요한 사람이다.").
존중받고 있다고 느낀다("난 괜찮아.").	인정받지 못한다고 느낀다("아무도 배려하지 않는다.").
강한 목적감을 가지고 있다.	과업에서 의미나 목적을 발견하지 못하며, 습관적으로 말한다.
창조적이고 자발적이다.	경직되어 있고 강박적이다.
누구도 비난하지 않지만 모두가 장애물과 문제해결에 책임이 있다는 것을 인정한다.	다른 사람을 비난한다.

는 교정적 피드백으로 본다. 그들은 자신을 귀중하게 여기며 존중한다. 이러한 특성은 그들이 2차적인 문제들에 정신을 빼앗기지 않기 때문에 그들의 업무에 모든 에너지를 쓸 수 있도록 해 준다.

자기결정적인 사람들은 그들이 선택권을 갖고 있음을 알며, 그들은 스스로 선택하고 책임을 진다. 그들은 자신들의 버튼을 누른다(삶을 선택한다.). 삶은 우연한 사고가 아니며 그들은 삶의 희생자가 아니다.

목표지향적인 사람들은 삶에서 완전한 의미와 목적을 발견한다. 그들은 목표를 설정하고 신중하게 목표를 향해 나아간다. 자기동기화된 사람들은 그들이 확립한 목표의 방향으로 나아간다. 그들은 성공하는 경향이 있다. 그들은 우연히 장애물과 방해물을 만날 수 있지만 영구히 그들의 목표를 방해하는 것은 없다고 생각한다. 문제에 직면해서는 해결책에 초점을 맞추고 어떤 상황에서건 긍정적인 가능성을 본다.

긍정적인 자기이미지는 행동이 신념과 일치할 때 나타난다. 그것은 자기충족적 예언이 된다.

> "아무도 다른 사람을 변하도록 설득할 수 없다. 우리 각자는 오직 안에서만 열릴 수 있는 변화의 문을 지키고 있다. 우리는 논쟁이나 정서적 호소에 의해서도 다른 사람의 문을 열 수는 없다."
>
> 매릴린 퍼거슨 Marilyn Ferguson

격려하는 조직

격려하는 방식으로 기능하는 조직은 우연히 만들어지지 않는다. 그것은 인간행동과 동기를 이해하는 리더의 결과물이다. 이러한 리더는 의도적으로 격려하고 모든 수준에서 직원의 자기존중감을 형성시킨다.

격려하는 조직이 되기 위해서는 반드시 조직의 목표와 개인의 목표가 일치되어야 한다. 모든 사람이 계획, 의사결정 그리고 조직이 기능하는 방식에 참여해야 한다.

다음과 같은 상황에서는 격려의 과정을 통해 성장할 수 있는 기회가 많다.

① 조직이 채택한 평가와 인정의 방법이 격려에 근거할 때
② 동료들, 부하들, 상급자들과 접촉할 때 격려하는 행동을 보이는 것에 대한 리더 개개인의 일상적인 인식과 인정이 있을 때
③ 격려하는 것과 긍정과 가능성에 초점을 두는 것이 리더와 직원의 관계에서 규범이 될 때
④ 결점 찾기와 비난하기를 회피할 때
⑤ 성과 평가의 강조점이 과거에 일어났던 일에 대한 주된 비판 대신 미래의 업무나 행동의 진전에 관한 것일 때

리더는 훈련을 통해 다음과 같이 행동함으로써 일관되고 효과적인 격려자가 될 수 있다.

① 각 개인의 행동에 긍정적인 주안점을 찾고 잠재적으로 긍정적인 어떤 점을 언급하기
② 긍정적인 사고, 행위 혹은 의도를 지지하기
③ 그들이 격려한 내용을 날마다 기록하기

조직이 격려할 때, 생산성과 참여가 증진된다. 조직의 구성원들은 조직에 관여한 것으로부터 자기존중감과 가치감을 획득한다. 그들

은 조직을 자랑스러워하고 조직의 중요한 부분이 되는 것을 자랑스러워한다.

> "리더는 사람들이 높은 질적 관계―개개인 간의 관계, 일하는 집단과의 관계, 클라이언트들과 고객들과의 관계―를 발달시킬 수 있는 환경과 작업과정을 육성할 필요가 있다."
>
> 맥스 디프리 Max Depree

격려하는 조직은 또한 조직의 목표가 가진 가치에 대한 신념을 자극한다. 사람들은 집단 노력의 일부가 되고, 소속되고, 협동하기를 원하고, 조직의 목표와 제휴된 개인의 목표를 발달시키기를 원한다. 개인의 생산성은 개인의 목표와 조직의 목표가 제휴됨에 따라 증가한다. 직원들은 그렇게 하는 것이 상호 도움이 되기 때문에 조직의 목표를 위해서 일한다.

예를 들어, 메리는 지금 비서지만, 야망을 가지고 있고, 마케팅 부서의 책임자가 되고자 한다. 그의 매니저인 프랭크는 그녀의 열망을 알고 있기에 가능하면 언제나 그녀에게 마케팅 분야에서 일하는 경험을 갖도록 격려한다. 그는 그녀가 만족스럽고 인정받는다고 느낄 때, 더욱 생산적이라는 것을 알고 있다.

격려기술을 사용하기 위한 환경 만들기

　조직의 목표와 리더의 목표는 격려하는 분위기를 제공하기 위해서 개방적으로 그리고 일관되게 공유되어야 할 필요가 있다. 내적 통제, 강한 목적의식, 상호 의존성, 창조성 그리고 용기는 직원의 자기존중감이 증가함에 따라서 발달한다. 리더의 목표는 직원 각자의 자기존중감을 증가시키는 것이고, 그렇게 함으로써 경쟁심과 저항은 감소된다. 이것은 또한 협동, 참여, 헌신, 책임감, 생산성의 증가를 이끈다.

　책임감은 직원들이 책임감을 수용하도록 준비시킴으로써 그리고 나중에 그것을 그들에게 부여함으로써 가장 잘 발달된다. 직원들이 그들의 새로운 책임감을 떠맡기 시작함에 따라, 리더는 어떤 긍정적인 움직임, 노력 혹은 기여에 초점을 맞추고 각 개인의 잠재력과 자원을 인식할 필요가 있다. 리더는 직원들이 책임감을 갖도록 기대해야만 한다. 직원들이 신뢰받고 수용된다고 느끼게 됨에 따라 그들은 편안하게 부가된 책임감들을 떠맡게 된다.

　개인에 대한 존경을 전달하기는 최고경영진에서 시작된다. 최고경영진이 메모, 전화 그리고 개인적 접촉을 통해서 그에 합당한 칭찬을 제공함에 따라, 존경은 보통 상호적이 된다.

　대부분의 미국 회사들은 관리자들, 매니저들, 직원들 사이에 생기는 경쟁의 정글이다. 이러한 에너지의 소비는 경쟁과 승-패 정신에 근거한 경영철학에 의해 만들어진다. 협동은 서로 경쟁을 회피하는 개인들에 의해 구축되고 상호 존중을 형성한다.

격려하는 조직은 각 개인의 독창성과 차이의 가치를 인정한다. 리더는 협동과 생산성 둘 모두를 인정하고 보상하는 조직을 발달시킨다.

격려훈련: 능력 기반 프로그램

격려훈련은 기술발달 프로그램이다. 격려를 하는 데 필요한 기술은 주의 기울이기, 경청하기, 반응하기, 공감하기, 유사성 확인하기, 지각적인 대안 찾기 그리고 타인의 책임감 개발하기를 포함한다('부록 3. 격려의 특수언어'를 참조하라.).

주의 기울이기

격려 의사소통을 증진시키는 기본적인 기술은 주의 기울이기다. 주의를 기울이는 사람은 온전히 집중한다. 그는 신체적으로 이완되어 있고, 상체를 앞으로 숙이며, 눈을 맞춘다. 이는 그가 상대방에게 온전한 주의집중과 에너지를 줄 준비가 되어 있으며 토론하고 있는 내용을 잘 따라가고 있음을 나타낸다.

주의를 기울이는 것은 상대방이 편안하게 느끼도록 돕는 것이다. 그것은 상대방에게 수용적인 상태를 전달하고 상대방에게 열심히 집중하는 것이다. 그리고 상대방의 관심 사항을 알아채서 응답한다. 격려자는 자기의 관심 사항에 대해서만 토론하려고 하거나 주제를 바꾸거나 하는 식의 반응은 하지 않는다.

주의 기울이기는 관여와 관심을 전달하는 신체언어를 포함한다. 하품하기, 눈살 찌푸리기, 팔짱끼기, 시계 바라보기, 전화받기나 다른 데 정신이 팔려 있거나 무관심을 보이는 모습은 모두 경청하지 않음과 무관심을 전달한다.

주의 기울이기는 다른 사람의 신체언어를 알아채는 것을 의미한다. 우리의 의사소통은 80% 이상이 비언어적이라고 추정할 수 있다. 어떤 사람이 어떻게 앉고, 서고, 몸짓을 하는지 주의집중하는 것은 격려자가 무언의 의미를 들을 수 있도록 돕는다.

빌이 막 중요한 전화를 끊은 뒤 자신의 스케줄을 재조정한다고 가정해 보자. 조가 그의 방문을 두드리며 말하길 "잠깐 뵈었으면 합니다." 빌의 전형적인 대답은 계약을 미루라는 것이었다. 대신에 그는 자리에서 일어나 조를 반기며 말한다. "내가 지금 5분에서 10분 정도밖에 시간이 없어요. 그렇지만 용건이 무언지 말해 보세요." 그는 몸을 기울이고, 눈을 마주치며 조의 언어적, 비언어적인 행동에 주의를 기울인다.

경청하기

경청의 첫 번째 단계는 말을 듣고 이해하려는 의도를 적극적이고 신중하게 전달하는 것이다. 격려하는 리더는 현재의 문제 안에 머문다. 방해, 주의산만 또는 주제를 바꾸려는 시도는 찾아볼 수 없다. 먼 곳을 쳐다본다거나 종이만 들여다보고 있는 것과 같이 상대방의 말을 듣고 있지 않음을 보여 주는 행동은 하지 않는다.

● ●

"리더십의 여러 기술 중에 경청은 가장 가치 있지만 가장 이해가 잘 이루어지지 않고 있는 것 중 하나다. 대부분의 업계 리더들은 단지 가끔씩만 경청을 하고, 그저 평범한 리더로 남는다. 그러나 극히 드물게 훌륭한 리더들은 경청하는 것을 멈추지 않는다. 그들은 일할 때나 놀 때나 먹을 때나 잘 때나 경청중독자이며, 항상 방심하지 않고 귀를 기울인다. 그들은 충고자, 고객, 내면의 소리, 적, 바람의 소리를 듣는다. 그것이 그들이 보이지 않는 문제와 기회를 파악하는 방법이다."

『포춘(Fortune)』

경청은 어떤 사람을 보다 더 잘 알 수 있도록 시간을 갖는 것이며 그가 가치 있게 여겨지고 인정받았다는 감정을 전달하는 것이다. 직원들의 주요한 불만은 그들이 인정받지 못하고 있다고 느끼는 것이다. 경청은 상대방이 안전함을 느끼고, 당신의 시간을 방해하지 않으며, 가치 있는 아이디어를 가지고 있음을 전달하는 것이다.

다음의 시나리오에서 레오는 그가 직면한 문제 때문에 경영자 마지를 만나러 찾아온다.

레오: "스케줄을 따라잡기가 힘듭니다. 그리고 저와 함께 일하도록 배정해 주신 신입사원들은 경험이 부족합니다."

1. 마지: (듣지 않고 있다.) "음, 그게 내가 그들을 당신과 일하게

한 이유예요. 세 명이서 반드시 모든 것을 끝내야 해요."
2. 마지: (듣고 있다.) "당신은 스케줄 때문에 낙심해 있군요. 그리고 함께 일하는 사람들이 당신의 업무 속도를 늦춘다고 느끼고 있네요."

● **연습**

아래의 상황에 경청하는 태도로 대답하라.

■ 언제쯤이면 주마다 스케줄이 바뀌지 않게끔 체계화되나요? 혼란을 겪는 데 이제 신물이 나요.

당신의 대답: _____
_____
_____
_____
_____

● ●

"주의 깊게 경청할 때, 나는 들리지 않은 것을 들을 수 있게 된다. 들리지 않는 것을 듣는 것은 훌륭한 리더가 되기 위해 필요한 훈련이다. 리더가 사람들의 마음, 전달되지 않은 감정, 표현되지 않은 고통, 말하지 않은 불만을 친밀하게 듣는 방법을 배웠을 때만이 직원들에게 자신감을 심어 줄 수 있고, 무언가 잘못됐을 때 그것을 이해할 수 있으며, 그들의 진정한 요구를 충족시킬 수 있게 된다. 리더가 피상적인 말들에만 귀 기울이고, 직원들의 진정한 의견, 느낌, 욕망에 대하여 들을 수 있도록 그들의 영혼을 꿰뚫지 못했을 때 그의 지위가 갖는 위엄은 소멸된다."

킴과 모보르뉴[C. W. Kim & Renee A. Mauborgne]의
『하바드 비지니스 리뷰(Harvard Business Review)』

반응하기

격려하는 사람들은 적극적으로 경청함으로써 반응한다. 즉, 그들은 말하는 사람의 사고를 자기 자신의 언어로 받아들인다. 그들은 전체 메시지를 경청하고 그들이 이해하고 있다는 것을 나타내 보인다. 격려하는 사람은 표현되는 모든 것에 열려 있다.

폐쇄적 반응은 구체적인 정보를 요청하고 구체적인 반응을 기대하는 질문과 같다("이것이 언제 도착했어요?" "얼마입니까?" "당신은 무엇을 할 것입니까?"). 개방형 반응은 상대방의 발화를 정확히 재진술한다("당신은 늦은 것에 대해 염려하고 있군요." "당신은 예산이 초과될까 걱정하고 있군요" "처리해야 할 문제를 가지고 있다는 것을 알겠어요."). 이는 말하는 사람이 자기의 감정, 신념, 태도 그리고 가치를 더 깊게 표현하도록 해 준다. 이해되었다는 것은 인정받았다는 느낌을 전달한다.

경청자의 반응은 가끔 말하는 사람이 다음에 하게 될 말에 영향을 미친다. 만약 당신이 신념에 대해서만 반응한다면 나중에 상대방은 신념을 논의하게 될 것이다. 만약 당신이 감정에 반응한다면, 상대방은 감정을 논의할 가능성이 높다.

대화가 진전됨에 따라서 개방된 반응은 화자가 가장 생산적인 방향으로 대화를 이끌고 나아가게 한다. 당신이 신념, 감정, 지각 그리고 목표에 대해 듣게 되면, 당신은 그것들 중 무엇에 반응할 것인지를 선택할 수 있다. 만약 당신이 상대방에게서 감정을 가장 중요한 의미로 선택한다면 그 결과는 의사소통을 만족시킬 것이다.

"회사와 고객 사이에 결핍된 연결고리가 있다면 그것은 인간적인 접촉이다."

웨스틀랜드[C. Westland]

개인적 반응은 언어 뒤에 숨어 있는 주제와 감정 그리고 비언어적 메시지를 경청하는 것을 배우게 되면서 증진된다. 그 결과는 상호적으로 만족시키는 양방향 대화를 낳는다.

반응을 할 때, 다음과 같은 반응 스타일을 피하는 것이 중요하다.

1. 총사령관: 통제, 지시, 명령
2. 도덕군자: '당위성'에 초점을 맞추고 설교한다.
3. 판사: 판단적이고 옳은 것에 관심이 있다.
4. 비평가: 타인을 이기고 자신이 옳다는 것을 증명하는 데 조롱과 풍자를 사용한다.
5. 위로자: 실제로 관여하지 않고 단순히 안심만 시킨다.
6. 회피자: 실제적인 문제에 반응하는 데 실패한다.

당신이 격려적으로 반응할 때, 당신은

1. 상대방이 경험하고 있는 것을 그에게 되 비추어 주는 거울이 된다.
2. 이야기를 중간에 중단시키지 않는다.
3. 현재의 주제에 머무를 수 있다.
4. 침묵은 진전을 자극하기 때문에 침묵을 허용한다. 깊고 조용하게 주의를 집중함으로써 당신은 상대방이 말하고 있는 것이 대단히 중요하다는 것을 보여 준다.
5. 메시지가 당신에게 어떤 영향을 주는가보다는 그것이 화자에게 어떤 의미가 있는지에 초점을 맞추게 한다.
6. 이기려고 애쓰기, 한 수 위의 사람이 되려 하기, 논쟁하기에 몰두하지 않는다.
7. 방해하는 대신에 전체 메시지를 경청한다.
8. 화자가 보는 방식대로 주요한 문제를 언어화한다.

● 연습

다음 이틀 동안 당신이 직면하게 될 세 가지 대화상황에서, 당신의 답변이 어떻게 과정과 관계에 영향을 미치는지 알아보라.

● 직장 의사소통의 고려사항

직장 의사소통의 언어적 모델

페르난도 플로레스[2, 3]는 사람들이 긍정적 결과를 만들어 내기 위해서 사용하는 다음과 같은 네 가지 기본적인 의사소통의 행위 혹은 '언어행위(speech acts)'를 지지하기 위해서 영국의 언어학자인 오스틴과 설(Austin & Searle)의 연구를 채택하였다.

1. 우리는 다른 사람들이 일을 하도록 요청한다.
   "정오까지 이 보고서를 제출하세요."
   "이 프로젝트를 해결하도록 우리를 도와주십시오."
2. 우리는 다른 사람들에게 일을 하겠다고 약속하거나 그것을 하기를 거부한다.
   "나는 당신을 금요일 오전 11시에 만나겠습니다."
   "나는 이번 주에 다시는 초과근무를 하지 않겠습니다."
   평소에는 요청과 약속이 다음과 같은 조건부 제안 안에서 화합 또는 타협을 이룬다.
   "나에게 이틀의 여유를 주세요. 그러면 나는 당신에게 제안서를 제출하겠어요."
   "더 높은 가격을 제시할 수 없다면, 우리는 다른 곳에서 우리의 일을 찾아야 할 겁니다."
3. 우리는 어떤 일들이 사실인지 거짓인지를 주장한다.
   "우리가 의사결정을 하는 데 다섯 가지 결정적인 요인들이 있습니다."
   "당신의 좌천에 대한 소문은 전적으로 사실이 아닙니다."
4. 리더는 일이 자신과 타인에게 타당한지 그렇지 않은지를 선언하기 위해서 그들의 신뢰성을 이용한다.

"나는 프로젝트 지도감독자가 될 것입니다."

"그 계획은 지금 당장 우리에게 긴급한 일이 아닙니다."

네 가지 주요한 의사소통 질문은 기본적인 '요청하기' '약속하기' '주장하기' '선언하기' 모델에서 나온다.

1. 우리 중의 한 사람이 다른 사람에게 요구 혹은 요청을 하였는가?
2. 우리 중의 한 사람이 어떤 것을 약속(혹은 거절)하였는가?
3. 우리 중 누군가가 사실인지 거짓인지를 주장한 것이 무엇인가?
4. 우리 중 누군가가 어떤 것을 선언하거나 정의하였는가(우리가 우리의 일에 관한 새로운 방향, 정의, 태도, 일의 양상에 대해 함께 약속하였는가?)?

다문화적 의사소통의 고려사항

다른 문화의 사람들과의 의사소통은 해석하는 데 의외의 시간이 걸리는 특별한 관심이 필요하다. 최대한 문화적으로 다양한 이해를 가능하게 하는 열 가지 기본적인 충고가 있다.

1. 서두르지 말고 천천히 그리고 뚜렷하게 말하라.
2. 기본적인 어휘를 사용하고, 말을 간단하게 하라.

    "당신이 시간이 나는 대로 최대한 빨리 당신과 대화할 필요가 있어요."라고 말하는 대신에 "오늘 아침 당신과 대화하고 싶습니다."라고 말하라.
3. 적극적으로 경청하라. 당신이 정확하게 듣고 있는지 알기 위해 주

기적으로 점검하고 당신이 듣고 있는 것을 또한 바꾸어 말하라.

4. 반복하라. 바꾸어 말하라. 그리고 메시지를 예를 들어 설명하라. 모국어가 다른 사람에게는 여러 가지 다른 방법으로 메시지를 전달하라.

5. 속어, 은어 그리고 구어적 표현을 피하라.

 "당신은 어디에서 왔나요?"(Where are you coming from?)에 대한 대답은 어떤 사람의 고향을 의미할 수도 있고, 이전 출발지일 수도 있다. 한 번은 우체국 직원이 최근 이민자에게 "How's it going?"(어떻게 지내십니까?)이라고 물었는데, "Airmail."(비행우편으로 보내 주세요)라고 대답하였다.

6. 두문자어를 삼가서 사용하라. 군대 특히 두문자(약어)들을 좋아한다. 그리고 그것들은 생략어와는 다르다. 예를 들어, ESL은 공군에서 사회적 행위 단위를 나타낸다. NATO, IRS, GMAC, OPEC 그리고 NAFTA는 구를 간단하게 하는 데 편리한 방법이지만 대다수 사람은 그러한 축약어의 의미를 알지 못한다.

7. 유머를 익혀 두어라. 유머는 대개 복잡한 언어적 뉘앙스에 의존하며 인종적 혹은 민족적 집단을 얕잡아 보는 경우가 흔히 있다. 대중 앞에서 농담을 사용하기 전에 될 수 있으면 항상 그 농담을 당신이 아는 사람이나 청중이 속한 문화적 배경의 누군가에게 먼저 들려주도록 하라.

8. 반응이 지체될 것을 예상하라. 단지 한 언어를 다른 언어로 번역하고 부호화하는 데 시간이 좀 더 걸린다.

9. 항상 적합할 것이라고 생각하지 마라. 당신의 사적 논리나 문화적

경험은 당신에게만 유일한 것이다. 그러나 다른 문화로부터 온 어떤 사람이 반드시 그것을 이해하는 것은 아니다. 그것은 특히 은유에 있어서 더욱 그렇다. 예를 들어, 시몬스, 바스케스 그리고 해리스(Simons, Vazquez, & Harris)는 "미국 사업가들은 사냥꾼과 같다. 그들은 탐험을 지속하다가 총알 몇 발을 발사하고 사냥 기념물을 가지고 집에 온다. 그에 반해 일본 사람들은 수렵을 농사짓는 것과 같이 한다. 우리는 조심스럽게 씨를 뿌리고 물을 주고 그 땅에서 많은 수확물을 기대한다."라고 말한 일본 협상가의 말을 인용한다.

10. 시각적 보조자료나 유인물을 이용하라. 영어가 모국어가 아닌 사람들에게 영어로 전달하는 프레젠테이션을 듣고 동시에 번역한다거나 메모하는 것이 좌절감을 줄 수 있다는 사실을 기억하라. 가능하면 유인물을 준비하고 단순한 그림이나 도표를 이용하여 주요 개념을 설명하라.[4]

일터에서 다양성에 가치를 두는 것은 많은 직무 워크숍과 세미나의 빈번한 주제다. 다양성에 가치를 두는 다섯 가지 특별한 방법이 『리더십과 고객혁명(Leadership and the Customer Revolution)』에서 제시되었다.

1. 계속해서 현재 관행에 의문을 제기하는 사람에게 보상을 하라. 대부분의 조직은 작업 방식을 재정의하기 위해서 더 많은 질문, 더 많은 실험, 더 많은 혁신적 시도가 필요하다.

2. 이상한 것을 장려하라. 다름이 경력증진이라고 여겨지기 전까지, 조직은 결코 다양한 직원들에게서 오는 이득을 충분히 얻지 못할 것이다.
3. 경쟁자의 관점에서 사업을 분석하라. 고객들에게 더 바람직한 가치를 더해 줄 수 있는 독특한 방법을 제안함으로써 그들의 조직을 '파산' 하게 할 수 있는 계획을 한 그룹에게 고안해 보게 한다.
4. 실험을 보상하라: 5할 대 타자를 사랑하라. 실패할 수 있는 능력이 없다면, 더 적게 의문을 갖고, 더 적게 실험하고, 더 적게 학습하므로 변혁적인 향상이 없다.
5. 교육적 노력을 배가하라! 불일치를 보장하라! 조직의 사람들과는 매우 다른 견해를 가지고 있고 다른 교육자들과는 다른 관점을 제공하는 교육자들을 선택하는 것이 유익하다.[5]

공감하기

공감은 내용에 단순히 반응하기보다는 표현된 감정에 반응하는 것이다. 그것은 청자가 화자의 감정과 신념을 듣고 있고 그것들을 인식하고 기꺼이 수용한다는 것을 화자에게 전달하는 것이다. 그것은 화자가 말한 것을 온전히 듣고 이해하고 반영하는 것이다.

공감적 반응은 상대방의 자기표현과 자기이해를 촉진하는 방식으로 그의 감정과 의미를 표현한다. 그것은 감정을 간과하지 않고 그것에 대해 논한다. 공감적 반응의 예는 "당신은 화가 났군요." "그것은 공정해 보이지 않는군요." "당신은 이 달에 당신의 작업팀의 노력을 자랑스러워하는군요." "당신은 회계 보고가 사실과 다르다고 의심하는군요." 등이다.

공감을 경험한 후에 화자는 부가적인 감정과 관심을 더 표현할 가능성이 있다. 공감은 두 사람 사이에 혹은 리더와 집단 사이에 진행되는 의사소통의 과정에 동기를 제공한다.

● 연습

다음의 대화 상황에 공감적으로 대답해 보라.

"나는 다른 사람들이 자신의 일을 다하지 않아서 내가 그 업무를 추가로 떠맡아야 하는 것이 정말 지긋지긋해요."

당신의 대답: _____
_____
_____

"나는 여기서 2년 동안이나 일했지만 당신은 날 한 번도 인정해 주지 않고 존중해 주지도 않는군요."

당신의 대답: _____
_____
_____

리더는 그의 직원들이 가치를 두는 것을 이해할 필요가 있다. 알프레드 아들러는 다른 사람의 기본적인 생활양식을 이해하는 것이 공감적 행동의 최상의 방법이라고 믿는다. 잘 알려진 미국 인디언 속담에 '만약 당신이 나의 세계를 알기를 원하면 나의 신(moccasins: 미국 인디언의 신발)을 신고 1마일을 걸어라.' 라는 말이 있다.

격려하는 말은 관계와 의미에 대한 한 개인의 욕구를 설명한다. 공감적 반응은 상대방의 사적 세계에 대한 이해와 인정을 전달한다. 상대방이 자기의 이야기를 들어주고 이해했다는 느낌은 종종 사람이 필요로 하는 모든 것이다.

> "당신의 직원들이 당신의 최고 고객에게 대우하기를 원하는 것과
> 똑같이 항상 당신의 직원들을 대우하라."
>
> 스티븐 코비|Stephen R. Covey

유사성 확인하기

공동의 목표, 관심 그리고 주제 확인하기는 리더와 직원 간의 간격을 메우고 그들이 동등하다는 감정을 갖도록 도울 수 있다. 유사성 확인하기는 공동의 감정, 신념, 지각과 태도를 발견하는 것이다.

● **연습**
당신의 직원들의 명단을 작성하라. 당신과 그들의 공통점에 대해

적어 보라(예를 들어, "우리 모두는 사람들에 관심을 갖는다." 또는 "우리 모두 최선을 다한다.").

지각적 대안 찾기

격려하는 리더는 어떤 사람에게서나 상황에서 긍정적인 잠재력을 볼 수 있다. 예를 들어, 부진한 시장경기에 직면할 때, 격려하는 리더는 새로운 마케팅과 광고 전략을 시험하고 집중적인 사내 훈련을 수행한다. 또한 저항하는 직원을 다룰 때, 격려하는 리더는 긍정적인 특성을 찾는다. 예를 들어, 고집 센 직원의 경우 매우 단호하다고 이해한다. 격려하는 리더는 지도감독에 저항하는 직원을 비난하는 대신에 그의 목표가 직무와 조직의 목표와 어떻게 일치될 수 있는지 찾기 위한 직원의 결정에 초점을 맞춘다.

문제는 창조적 사고를 확장하기 위한 도전과 기회다. 지각적 대안은 상황에 의미를 부여하고 바라보는 방식이다. 지각적 대안을 사용하는 것은 창조적이 된다는 것을 의미한다. 만약 구매 담당이 너무 비싼 가격으로 너무 많은 재료를 구입하였음을 알았다면, 격려하는 매니저는 "이번 구매에 대해 어떤 조치를 취할 수 있나요?" 혹은 "우리는 이번 일로부터 무엇을 배웠습니까?" 혹은 "다음에 이 공급자와 어떻게 거래를 할 계획입니까?"와 같이 말할 수 있다.

이러한 것은 실수에 대한 대안적인, 건설적인 접근이다. 또한 매니저가 그러한 상황을 다루는 방식은 직원을 눈물 흘리게 할 수도 있고 다음에 더 잘할 수 있도록 그의 자존감을 형성시킬 수도 있다.

문제를 도전이나 기회로 보는 것은 직원을 동기화시킬 수 있고 생산성을 증가시킬 수 있다.

타인의 책임감과 생산성 개발하기

직원들의 책임감과 생산성을 개발하기 위해서 그들의 자원, 장점 그리고 잠재력을 인식하라. 직원들에게 그들이 해낼 수 있고 자신감을 쌓을 수 있는 과제들을 주어라. 당신이 지금 말하고 있는 사람들과 당신의 공통점을 확인할 수 있다면, 당신은 그들과 더 가깝게 느끼기 시작할 것이다. 당신은 그들의 차이점에 꼬리표를 붙이는 것이 편안하지 않다. 대신 당신은 이해, 소속감 그리고 수용을 전달하는 관계에 있다. 당신의 목표는 직원들이 그들의 장점을 사용하고 잠재력을 계발함으로써 성장하도록 허용하는 한편, 그들이 기여하고 있다고 느끼도록 돕는 것이다.

격려하는 리더는 노력과 기여에 초점을 맞춘다. 그들은 에너지와 열정을 알고 있다. 100% 최선을 다해 노력하였지만 생산성이 떨어진 직원에게 "당신은 최선을 다해 그 일을 하였고, 나는 그 점을 인정합니다."라는 말을 해 주었다면 그는 인정받았다고 느낀다. 책임감은 일정한 검열과 감시의 눈('snoopervision')으로부터 나오지 않는다. 그것은 신뢰와 긍정적인 기대로부터 나온다. 책임 있는 행동이 기대될 때, 그것이 성취된다.

● 연습

당신의 리더십 기술 발전에 있어서의 최고의 상사 또는 스승(멘토)을 생각해 보라. 당신의 상사나 스승이 당신의 책임감과 생산성을 높이기 위해 했던 일들의 목록을 만들라.

당신 동료들의 책임감과 생산성을 높이기 위해 당신이 규칙적으로 했던 일은 무엇인가?

격려 리더십과 HEART

『가슴으로 경영하기(Managing from the Heart)』에서, 브레이시 등(Bracey et al.)은 현대의 직원들에게 요구되는 리더십 기술을 강조하기 위해서 HEART라는 두문자어를 사용하고 있다.

- 저의 이야기를 듣고 이해해 주십시오(Hear and understand me). 우리가 적극적으로 경청할 때 주요 초점은 내용, 정보, 아이디어다. 그러나 태도, 의도, 감정들 역시 적극적인 경청의 중요한 부분이다.

- 저의 의견을 받아들이지 않더라도 저에 대해 오해하지 마십시오(Even if you disagree, please don't make me wrong). 당신은 반응을 보일 수는 있지만 말할 때는 당신과 당신이 그 상황을

보는 견해에 대해 말하라. '나' 라는 말로 문장을 시작하고 당신의 마음상태, 감정 또는 바람에 대해 말하는 것으로 말을 끝마쳐라. 듣는 이는 당신의 말을 받아들일 수도 있고 그렇지 않을 수도 있다.

- 제 안에 있는 숨겨진 장점을 인정해 주십시오(Acknowledge the greatness within me). 모든 사람들은 성장, 존경, 감사 그리고 격려에 대한 잠재력을 가지고 있다. 사람들은 특히 그렇다 할 만한 증거가 없을 때, 자신들의 잠재적인 위대함을 알아주는 사람에게 긍정적으로 반응하는 경향이 있다.

- 저의 애정 어린 의도에 주목할 것을 꼭 기억해 주십시오(Remember to look for my loving intentions). 이것은 단지 다른 사람의 말을 듣는 것 이상을 포함한다. 그것은 누군가가 하는 말의 뒤에 감추어진 의도를 파악하는 것이다. 애정이 담긴 의도를 찾지 않는 것은 비뚤어진 동기를 찾는 교묘한 방법이다. 이것은 사실상 당신이 어디에서나 애정이 담긴 뜻을 찾을 수 있다는 것이라기보다는 그것을 찾고자 하는 노력을 의미한다.

- 따뜻한 마음으로 저에게 진실을 말해 주십시오(Tell me the truth with compassion). 건설적인 직면은 필요할 때 직원과의 직면을 회피하는 것이 아니라 단호함과 보살핌의 기술을 더하는 것을 것을 의미한다. 효과적인 직면의 첫 번째 단계는 제3자

에게 말하는 것이 아니라 그 상황에 연루된 사람에게 직접적으로 말하는 것이다. 그의 편에서 이야기를 들어 본 다음에 특정한 행동이 실제로 바뀌었는지 관찰하라.

격려 리더십은 보살핌과 열정, 즉 마음(heart)에 대한 보편적인 신호로서 상징화된다. 경영은 이성적인 두뇌나 원한과 앙심에 의한 분노에서 나오는 경우가 많다. 리더는 브레이시 등이 '머리 도구(head tool)'로 정의 내린 통계적인 분석, 시장 예측 그리고 경제지표를 사용할 수 있다. 권력, 괴롭히기, 조롱하기 그리고 비웃기는 '원한의 도구(Spleen tool)'다. 마음에서 우러나온 접근이야말로 효율적으로 격려하는 리더가 되는 데 필수적이다.[6]

월 마트 이야기

월 마트(Wal-Mart)의 설립은 격려 리더십의 실례다. 월 마트는 1962년에 몇 개의 벤 프랭클린 상점을 가지고 있던 샘 월턴(Sam Walton)에 의해 설립되었다. 1960년부터 1990년까지 해마다 종합성장률 25%의 이례적인 성장과 1977년부터 1987년까지 투자자들의 평균 연수익률로 45%를 거둬들인 덕분으로, 1989년에 『디스카운트 스토어뉴스(Discount Store News)』가 선정한 10년 동안 최고의 소매상(Retailer of Decade)으로 뽑혔다. 또한 1992년에 월턴은 국립경영자 명예의 전당(National Business Hall of Fame)에 올랐다.

월 마트의 주요 성공 요인 중에 하나는 시초부터 월턴이 직원들을 자신의 동료라고 부르며 그들의 중요성을 인식했던 것이다. 월턴은 동료들과 일할 때 다음의 세 가지 근본적인 원칙을 준수했다.

1. 직원들을 파트너로 대하라. 그들과 함께 좋은 소식과 나쁜 소식을 공유하여 최고가 되게 노력하도록 하라. 직원들이 성과에 대한 보상을 공유하도록 하라.
2. 앞길을 막는 것에 항상 도전하도록 직원들을 격려하라. 성공에 이르는 길은 실패를 포함하는데, 이 실패는 개인 또는 회사의 흠이나 결점이라기보다는 배우는 과정의 일부다.
3. 전체의 의사결정 과정에 모든 직위의 동료들을 포함시켜라.

분주한 휴가시즌이 다가오자 월턴은 사내 위성방송에 출연해 월마트의 모든 동료들에게 모습을 비췄다. 그는 트레이드마크인 야구모자를 쓰고 동료들에게 다음과 같은 신중한 제안을 했다. "고객들을 대할 때마다 그들과 눈을 맞추고 인사하세요. 그리고 도움이 필요한지 물으세요." 몇몇 동료들이 수줍음을 탄다는 것을 안 월턴은 "나는 확신하건대, 그것이 당신이 리더가 되는 것을 도울 거예요. 그것이 당신의 성격 발달을 도와 당신은 좀 더 외향적인 사람이 될 것이고, 언젠가는 스토어의 지배인 또는 이 회사에서 되고 싶어 하는 어떤 것이라도 될 수 있을 거예요. 그것은 당신에게 놀라운 성공을 가져다줄 거예요."라고 말하며 그들을 격려했다.

월턴은 그리고 나서 동료들에게 '우리가 하는 약속은 우리가 지켜야 할 약속이다.' 라는 것을 명심하게 하기 위해서 오른손을 들게 한 뒤 맹세를 하게 했다. 그 맹세는 "오늘부터 나는 나에게 10피트 정도 가까이 온 고객에게 미소를 지으며 눈을 마주치고 인사한 뒤 도움이 필요한지를 물을 것을 엄숙하게 약속하고 선언합니다."였다.

정신과의사 드레이커스(Rudolf Dreikurs)는 다음의 충고로 유명하다. "불완전해질 수 있는 용기를 가져라." 실수를 최대한으로 활용했던 사례는 1985년 월 마트에서 앨라배마 주 온온타의 부지배인 존 라베(John Lave)가 실수로 평소 주문량의 네 배의 문파이(Moon Pies; 채터누가 베이커리에서 만든 마시멜로 쿠키)를 주문했을 때의 일이다. 비록 대부분의 회사는 그러한 중대한 실수로 그를 해고했겠지만, 그의 상사는 그것들을 팔 방법을 찾는 데 상상력을 발휘하라고 그를 격려했다. 그 결과 문파이 먹기 대회가 월 마트 주차장에서 열렸다. 그 이벤트는 성공적이었고 지금은 해마다 열리는 행사가 되었다.[7]

> "경영의 의미는 궁극적으로 힘과 세력에 대한 생각, 풍속과 미신에 대한 지식, 지배를 위한 협력에 대한 생각을 대체하는 것이다. 그것은 지위에의 복종에 대한 의무, 지위의 권력을 위한 성과의 영향력을 대체하는 것을 의미한다."
>
> 피터 드러커 Peter Druker

셈코 이야기

리처드 셈러(Richard Semler)는 셈코(Semco)의 급진적이고 광범위한 성공 이야기에 대해 쓴 『매버릭(Maverick)』이라는 고무적인 책의 저자다. 셈코는 그가 그의 아버지로부터 물려받은 브라질 회사다. 셈코의 경영 시스템은 직원들에게 재택근무, 회사의 재정에 대한 연구와 토론, 구내식당의 인수, 회사의 자산으로 직원들의 사업을 시작하기, 셈코 제품의 새로운 설계를 허용한다. 그 인습적이지 않은 접근의 경이적인 결과는 10년이 넘는 브라질의 총체적인 경제 불황 속에서 셈코가 600%가 넘는 성장을 획득한 것이다.

셈코에는 400개가 넘는 세계적인 회사대표들이 방문해 왔다. 그 회사의 마지막 취업공고에 불필요한 2,000개의 이력서 외에 1,400명이 지원했다. 최근 조사에 따르면 브라질의 대학생들 중 20%가 졸업 후 셈코에서 일하기를 희망한다고 응답했다. 1993년에는 CEO 리카르도 셈러가 5만 2,000명의 보수당원들이 선정한 올해의 사업가(Business Leader of the Year)에 선정되었고, 마르크스주의 연합 리더들에 의해 '이 나라에서 유일하게 믿을 만한 사업가'로 추앙되었다.

물론 그의 접근이 대부분의 사업가들에게는 급진적으로 비춰지지만, 그의 엄청난 성공은 직원들을 격려하는 그의 철학과 직접적으로 관련되어 있다. 셈러[8]는 다음과 같이 말했다.

"거의 모든 사업가들은 직원들이 회사 일을 열심히 하고 회사에서 가장 훌륭한 자산이라고 생각한다.

거의 모든 직원들은 그들이 너무 낮은 관심과 존중을 받는다고 생각한다. 그리고 그들이 정말 생각하는 바를 말하지 못한다.

슬픈 현실은 현대 회사의 직원들이 만족감을 느낄 일이 거의 없고, 성취감은 더욱 그러하다. 회사는 직원들의 말을 들어줄 시간이 없고, 그들의 향상을 위해 훈련을 시킬 자원이 부족하거나 그럴 마음이 별로 없다. 이러한 회사들은 종종 적절치 않다고 여겨지는 봉급을 주고는 계속적인 요구를 한다. 더욱이 직원들이 나이가 들기 시작하거나 일시적으로 성과가 하락했을 때 무자비하게 해고하고 그들이 원하는 것보다 빠르게 정년퇴임을 시켜 좀 더 회사에 공헌했어야 했다는 생각을 한 채 떠나게 하는 경향이 있다.

사람을 생산도구로 사용하던 시대는 끝났다. 마치 민주주의가 독재정권보다 훨씬 더 귀찮은 일이 많은 것처럼, 참여란 전통적인 조직의 일방주의보다는 훨씬 더 실행하기가 복잡하다. 그러나 이 두 가지를 모두 무시하고 살아남을 수 있는 회사는 많지 않을 것이다."

셈러는 또한 현대 회사의 주요 조직적 원리인 피라미드에 대한 관찰을 통해 창조적인 은유를 사용하여 사업을 '교통 정체'라고 표현했다. 회사는 8차선 고속도로(피라미드의 바닥 부분)같이 시작하여, 6차선으로 줄어들고, 다음에는 4차, 그다음에는 2차로로 줄어든 다음에 시골길이 되고, 비포장 도로에 이른다. 수천 명의 운전자들은 고속도로에서 출발하지만 길이 좁아짐에 따라 좀 더 많은 운전자들이 속도를 늦추거나 멈추도록 강요받는다. 추돌사고와 죽음이 발생한다. 일부 운전자들은 포기하고 다른 목적지를 향해 샛길을 택한다. 가장 공격적인 사람들은 계속 앞을 향해 가고, 길을 벗어나고, 속력을 내고 자동차의 펜더를 구부린다. 기억하라. 거울 속의 물체는 거울 속에서 보는 것보다 가깝다는 것을.

요 점

❶ 성공한 리더가 되기 위한 가장 중요한 요소는 모든 직원들을 리더라고 인식하는 것이다.
❷ 정책, 과정, 태도는 리더십 스타일을 구성한다.
❸ 직원들은 말보다는 행동을 신뢰한다.
❹ 직원에게 동기부여시키기 위한 계획을 세우기 위해서는 그들의 목표에 대해 아는 것이 필수적이다.
❺ 조직은 그 일원들이 자신의 중요성을 찾는 것을 충족시킬 수 있도록 도와야 한다.
❻ 낮은 자존감은 사람들을 경쟁, 비교하게 만들고 자신이 부적절하다고 느끼게 한다.
❼ 중요한 목표는 스스로 동기부여된 직원들을 발전시키는 것이다.
❽ 성공적인 조직은 조직의 목표와 조직원들 개개인의 목표들 간의 제휴를 장려한다.
❾ 격려기술은 주의 기울이기, 경청하기, 반응하기, 공감하기, 유사성 확인하기, 지각적 대안 찾기 그리고 타인의 책임감과 생산성 개발하기를 포함한다.

격려 리더십의 적용

　조직 내에서 격려훈련은 격려 리더십의 모델링을 통한, 일상적이고 꾸준한 과정이다. 체계적인 훈련 기간 역시 필수적이다.

❶ 당신의 동료들은 당신에 대해 어떻게 인식하나? 당신의 정책과 의사결정은 어떻게 그들에게 당신의 신념에 대해 가르치나?
❷ 당신의 조직은 어떻게 격려의 과정에 대해 명확히 전달하나?
❸ 당신은 당신의 조직에서 어떻게 격려훈련 프로그램을 확립할 것인가?

격려기술

❶ 자신에 대한 목록을 작성하여 자신의 모든 장점과 재능에 대해 규명하라. 당신의 능력은 타인과의 비교에 의한 것이 아님을 기억하라. 그것은 당신 내부에서 훌륭하다고 느끼는 것이다.
❷ 어떠한 실패에 대해서도 두려움을 갖지 마라. 왜냐하면 그것은 당신에 대해 가치평가하는 것을 막기 때문이다. 그 대신에 가능성과 기회를 보라. 당신의 자신감과 교감하라.
❸ 당신의 독특함과 잠재력을 알고, 동료들과 함께 당신의 능력을 이용하라.

❹ 자신의 장점을 인정하라. "나는 능력이 있어." "사람들은 나를 좋아해."와 같은 확신과 긍정적인 메시지를 자신에게 전달하라.
❺ 내면적으로 동기부여되고 당신의 노력과 자산에 초점을 맞춰라. 타인과의 비교 없이 열정적인 사람이 됨으로써 인생의 즐거움을 더하라.

한 장면 드라마

셜리는 마케팅 부서의 리더다. 그 부서는 몇 개의 프로젝트를 맡고 있고 그것들은 최소한의 성공만을 거두었다. 셜리는 잭, 베티, 샘이 매우 낙담해 있고 성공적인 캠페인을 전개하는 데 있어서 자신들의 능력에 대해 자신감이 없어 한다는 것을 알고 있다. 셜리는 심지어 그 부서에 격려적이고 동기부여적인 리더십을 제공하기 위한 자신의 능력을 의심하기 시작한다.

1. 당신은 이 상황을 바꾸기 위해 무엇을 시작하겠는가?
2. 리더로서 당신이 사용할 수 있는 개인적인 주장에는 어떠한 것들이 있는가?
3. 당신은 부서원들이 좀 더 자기격려적이 되도록 어떻게 도울 것인가?

CHAPTER 7
Leadership by Encouragement

격려를 통한 참여 경영

개 관

참여 경영은 격려심리학의 논리적 확장이다. 리더들과 동료들이 상호 존중, 관여, 공동의 헌신을 키워 나갈 때, 참여 경영이 발달하기 시작한다. 참여 경영은 광범위한 영역에서 직원의 관여 노력을 바탕으로 이루어지는 리더십 철학이다. 그것은 직무에 가장 가까이 있는 직원들이 직무관련 문제에 최선의 해결책을 찾는 데 필요한 지식과 경험을 가지고 있다는 생각에 근거한다. 참여 경영은 작업의 질을 증진시킬 뿐만 아니라 직무에 대한 직원의 관여와 조직 목표에 대한 개입을 증가시킴으로써 사용되지 않고 있는 인적자원을 개발할 수 있도록 돕는다.

참여 경영은 격려하고 권위를 나누어 갖고 사람들에게 권능을 부여할 수 있는 기회를 창조한다. 직원이 존경을 받으면 그들은 해결책을 찾고 자신들의 행동에 책임을 지는 데 더욱 관여하게 된다. 그러한 해결책은 더욱 체계적이고 효과적인 방법을 취한다. 그것은 리더가 더 자유롭게 계획하고 더 높은 수준의 과업을 하도록 하기 때문에 리더의 생산성 증가라는 결과를 낳는다.

피터스와 워터맨(Peters & Waterman)[1, 2, 3]의 연구에 따르면, 회사에서 탁월성을 발달시키는 것에 대한 중요성이 점차로 강조되고 있다. 탁월성은 분명한 목표를 갖고 의사결정 과정에 직원을 적절하게 참여시키는 것으로부터 나온다. 직원들이 의사결정 과정에 참여하여 조직에 생산적으로 기여함으로써 그들의 소속감과 주인정신에 대한 자부심, 책임감은 조직과 그들 자신에게도 이익을 준다. 각 개인은 자신의 행위와 결과에 온전히 책임을 진다. 비난은 최소화되고 문제해결과 학습이 일어난다. 이것이 '학습하는 조직'이 창조될 수 있는 분위기다.

어떤 조직이 참여 경영과 격려하는 리더십으로 변화하기로 결정할 때, 조직은 사람들이 자기 자신의 목표와 소속감에 의해 동기화된다는 걸 알게 된다. 개인의 목표와 조직의 목표가 일치하게 될 때, 비생산적인 긴장은 감소하고 경쟁의 분위기 대신에 함께 일하는 분위기 속에서 생산적인 에너지가 창조된다.

'동기화시키는 6R'을 기술하면서, 마시(Marsh, 1988, p. 26)는 다음과 같이 말하고 있다. "세 가지 전통적인 동기화 기법—위협, 당근(뇌물), 교육—은 폐기되어야 한다. 동기화는 열정과 헌신을 이끌어 내는 태도에 의해 성취된다." 다음의 동기화를 위한 6R은 이러한 태도를 성취하는 데 매우 강력하다.

① 참여를 보장하기 위해 직원과 함께 검토하고(Review) 계획 세우기
② 책임감(Responsibility)은 경영자만이 아니라 모두에 의해 공유되기
③ 감사하는 마음을 표현하기 위해 적절하고 창조적으로 보상하기(Reward)
④ 성과를 인정하기(Recognize)
⑤ 직장을 벗어나서 헌신하는 개인으로서 직원을 존중하기(Respect)

⑥ 성공을 칭찬하고 향상이 이루어질 수 있는 영역을 집중 조명하면서 진전을 알리기(Report)[4]

팀(TEAM)은 모든 사람이 함께 좀 더 성취하는 것(Together Everyone Achieve More)을 의미한다.

참여 경영의 심리학

참여 경영의 심리학은 개개인이 선택하고, 결정하고, 그들의 목표와 목적에 따라서 행동하는 것을 의미한다. 목표는 모든 행동의 궁극적인 설명이다. 모든 동기는 목표의 이해에 달려 있다. 리더는 개인들이 조직의 목표와 일치하는 그들의 목표를 성취하도록 돕는다. 조직의 욕구뿐만 아니라 개개인의 욕구를 포함하여 목표를 설정하는 것이 작업과정을 활기 있게 한다.

낙담한 직원들은 자기존중감과 협동하려는 마음이 결여되어 있다. 그들은 때때로 적극적이고 건설적인 방식으로는 성공할 수 없다고 믿는다. 그래서 그들은 수동적으로 행동하는 경향이 있고 적극적으로 협동하는 것에 저항한다. 그들은 지각하고 결근하며, 비협조적이고 수동적인 반항을 한다.

참여적 경영자는 모든 상황에서 그리고 모든 사람에게 긍정적인 잠재력을 확인할 필요가 있다. 그들은 지각적 대안들―단점을 보지 않고 장점을 보고, 한계만을 보지 않고 가능성을 볼 수 있는―을 개발할 수 있어야 한다. 저항하는 직원도 긍정적인 목표를 위해 결정할 수 있는 능력을 가지고 있다.

참여 경영의 리더들은 직원들 위에 군림하지 않는다. 그들의 목표는 직원들이 더 능력 있고, 더 독립적이며, 더 참여적이고, 더 책임감 있게 느끼도록 권능을 부여하는 것이다.

"이 드높은 하늘 아래 어떤 사람에게 일을 하도록 시키는 방법에는 딱 한 가지가 있다. 그것에 대해 생각해 보았는가? 그렇다. 단 하나의 방법이다. 그것은 그 사람이 그 일을 하고 싶도록 만드는 것이다."

데일 카네기 Dale Carnegie

참여 경영의 특징

1. 참여 경영은 조직의 모든 계층에서 주인정신을 발달시킨다. 모든 직원들은 회사의 자원을 보호하고 조직의 발전에 열정적이다. 그러한 조직에서는 감정의 정서와 재정적 투자의 정서가 있다.
2. 신뢰와 존경의 태도가 모든 계층에서 우세하다. 최고 경영자는 모든 직원들을 존중하고, 또 모든 직원들에 의해 존경을 받는다. 이로써 협동과 조화의 감정이 생겨난다.
3. 직원들의 목표는 상호 과정을 통해서 발견되고 조직의 목표와 조화를 이룬다.

4. 모든 직원들은 그들의 행위 그리고 그 행위의 결과에 긍정적이든 부정적이든 완전히 책임을 진다. 그들은 공헌이 인정됨으로써 이득을 얻을 수 있지만 또한 문제점에 대한 책임감도 수용한다. 업무 분위기는 용기가 넘쳐난다. 사람들은 스스로를 믿고, 확신을 갖고 있으며, 기꺼이 위험을 무릅쓴다.

5. 의사결정 과정에 상호적으로 참여함으로써 아이디어가 개방적으로 표현된다. 최고경영자는 조직에 온전한 참여의 느낌을 가짐으로써 적극적으로 피드백을 구한다. 제안은 환영을 받고 인정받는다. 행동의 결과는 조직 전체에 전달된다.

6. 피드백은 조직 내에서 개방적으로 주어지고 공유된다. 그것은 자연스럽게 전달될 수도 있지만 업무평가, 모임, 다른 절차들을 통해서 계획되고 일정을 잡아 제공할 수도 있다. 피드백은 도전적이고 동시에 격려적이다.

7. 리더는 직원의 참여와 관여를 위협적으로 느끼지 않는다. 리더의 결정은 충분히 검토할 수 있도록 공개되어 있다. 직원들은 질문할 수 있고 이의를 제기할 권리가 있다. 이의를 제기하고 대화할 수 있는 경로가 있기 때문에, 직원들은 지하로 숨어들어 부정적인 반응을 확산시키지 않는다. 경영자들은 부분적으로는 그들의 직원들이 얼마나 이해받았다고 느끼는지에 따라 평가된다.

8. 문제와 변화는 전문기술을 적용하고 선택권을 개발할 수 있는 기회로 볼 수 있다. 문제는 극복될 수 있는 장애물이다. 직원들은 변화를 조직이 성장하고 발달하게 하는 과정으로 여기도록 학습한다.

참여적 문제해결

격려 리더십과 참여 경영이 조직에서 확립될 때, 리더가 직면했던 전형적인 문제들은 해결방법을 찾을 수 있다. 격려하는 리더와 참여 경영은 문제해결의 책임을 경영자들뿐만 아니라 직원들과 공유한다. 격려하고 참여적인 분위기에서, 문제들은 더 효과적으로 그리고 더 효율적으로 다루어진다.

향상된 경영수행 사이클을 제시하면, 다음과 같다.

단계 1 >> 문제점 확인하기

분명한 사실들을 선택하여 문제가 무엇인지 결정한다. 종종 문제의 증후 자체는 실질적인 문제가 아니다. 마음대로 행동하기, 통제 하에 있기 또는 옳게 행동하기 등 직원이 가장 중요시 여기는 사항이 무엇인지 확인한다.

컨의 생활양식척도(Kern Lifestyle Scale)[5]가 직원들의 최우선 사항을 확인하는 데 특히 도움을 준다. 그것은 즉각적으로 행해지고 점수를 매길 수 있기 때문에 효과적이다. 생활양식척도는 다음과 같은 요인을 확인한다.

1. 통제
2. 완벽주의
3. 타인을 즐겁게 하려는 욕구

4. 희생

5. 순교

단계 2 >> 자산 목록

상황에 관계없이 긍정적인 점을 보라. 직원들은 자기 자신의 장점과 자산을 확인하도록 격려되어야 한다. 리더는 나중에 그들을 관찰하고 그러한 개인의 긍정적인 면들을 보완할 수 있다.

단계 3 >> 목표설정과 목표조정

성취할 수 있고 현실적이며 직원의 참여를 담보할 성과의 분명한 표준을 확립한다. 경영자는 직원의 목표가 조직의 목표와 어떻게 조화될 수 있는지 확인할 필요가 있다.

단계 4 >> 수행 평가

목표가 일단 확정되고 계획의 수행이 시작되면 성과와 과정을 관찰하고, 평가하고, 피드백을 줄 수 있는 체계적이고 효과적인 방법을 갖는 것은 대단히 중요하다.

단계 5 >> 결과

논리적 결과들은 직원의 수행 결과이며 다양한 종류의 결과들이 존재한다. 직원이 효과적으로 기능을 하였다면 그것은 그가 이룬 진보를 격려할 수 있거나 지적할 수 있는 기회다.

탁월한 성과는 직원이 칭찬받을 수 있음을 의미한다. 그러나 직원이 실수할 때나 효율적으로 일하지 못할 때 당신이 사적으로 피드백을 제공할 것이라는 점을 그에게 알려 주는 것은 중요하다. 이것은 견책이 될 것이다. 당신이 일어날 것이라고 예측했던 것과 일어나지 않은 것에 대해 분명하게 하라. 이러한 형태의 피드백은 즉각적으로 제시하라. 반응은 간결하고 적절하게 하고, 사람에 대해 비평하지 말고 문제에 대해 비평할 것을 기억하라. 나-전달법(I-message)을 사용하라. "나는 당신이 할당량에 도달하지 못했을 때 정말 실망감을 느꼈어요. 왜냐하면 나는 우리가 이런 일이 일어날 것에 대한 계획을 세웠었다고 생각했기 때문이죠." (당신이 ~할 때, 나는 ~을 느꼈어요. 왜냐하면 ~하기 때문이죠.)

"팀워크는 인생의 정수(精髓)다."

패트 라일리 Pat Riley

자기주도 작업팀의 활용

자기주도 작업팀의 활용은 참여 경영을 훌륭하게 적용하는 방법이다. 미국에서 수행된 연구는 자기주도 작업팀(SDTs)의 활용과 관련된 실행, 역할, 결과를 보여 준다. 다음은 그 결과다.

1. 조사에 응답한 리더들 중의 26%가 그들의 조직에서 자기주도

작업팀을 이용하고 있다고 말했다.
2. 많은 생산 과업은 팀에 의해 다뤄지지만, 리더십 과업은 여전히 팀 밖의 리더에 의해 다뤄진다.
3. 팀 기반의 조직들은 직무기술 개발, 팀 개발, 상호작용기술 개발 그리고 질 향상 행동(quality-action)기술 개발을 위한 훈련을 제공한다.
4. 리더들은 자기주도 작업팀의 세 가지 주요 장애물은 불충분한 훈련, 지도감독에 대한 저항 그리고 비경쟁적인 체계라고 말한다.
5. 응답자들은 자기주도 작업팀의 가장 중요한 이점으로 향상된 품질, 향상된 생산성, 사기증진과 노동비용 감소를 언급하였다.[6]

> "컨설턴트는 외부 사람이기 때문에 조직문화에 대해 잘 모른다.
> 그렇기 때문에 그는 아무도 감히 대답할 수 없는
> 바보 같은 질문을 할 수도 있다."
>
> 톰 어헌 Tom Ahern

격려 리더십의 사례연구

다음은 딩크마이어(Don Dinkmeyer)에 의해서 참여 경영과 격려 리더십이 한 조직에서 어떻게 확고하게 자리를 잡았는지를 보여 주는 사례다. 그것은 어떻게 특정 기본 단계들이 참여 경영에로의 변화를 촉진시켰는지를 잘 보여 준다('부록 2. 격려의 과정'을 참조하라.).

CEO는 리더십 기술과 책임감을 증진시킬 필요성을 확인하였다. 동시에 그는 회사의 도전과제를 다루기 위한 긍정적인 접근 방법을 가지고 있다고 생각되는 한 자문가를 찾았다.

자문가와 CEO는 CEO의 기대, 욕구, 목표를 논의하면서 많은 시간을 보냈다. CEO는 현재 회사의 지위, 회사의 목표, 그것들이 어떻게 성취될 수 있을 것인지에 대한 그의 아이디어를 분명하게 기술하였다. CEO는 자신의 기업을 강력한 영업력을 갖춘 안정된 조직으로 발전시키길 원하였다.

다음에, 경영 평가와 사정이 조직의 모든 잠재적 리더들에게 실시되었다('부록 13. 자기평가와 사정'을 참조하라.). 사정은 생활양식의 문제가 개인에게 미치는 영향뿐만 아니라 개개인의 직업적 목표와 기대를 이해하고 있는지에 초점을 맞추었다. 응답자들의 가족형상(형제자매와 출생순위, 즉 첫째, 중간, 막내 혹은 외동)이 사정되었다. 초기 회상은 각 개인이 삶과 삶의 과제를 어떻게 지각하는지에 대한 창을 제공한다. 컨의 생활양식척도 또한 사용되었다. 사정은 자문가에게 각 개인을 더 잘 알게 해 주었고 각 개인들의 생활양식, 만족한 영역, 자원, 장점, 현재의 위치에 대한 지각, 그가 바꾸고 싶은 것에 대한 통찰을 얻도록 해 주었다.

사정의 목적은 잠재적 리더가 스스로를 더 잘 이해하고 강점과 자원을 개발하도록 돕는 것이었다. 동시에 자문가는 개인, 직장 내에서의 관계 그리고 조직 전체에 걸쳐 협력과 의사소통을 증가시키는 것을 도울 수 있는 사람들을 알게 되었다.

인터뷰 과정

자문가는 CEO와 함께, 각 개인과의 개별적인 사정 인터뷰를 수행하였다. CEO는 조직화하고, 좋은 작업 계획을 발달시키고, 과업들의 우선순위를 정하고, 장기 전략들을 개발할 수 있는 능력이 그의 리더십의 강점이라는 것을 확인하였다. 그의 컨 생활양식척도는 책임감과 능력에 강한 장점을 나타내 주었다. 자신을 문제해결자로 보았으며 동시에 완벽주의자였다. 그는 스스로에게 그리고 자기의 주위 사람들에게 높은 표준을 설정하였다. 이 점은 그의 표준에 도달할 수 없는 직원들을 좌절시키는 경향이 있었다. 더군다나 CEO의 자기존중감은 상대적으로 강했고, 그는 타인에게 특별히 민감하지 못하였다. 때로 그는 효율적인 업무량 이상의 일을 하였고 중압감을 느끼곤 하였다.

CEO는 사람들을 다루는 데 있어서 공평성, 참여 경영의 개발에서의 강점을 대단히 강조하였다. 그는 조직발달에 대한 더 바람직한 지식, 더 바람직한 의사소통 기술, 촉진자로서의 리더들을 개발하기 위한 더 바람직한 방법들에 대한 필요성을 인식하였다.

그리고서 자문가는 조직에서 주요한 리더십 책임을 가지고 있는 세 명의 부사장들을 접촉하였다. 한 부사장은 그의 현 위치에 만족하지 못하였으며 그가 생각하기에 그 회사에 결여된 영역인 전략적 계획 세우기에 자신이 더 많이 관여하기를 원하였다.

다른 부사장은 생활의 비업무적인 측면들로부터 대부분의 만족을 얻어 냈다. 직장에서의 그의 문제는 리더로서의 자질, 부정확한 역할과 책임감에 관련되어 있다.

　재정 담당 사무장(CFO)은 협력적으로 기여하면서 작업하는 것에 가장 관심이 있었다. 업무에서 그가 겪는 어려움들은 부사장들 간의 경쟁과 그의 직속 부하에게 받은 좋지 않은 평가에 기인하였다. 또한 그는 더 장기적인 계획의 필요성을 느꼈다('부록 5. 리더십 관계 평가하기'를 참조하라.).

　이러한 세 명의 리더들은 협력적 팀 접근을 보이지 않았다. 둘은 개인적인 승진에 더 관심이 많았다. 자문가는 개별적인 인터뷰를 통해서 협동뿐만 아니라 리더들에게 더 바람직한 지식을 개발하였다.

　다른 직원들과의 부가적인 인터뷰에서 세 명의 리더 중 두 명에게 상당한 불만이 있음이 드러났다. 결국 이 두 사람은 사임하였고, CEO와 CFO의 리더십이 감소하였다. 이 점은 회사 안에서부터 리더십이 발달할 필요성이 있고 참여 경영으로 자연스럽게 전이될 기회를 갖는 것이 중요하다는 것을 의미한다.

　CEO와 자문가는 원하는 리더십 스타일을 명확하게 하기 위해 만났다. CEO는 다음과 같은 리더를 원하였다.

① 이용 가능한 자원을 이해하고 있는 리더
② 사람들에게 민감하고 그를 따르도록 타인에게 영감을 줄 수 있고 동기화시킬 수 있는 리더
③ 조직의 구조를 잘 아는 리더
④ 격려하는 리더
⑤ 유익한 조직으로 발전시킬 수 있는 기회를 포착, 평가할 수 있

는 비전을 갖춘 리더

조직적인 문제

그 조직에서 효과적이고 긍정적인 성과평가 시스템은 없었다. 평가는 체계적이지 않았고 리더들 역시 직원들로부터 피드백을 받는 양방적 검토가 아니었다. 자문가는 회사의 욕구를 충족시킬 성과평가를 고안하고, 리더들과 잠재적 리더들 사이에서 그것을 퍼뜨렸다.

그 조직에서는 개인목표 설정기술과 일반적인 경영기술이 결여되어 있었다. 회사는 회사의 운명을 통제하기 위해 체계적으로 계획하기보다는 매일 그리고 주 단위로 일어나는 스트레스와 압박에 반응하였다. 업무의 분량은 철저하게 통제될 수 없었고 어느 누구도 업무의 흐름을 통제할 책임을 지고 있지 않았다. 주요 문제는 다음과 같다.

1. 조직을 생산적으로 만드는 주요 과업을 성취하는 하위 직원들에 대한 인정의 결여
2. 불분명한 책임감과 리더십 과업
3. 조직 내에서의 빈약한 의사소통
4. 팀에 소속되지 않았다는 만연한 느낌

의사소통과 훈련

자문가는 전 직원에게 소개되었고 그의 역할은 명확해졌다. 그는

생산성 증가를 촉진시키고 회사 내에서나 시장에서 모든 관계들을 증진시키기 위해 존재하였다. 그는 직원들이 회사의 주요한 자산 중의 하나라는 그의 신념을 표현하였다. 주요 초점은 격려하는 과정—모든 직원들이 가치 있고, 인정받고, 관여되어 있고, 책임감을 느끼도록 돕는—을 발달시키는 것에 있었다.

자문가는 개개인과 그들의 목표, 목적, 인식에 대해 알아낸 다음에 자신과 직원이 한 팀이 되어 집단과 개인 모두에게 체계적으로 작용할 수 있는 절차를 개발하겠다고 했다. 조직의 잠재적인 리더들과 면접을 한 후, 그는 격려와 의사소통에 초점을 맞춘 일련의 수업을 시작하였다.[7]

훈련 중에 전개된 분위기는 회사 전체에 퍼지도록 기대되는 분위기의 본보기였다. 초점은 향상된 의사소통과 의사결정에서 모두의 참여증가에 맞추어졌다. 이익에의 참여(분배)는 생산성과 책임감에 바탕을 두고 있었다. 목표는 주인정신과 책임감을 키우는 것이었다.

회사의 경영에서 완전한 참여가 이루어지면, 소수의 참여자들이 그것을 리더십을 비판할 수 있는 호기로 받아들인다는 것은 자명하다. 어떤 리더들은 그것을 건설적인 관계의 구축으로 보기보다는 불평 토론회라고 여긴다. 이것은 모든 사람이 참여할 수 있는 기회를 제공하는 잇따른 세미나에서 직접적으로 드러난다. 리더는 또한 직원들이 새로운 책임을 맡는 것을 정당화하는 정보를 획득하는 것에 대해 염려한다.

CEO와 CFO는 조직의 구조, 직무명칭과 책임감 그리고 회사의 목표와 정책을 명확히 하는 것과 재정적인 정보를 개방적으로 밝히는 것에 동의하였다. 이러한 숨김없는 발표는 직원 신뢰의 수준을 높이는 것 같았다. 격려 리더십과 참여 경영은 CEO에게 지지를 받았고 자문가에 의해 발표되었지만 또 다른 일시적인 유행에 그칠 수 있다는 우려가 있었다. 계속적인 모임을 통해서, CEO와 CFO는 이것이 영속적인 계획이라는 사실을 직원과 논의하였다.

　경험 있는 조직의 성원이 마케팅 책임자로 지명되었다. CFO는 그의 직책에 머물렀고 5명의 경영팀이 선출되었다. 주례 모임에 CEO, CFO, 마케팅 책임자가 참여하도록 책임이 주어졌다. 또 이 모임에서 이루어진 결정과 공유된 정보를 나머지 직원에게 알려야 하는 책임도 그들에게 주어졌다.

　경영팀을 위한 수업에서 리더십, 용기, 결단력, 단호함, 격려, 권한위임, 비전, 헌신을 발달시키기, 목표조정 그리고 긍정적인 수행평가와 같은 주제를 다루는 수업이 이루어졌다.

　이 회사가 성공하는 데 도움이 되는 주요한 요인들은 다음과 같다.

- 증가하는 신뢰와 존중의 태도가 모든 수준에서 발달되었다.
- 리더들과 직원들의 목표가 점차적으로 일치되었다.
- 모든 직원들은 그들의 참여에 따라서 이익이 분배되었고, 그것은 직원들의 돈에 대한 철학을 지지하려는 리더들의 의지에 대한 신뢰를 증가시켰다.

　모든 직원들은 그들의 리더와 함께 규칙적인 모임에 참여함에 따라, 조직의 목표를 더 잘 이해하고 더 잘 수용하였다. 모든 직원들은 행동과 그 결과에 완전히 책임을 지기 시작하였다. 지금의 조직에서는 문제의 제시나 비난에 초점을 맞추기보다는 해결책을 강구하는 것에 초점을 맞추고 있다. 기본적인 신념은 모든 사람에게 책임이 있고 어느 누구도 비난받을 수 없다는 것이다.

요약

참여 경영은 견고한 심리학적 개념과 방법을 기반으로 한 리더십에 대한 인간관계적 접근이다. 갈등을 해결하고 협동과 생산성을 향해 나아가기 위한 경영자의 방법은 기본적으로 변화를 이행하는 것이다. 인사부와 심리학적인 교육을 받은 비즈니스와 조직 컨설턴트들은 이러한 프로그램을 실행한다.

요점

❶ 참여 경영은 격려심리학의 논리적인 확장이다.
❷ 사람은 회사에서 가장 충분히 개발되지 않은 자원이다. 그들은 '인적자본' 이다.
❸ 우수함은 개개인이 그들의 행동에 전적으로 책임을 질 때 가능하다.
❹ 참여 경영의 목표는 직원들에게 권한위임을 하는 것이다.

❺ 참여 경영은 회사의 모든 직급에서의 소유권에 대한 생각을 발전시키는 것이다.
❻ 참여 경영에서, 직원들의 목표는 회사의 목표와 제휴된다.
❼ 변화는 성장과 기회를 위한 끊임없는 요소다.
❽ 문제해결을 위한 경영자의 방법은 다음과 같다.
   A. 문제점 확인하기
   B. 자산 목록
   C. 목표설정과 목표조정
   D. 성과 평가
   E. 결과
❾ 평가는 효율적인 상담을 위한 기본이다.

격려 리더십의 적용

❶ 이 장에서 열거된 참여 경영의 특징을 이용하여, 당신의 회사가 얼마나 참여적인 철학을 가지고 있고, 또 얼마나 참여적이 아닌지를 구체적으로 규명하라.
❷ 이 장에서 소개된 사례연구는 한 회사에서 어떻게 격려 리더십이 형성됐는지에 대한 것이다. 이러한 접근을 당신 회사에 적용하는 데 있을 수 있는 장애물과 방해요소는 무엇이겠는가?

격려기술

참여 경영 기술

참여 경영은 주인의식의 성장과 의사결정과 금전적인 이득에 참여하는 것을 돕는다. 거기에는 믿음, 평등, 진심으로 참여하는 태도가 있다. 동료들은 그들의 행동과 그것이 낳은 결과에 대해 전적으로 책임을 진다. 업무 분위기는 위험감수, 책임감, 자신감 그리고 회사의 목표가 개인의 목표와 제휴된다는 느낌으로 특징지어진다.

참여 경영자는 권한을 공유하고 동등하게 전적으로 참여하는 것에 초점을 둔다. 사람들을 격려하고 권한위임하는 것에 관심을 갖는다. 리더십의 비전은 동료들과의 대화를 통해 명확하게 표현되어 공동의 목표에 도달할 수 있도록 한다. 수용의 공동체를 발전시키고 업무상 공동의 목적에 소속되는 것을 강조한다.

한 장면 드라마

참여 경영이 지방신문에 소개되었을 때, 두 명의 상급 부서 관리자들이 그 철학과 과정에 위협감을 느꼈다는 것은 명백했다. 그들은 모든 것이 잘 되어 가고 있고 변화해야 할 필요가 없다고 믿었다. 그들은 모든 수단을 동원해 참여 경영과 싸울 것이라고 확실한 태도를 보였다.

1. 저항하는 경영자들에게 참여 경영 철학에 대해 전달하기 위해서 당신은 어떠한 전략을 사용하겠는가?
2. 이 두 경영자들을 위한 참여 경영 과정의 장점에는 어떠한 것들이 있겠는가?
3. 당신은 경영자들이 위협감을 느낀 듯 보일 때 참여 경영을 위한 어떤 종류의 훈련과정을 사용하겠는가?
4. 상부 경영자 측으로부터 상당히 높은 수준의 수용과 전적인 지지가 있을 때 참여 경영 과정을 실행하기 위한 체계적인 계획을 세워라.

CHAPTER
Leadership by Encouragement

격려하는 조직 만들기

"조직의 목표는 사람들이 자신의 인생을 살아가도록 도와주는 것이다.
인생은 사람들이 책임감을 갖고, 지원을 받고,
보살핌을 받는 것에서 기인하는 도전과 지지에서 온다."
— 필립 크로스비 Philip Crosby

『포춘』지 1992년 3월 판은 국립 경영자 명예 전당에 월 마트의 창설자인 전설적인 샘 월턴(Sam Walton)과 헤르만 밀러의 맥스 디프리(Max DePree)라는 중요한 두 사람이 추가되었음을 발표하였다. 이 두 리더는 격려에 대한 그들의 개인적인 신념을 바탕으로 그들의 조직을 역동적으로 경영하였다.

> "성공하는 사람은 자신이 필요로 하는 환경을 발 벗고 찾아나서거나, 만약 찾을 수 없다면 그러한 환경을 창조하는 사람이다."
>
> 조지 버나드 쇼 George Bernard Show

샘 월턴은 그의 직원들과 매우 가까이 지냈던 사람이다. 많은 매장을 일 년에 적어도 한 번 방문하기 위한 미국 전역에 걸친 그의 유명한 여행은 그가 직원에게 부여한 중요성을 나타내고 있다. 그의 메시지는 분명히 모든 직원들이 고객과 지지적이고 격려하는 관계를 구축해야 한다는 것이었다.

맥스 디프리는 조직이 직원들에게 단지 이익만을 줘서는 안 된다고 믿는다. 월 마트처럼, 그의 회사 헤르만 밀러는 『포춘』의 조사에서 미국의 가장 명예로운 회사 중의 하나로 선정되었다. 디프리의 책 『리더십은 예술이다(Leadership is an Art)』에서 리더는 '하인과 격려자'가 되어야 한다고 말하고 있다. 디프리는 인간 접촉(human contact)을 신뢰하며, 좋은 리더십은 "접촉과 목소리는 항상 일관되어야 한다." 그리고 "당신의 행동과 신념을 일치시켜야 한다."라고 말한다.

많은 조직들이 목표성취를 위해 팀을 활용함에 따라 업무환경은 극적으로 변화할 것이다. 격려하는 참여적 업무환경에서 끊임없는 학습이 일어난다.[1] 리더는 더 이상 모든 결정을 하거나 직원을 잘 따르도록 조작하는 시도를 해서는 안 된다. 새로운 조직의 리더들은 직원들이 그들의 역량을 확장하고 그들의 비전을 향상시킬 수 있는 조직을 구축할 책임이 있다.

『수행자 정신의 힘(The Power of Followership)』에서 로버트 켈리(Robert Kelly)는 조직에서 어떤 계획에 대한 성공의 80%는 구성원들에게 달려 있고 리더는 성공에 단지 20%만 기여한다고 말하고 있다. 켈리는 모범적인 구성원들은 스스로 혁신적이며 창조적이라고 믿고 실제로도 그런 사람들이라고 믿는다. 그들은 건설적인 피드백을 제공하고 그들의 신념을 옹호한다. 그들은 기본적으로 조직의 목표에 전념한다. 모범적인 구성원들은 높은 사회적 관심 그리고 조직과 함께 일하고 협력하려는 욕구를 가지고 있다. 그들은 팀 플레이어들이다. 결국 그들은 조직 안에서 사람들을 연결하는 내적인 다리의 연결망을 구축한다. 그들은 공평성, 상호 존중 그리고 공동의 목표를 강조한다.[2]

동기화, 몰입 그리고 조직 구조

동기이론은 사람들이 다음과 같은 조건들이 충족될 때, 잘 성취하고픈 동기가 생길 것이라고 말한다.

① 보수가 성과와 연결되어 있다고 여겨진다.
② 성과와 연결된 보수는 가치가 있는 것이다.
③ 효율적인 수행이 가능하다고 여겨진다.

적은 단계와 계층의 경영 조직구조에서 의사결정은 가장 낮은 단계에 있는 사람들에 의해 이루어진다. 이러한 조직은 부서들이 특정한 제품이나 고객들에 대해서 책임을 갖도록 하기 위해 대개 분할되어 있다. 이것은 직원들에게 제품이나 서비스를 제공할 권한을 느끼게 할 수 있고, 직접 고객에게 서비스를 제공할 수 있게 한다.

몰입도가 높은 조직은 자기동기화되는 방향으로 사람들에게 에너지를 주고 지지하는 열정적인 리더들을 요구한다. 이러한 리더들은 가장 효과적인 과정을 탐색하도록 자극하고, 본질적인 방향과 목적을 제공하며, 조직 문화의 형성에 영향을 준다. 코터와 헤스킷(Kotter & Heskett)의 연구는 조직의 가치와 성과가 분명하게 연결되어 있음을 보여 준다. 그들은 협동 문화의 영향을 측정하기 위하여 미국의 주요한 회사 207개를 조사하였으며, 문화들 간에 위상 심리학을 적용하였고, 재정적 결과에 대한 이러한 문화들의 상관 관계를 밝혔다. 그들은 펩시코(Pepsico), 월 마트나 셸(Shell) 같은 우량기업이 고객들, 직원들 그리고 주주들의 관심을 만족시키는 적응적인 문화를 가지고 있음을 발견하였다. 또한 그들은 이러한 세 가지 대상을 성공적으로 만족시킨 회사들은 평균 682%의 판매증가율을 보인 반면, 단 하나나 둘만을 만족시킨 회사들은 단지 166%의 판매증가율을 보였음을 발견하였다.[2]

권한위임의 조건들

조직의 리더는 조직의 욕구와 목표 그리고 각 직원들의 목표들 간에 최적점을 발견하고 싶다면 인간행동과 동기를 이해할 필요가 있다. 이것은 윈윈(Win-Win) 합의—리더와 직원 간의 협약—를 발전시킨다. 개인과 조직의 목표가 일치하고 이러한 합의에 도달할 때, 수행에 대한 분명하고 상호적인 이해가 존재하게 되고 사람들은 자기 스스로를 동기화시키며 지도감독한다.

참여 경영

권한위임과 몰입은 참여 경영의 기초다. 참여 경영은 조직구조와 위계의 변화를 요구한다. 이것은 플렁킷과 푸르니에(Plunkett & Fournier)에 의해 명확히 표현된다.[3]

● **전통적인 조직구조**
- 수직적(top-down) 조직구조는 통제가 필요하다.
- 분명한 서명권(결재권)과 의사결정의 계층이 존재한다.
- 정보는 주요한 사람들에게 제한된다.
- 전문화는 직무/작업 설계를 위해 중요하다.
- 부서 간의 관계들은 적절한 수준에서 관리되어야 한다.
- 조직의 하층은 상층을 지원하기 위해 존재한다.

● **참여 경영 구조**

- 조직의 상층은 리더십(예: 비전, 목표, 지지)을 제공한다.
- 통제력은 결과에 영향을 미치는 사람들과 공유된다.
- 몇몇 문제에 대한 의사결정은 공유된다.
- 서명권(결재권)은 경영상의 필요 요건이 아닌 법적 필요 요건을 충족시킨다.
- 정보는 사람들이 그의 업무를 수행하고 의사결정을 하는 데 필요하다.
- 일반화(예, 다양한 기술 보유)와 전문화 모두는 인간의 행동양식이다. 사람들은 자신이 할 필요가 있는 일을 한다.
- 부서 간의 관계는 상호작용이 필요한 사람들에 의해서 이루어진다.
- 조직의 상층은 하층의 지원을 위해서 존재한다.

● ●

> "회사에서 동료들에게 좀 더 동등한 대우를 해 주는 데 전념하기로 한 결정은,
> 의심할 여지도 없이 월 마트에서 있었던 가장 현명한 움직임이었다."
>
> 샘 월턴 Sam Walton

수평적 조직

격려는 공평성에 기반을 둔 과정이다. 사람들은 서로를 공평하게 대하고, 위계적인 조직들은 오늘날 더 이상 적절하지 않다. 격려하

고, 권한을 위임하고, 참여적이고, 학습하는 조직은 직원의 높은 참여와 자기경영적인 팀들에 토대를 두고 있다. 수직적 경영에 대한 강조는 감소하고 자기 자신의 업무를 관리하는 사람들에 대한 강조는 증가하고 있다. 또한 부서보다는 업무과정의 관리를 강조하고 있다. 지위보다는 관계에 초점을 맞추고 있다.

이러한 조직 형태는 개인을 가치 있게 보고, 긍정적인 변화를 격려하고 지지하며, 직원들에게 직장을 개선할 수 있는 기회를 제공하기 때문에 격려를 촉진한다.

로손시(Losoncy)는 팀 접근을 장려하고자 하는 리더들을 위한 여러 가지 기법을 소개하고 있다.

1. 팀 대명사 사용하기는 '나(I)' 혹은 '나를(me)'보다는 '우리(we)' '우리의(our)' '우리를(us)' 과 같은 집합대명사의 사용이다.
2. 협력에 초점 맞추기는 불공정 혹은 편애 그리고 비난을 주장하는 것과 같은 전형적인 경쟁적 행동들과는 대조적으로 협력을 인정하고 보상한다.
3. 환영하는 분위기 만들기는 새로운 구성원을 소개하거나 여름 휴가, 질병 휴가 혹은 징계로 인한 휴직에서 돌아오는 기존 성원을 환영하도록 권장한다. 그것은 경력자들과 신입사원 간에 상호 관심을 나누고 복귀하는 직원들이 그들의 노력이 부족했음을 알게 하는 의미다.
4. 팀 존중하기는 자기존중감을 개발하는 것과 유사하다. 그러나 초점은 집단의 노력에 맞추어야 한다. 리더는 각 개인의 자원이 전

체 팀의 자원과 어느 정도 적합한지를 지적할 수 있다.[4]

팀 구축하기: 대인기술의 학습 개입

● ●

"팀워크는 자동적으로 발생하는 것이 아니고 리더 한 사람의 훈계로만 이루어지지도 않는다. 그것은 성원들이 함께 일하는 방식, 팀워크를 방해하는 문제를 확인하는 과정, 그리고 그 문제를 어떻게 해결할지에 대해 성원들이 주의를 기울인 결과로 만들어지는 것이다. 그들은 그들의 집단행위들을 처리해야만 한다. 이는 우리 문화 속의 매우 많은 팀들에서 여전히 널리 발견되지 않는 집합적인 자기인식, 개방성 그리고 상호성을 요구한다."

피터 베일Peter Vail

팀 구축하기는 저자들이 자문가로서 빈번하게 정보를 얻는 조직적 개입이다. 그것은 어느 정도 상호 의존적인 관계를 가지고 있는 업무팀에서 효과적으로 사용할 수 있다. 그것은 업무팀이 권한위임과 성장을 증진시키기 위해 특정 영역에서 긍정적 피드백을 육성하고 대립을 조정하는 데 활용할 수 있다.

최고경영자, 회장, 책임자, 감독자 등과 처음에 만나는 것이 이러한 개입의 전형적인 체제다. 팀 구축 회기는 특히 리더에 대한 긍정적 그리고 부정적 피드백을 포함하기 때문에, 이러한 선행 모임에서 피드백을 받는 리더를 지도하는 것은 중요하다.

이러한 모임을 할 때는, 모든 팀 구성원에게 동일한 질문을 하는 특수한 형식이 논의된다. 회사 혹은 업무팀의 문제/현안 또는 일반적인 문제들에 추가된다.

그런 다음 전체 업무팀이 팀 구축의 이론과 실제에 대한 오리엔테이션을 위해서 소집된다(라일리와 존스(Reilly와 Jones))5의 '팀 구축하기'는 이러한 팀 구축 회기의 특징, 장점, 이점에 대한 좋은 지침임).

팀 구축 개념의 소개와 더불어 조직에서의 자신의 현재 입장과 비교하여 자신의 원가족을 그리는 것(가족형상)과 같은 몇 가지 초기 집단활동(제3장에서 논의되었음)들은 서먹함을 깨는 데 좋은 방법들이다.

집단 성원들에게 역할, 목표, 직무 그 자체, 조직, 대인관계, 대인지각, 업무팀, 제안된 변화 그리고 그 팀에 해당되는 특수한 다른 문제들과 같은 주제에 초점을 맞춘 일련의 표준화된 질문을 이용하여 개별적으로 면접이 이루어질 것이라고 말해 준다. 각 팀 구성원들은 익명을 보장받는다. 그것은 어떠한 응답에 대해서도 어떤 한 사람에게 원인을 돌리지 않을 것이라는 점을 의미한다. 그러나 이야기된 모든 것이 팀과 관련된 업무라고 할 수 있으므로 내용에 대한 비밀보장은 되지 않는다.

그다음 면접은 개인 사무실에서 수행되고, 한 사람당 30~45분 동안 진행된다. 각 면접 동안에 자문가는 팀 구성원의 정확한 응답을 기록한다. 각각의 면접이 끝난 후, 그들의 반응이 자발적이고 또한 연습되지 않도록 하기 위하여 다른 구성원에게 특수한 문제에 대해 말하지 말도록 피면접자에게 요청한다.

일과가 끝나고, 자문가는 필기한 내용을 개관하여 위에서 정의한 주제영역들 각각에 대한, 특히 대표적인 반응들을 커다란 인쇄용지에 쓴다.

둘째 날에 자문가는 참가자들이 미리 자료를 읽지 않도록 모든 인쇄용지를 반으로 접어 붙인 채로 배치한다. 모든 사람들이 도착한 후에 자문가는 팀의 자료가 보이도록 인쇄용지를 편다. 그리고 그 이후에는 팀의 문제들을 논의하고 처리하도록 한다. 실제적인 팀 문제에 대해서 다루는 것을 제외하면 기본적인 감수성 훈련 집단과 유사하다. 특수한 좌절/상처/분노 등이 표면에 드러남에 따라 긴장된 상황이 될 수 있지만, 또한 예기치 않은 긍정적인 반응이 나타난다.

집단 간 문제해결하기, 직면시키는 모임, 목표설정과 목표조정, 회기를 계획하기 그리고 제3자 모임의 촉진은 팀 구축 회기에 가끔 이용되는 자문 전략들이다. 두 번째 날이 끝나감에 따라, 특정한 개인들이 특정 날짜까지 완수해야 할 구체적인 과업들을 포함하여 일련의 행동조치가 분명해진다.

언제든지 가능하면, 추후 세션을 2주에서 4주 후에 잡을 수 있다. 많은 업무팀들은 중요한 대인관계 기술의 학습 구성요소를 촉진시키기 위하여 일 년이나 반 년에 한 번 팀 구축 회기를 갖는다. 그래서 격려하는 리더를 위한 주요한 조직적 개입은 상호 의존적인 작업집단들에게 팀 구축 회기들을 주기적으로 이용하는 것이다. 그것은 관계와 생산성을 증진시키기 위하여 긍정적 지각과 부정적인 지각 모두를 기꺼이 직면하려는 용기 있는 업무팀의 진정한 특징이다.

"팀에 대해 글을 쓴 대다수의 사람들은 재즈악단과 오케스트라에 대한 은유를 사용해 왔다. 예를 들어, 개개인의 음악가들—각기 다른 재능을 가지고 다른 악기들을 연주함—은 '하나처럼' 연주한다. 팀워크는 선택적인 것이 아니라 성공적인 수행을 위한 전제조건이다. 그들은 지배하기보다는 동등한 위치에 있고, 길을 제시해 주지만 제한하지 않는 리더에 의해 이끌어진다. 개개인의 음악가들은 어떻게 연주할지를 알 뿐만 아니라, 함께 연주하는 방법도 안다. 결국, 각각의 음악가들의 정열적인 연주는 다른 사람들과 공유하는 악보에 대한 비전을 제공한다." 그 결과로 얻어지는 전체 구성원의 공연은 각 개인 연주의 합보다 훨씬 만족스러운 것이다.

게리 헤일, 톰 파커, 릭 테이트(Gary Heil, Tom Parker, & Rick Tate)의

『리더십과 고객』 중에서

사례연구

이 사례연구는 대니얼 엑스타인에 의해 팀 구축과 리더십 스타일이 한 회사에서 어떻게 다루어졌는지에 대해 설명하고 있다. 남편과 아내가 공동 소유하고 있는 야외활동 센터가 있었다. 그 회사는 물에서 하는 오락 활동들 중에서 디너크루즈, 고래구경 여행, 파도타기, 워터스키를 제공했다. 그 회사는 리조트호텔에서 일주일에 3일 하와이식 파티를 추가하는 것을 추진하고 있었다.

첫 번째 개입은 자문가가 그 공동 소유주인 남편과 아내를 만나는 것이었다. 그 만남 동안, 아내는 마케팅 관리자로서 그녀의 남편이

기도 한 사장에게 직접 보고해야 하는 그녀의 역할에 불만을 표시했다. "우리가 집에 돌아왔을 때, 그는 일거리를 집에 가지고 와서 집에서까지 내 상사인 양 이야기해요."라고 말했다.

그녀의 남편은 사실 그것이 문제라는 것에 동의했다. 그는 서비스라인에 하와이식 파티를 추가하는 데 따르는 위험 속에서 회사의 재정을 건실하게 유지하려는 노력으로 인해 그가 받는 스트레스에 대해 이야기했다. 그는 역시 마케팅 관리자로서의 그녀의 업무능력을 비난했다.

첫 번째 개입은 그들이 남편/아내, 상사/부하직원의 이중 관계에 있다는 구조적인 부분에 대한 것이었다. 이는 가족들이 경영하는 회사에서는 흔히 있는 일로, 남편과 아내는 각각 집과 회사에서 다른 역할을 맡고 있었다. 집에서와 직장에서 적절히 구분된 관계가 아닌, 하나의 관계에서 다른 하나로의 부정적인 전이가 있었다. 이러한 시나리오는 팻 콘로이(Pat Conroy)의 책을 바탕으로 한 영화 『위대한 산티니(The Great Santini)』에서 로버트 듀발(Robert Duvall)에 의해 생생하게 그려졌다. 듀발은 군사기지에서 행동했던 것과 비슷한 방법으로 집에서 아내와 아이들을 독재적으로 쥐고 흔드는 장군 역할을 맡았다.

아내/마케팅 관리자를 향한, 그 사장의 낙담시키는 혹평들에 대해서도 다루어졌다. 그녀는 성과가 하락한 것을 인정했고 그것이 주로 그녀가 느끼는 무기력함에서 의해서 비롯되었다고 했다. 그녀는 남편/상사가 그녀에게 보이는 경시를 그녀의 일에 대한 복수지향적 접근으로 변화시켰다. 그러므로 그 문제는 '낮은 업무/높은 관계(low-task/high-relationship)' 리더십 개입과 상응하는 '기꺼이 하는 마음(willingness)'으로 규명되었다.

아내가 더 이상 그의 남편에게 직접적으로 보고하지 않아도 되도록 조직 내에서의 그녀의 위치에 구조적인 변화가 가해졌다. 그녀는 다가오는 하와이식 파티의 추가업무에 중점을 맞추었다. 그녀는 직장에서 상당한 자율권을 유지하는 동시에, 같은 지위의 동료에게 그 프로젝트를 보고하는 것이 좋았다. 그러므로 그녀는 그것을 남편과의 직접적인 상사-부하직원의 관계에서 벗어나게 해 줄 측면으로의 이동으로 보았다.

그러고 나서 그들은 조직의 다른 과제들에 초점을 맞추었다. 하와이식 파티 사업을 이미 형성된 다른 서비스군들에 통합하기 위해서 팀 구축 세션(제7장을 보라)이 제안되었다. 그 회의에서 몇몇 문제점들이 표면에 떠올랐다. 이윤을 내고 있는 다른 사업부서의 멤버들이 하와이식 파티는 너무 위험 요소가 많고 회사를 부도로 내몰 수도 있다고 우려했다. 그들은 사장이 새로운 하와이식 파티 사업에 부적절하게 많은 시간 동안 전념하는 데에 질투심을 느꼈다.

문화적인 마찰 역시 있었다. 예를 들어, 하와이식 파티 사업에 관련된 사람들과 직원들 대부분은 하와이 여성인 반면에 크루즈 보트의 선장들 대부분은 백인 남성이었다. 후자의 활동은 물을 배경으로 한 반면에 전자는 땅을 배경으로 했다.

크루즈 보트의 백인 남성 선장들은 A1('우리가 우리를 어떻게 보는가?'), A2('우리가 그들을 어떻게 보는가?'), A3('우리는 그들이 우리를 어떻게 본다고 생각하는가?')라고 라벨이 붙은 세 장의 큰 인쇄용지를 받았다. 그들의 업무는 각기 다른 방에서 용지에 기입하는 것이었다.

동시에, 하와이식 파티 집단 역시 다음과 같은 제목이 쓰여 있는 세 장의 종이를 받았다. B1('우리가 우리를 어떻게 보는가?'), B2('우리가 그들을 어떻게 보는가?'), B3('우리는 그들이 우리를 어떻게 본다고 생각하는가?').

두 집단에게 용지를 기입하는 데 30분의 시간이 주어졌다. 그들이 일반 회의실로 돌아왔을 때, 그 용지들은 접혀 있었고 각각의 하위 집단의 지원자들에 의해 다음의 순서대로 읽혔다.

1. A1('우리가 우리를 어떻게 보는가?'), A3('우리는 그들이 우리를 어떻게 본다고 생각하는가?'), B2('우리가 그들을 어떻게 보는가?') 세 용지들을 나란히 놓고, 유사점과 차이점들에 동그라미를 치고 그것들에 대해 토론했다.
2. B1('우리가 우리를 어떻게 보는가?'), B3('우리는 그들이 우리를 어떻게 본다고 생각하는가?'), A2('우리가 그들을 어떻게 보는가?')를 가지고 그 공통점과 차이점들은 다시 비교되고 대조되었다.

의견의 일치와 불일치에 대한 주요 문제점들이 규명되었다. 차이점들을 조정하기 위해서 후속회의가 열렸다. 예를 들어, 하와이 사람들이 인식하고 있는 선장들의 모습 중 하나는 그들이 유능하기는 하나 여성들에게 너무 거만하고 생색 내는 듯한 태도를 보인다는 것이다. 임금 차이에 대한 시샘 역시 존재했다. 선장들은 하와이 사람들이 좀 더 게으르고, 덜 근면하며, 더 종교 중심적이라고 인식했다. 양쪽 집단끼리 대화하고, 서로에 대한 존중과 감사에 대해 배우기 위해 후속회의가 열렸다. 이 회의는 집단 간의 문제해결을 위한 전략을 세우는 데 자문가가 이끄는 구조화된 경험의 도움을 받았다. 각 집단은 서로의 진가를 인정하기 위한 수단으로, 서로의 역할에 역시 주의를 기울였다(예를 들어, 항해를 하는 것 또는 파티 시중을 드는 것). 어떻게 하면 각 집단이 서로 고객들에게 교차적으로 만족을 줄 (cross-feed) 수 있을지 생각해 보기 위해 브레인스토밍 회기들이 열렸다.

집단 간의 문제해결 회기를 여는 동시에, 그 자문가는 사장을 만나 리더십 스타일에 대해 조언을 주었다. 세 명의 선장들이 문제 상황에 연루되어 있었다. 특히 힘들었던 한 가지 문제는 그 회사에 10년 이상 근무한, 즉 사장보다 3년 더 일한 선장에 대한 것이었다. 그 선장은 과거가 좋았다는 말을 지속적으로 하였고, 설비와 서비스에 대한 문서 자료의 분류 정리와 같은 새 정책과 과정을 무시했다.

사장은 기본적으로 자신이 그 문제에 무관심해 왔다는 것을 깨달았다. 그는 '낮은 업무/낮은 관계', 무간섭주의에 입각해서 일했다. 또한 그는 자신의 리더십 스타일을 그 선장이 동의해 주기를 얼마나 바랐는지 알게 되었다.

처음에 사장은 좀 더 관계지향적인 스타일로 변화했지만 그 결과는 만족스럽지 못했다. 그 선장은 그것을 유약함의 신호로 해석했다. 그 선장의 장점을 격려하려는 사장의 의도조차도 유약함의 신호로 여겼다. 업무(예: 완성되지 않은 보고서, 부적절한 선박 보수 등)와 바람직한 관계 두 가지 모두에 더 직접적으로 중점을 두었던 것은 아직도 아무런 지속적인 결과를 낳지 못했다. 두 개의 경고장이 발행되었다. 결국에 사장은 '단호한(get-tough)' '해. 안 하면 두고 봐(do-it-or-else).' '높은 업무/낮은 관계' 리더십 스타일을 적용하였다. 그러나 어떠한 좋은 결과도 없이, 분열을 야기하는 그 선장을 해고하는 필연적인 결과가 발생하였다.

사장은 이것을 개인적인 실패라고 여겼기 때문에 그에게는 힘든 일이었다. '해고는 문제해결 전략이긴 하나 종종 탐탁지 않은 방법이다.' 라고 그 자문가는 말했다. 그는 또 그 사장이 그에게 구체적인 행동에 대한 기대사항을 얼마나 많이 요구했었는지 상기시켰다.

두 번째 리더십 도전과제는 하와이식 파티의 관리자에 대한 것이었다. 사장은 그들 사이에 의사소통 문제가 있다고 느꼈다. 사장의 스타일은 이른 아침에 업무에 대한 계획을 조직화한 후 그녀에게 협조와 설명을 요청하기 위해 그녀를 기다리는 것이었다. 그러나 하와이식 파티의 관리자와의 대화에서, 그 자문가는 그녀가 자신의 일에 대해 자부심이 아주 높기 때문에, 사장의 조언을 구하는 것은 그녀의 업무상 약점을 드러내는 것처럼 느껴져서 꺼린다는 것을 알게 되었다. 사장은 그것을 그녀가 자신의 도움 없이도 괜찮다는 것으로 해석했다. 그들의 스타일 사이에 큰 차이가 있었던 것이다. 개입은 서로의 신호를 더 잘 읽는 방법과, 협조와 설명에 대한 요구를 하는 것이 무능력함을 보여 주는 것이 되지 않기 위해 그것을 어떻게 재구조화하고 재해석하는지에 대해 그들에게 조언하는 것으로 구성되었다.

3개월이 넘는 기간 동안의 이러한 개입들은 새 서비스군으로 변화시키는 데 유용했음이 증명되었다. 1/4분기 손실 후에, 이윤이 작년의 최고점을 넘어섰다. 무기명 직원 설문조사는 아주 높은 직업 만족도와 사장의 리더십 스타일에 대한 높아진 신용도를 나타냈다. 사장인 남편과 마케팅 관리자 아내 역시 직장에서 그들 관계의 구조상 변화로 인해 더 행복한 가정생활을 누리게 되었다.

3M 기업의 사내 학습 서비스 전무이사인 게일 포시스(Gale Forsyth)는 그가 '자유주의 리더십(liberal leadership)'이라고 부르는 것에 대해 하키 팀을 이용해 유추하여 설명하였다.

"하키 팀에서 리더는 누구인가? 그것은 누가 퍽(하키용 고무원반)을 가졌느냐에 따라 그때그때 바뀐다. 그리고 허울뿐인 리더인 코치는 어디에 있는가? 그는 스케이트도 신지 않은 채 사이드라인의 바깥쪽에 앉아 있다. 코치는 선수들에게 어디서 퍽을 받는지 말해 줄 수 없지만, 버저가 울리면 얼음판 위에 있는 사람들은 바로 팀이다.

코치로서의 나의 역할은 세 가지 정도가 있다. 첫 번째는 선수들에게 필요한 장비를 갖다 주는 것이다. 나는 당신에게 테니스 신발을 신고 스케이트를 타라고 요구하지 않는다. 나는 당신에게 스케이트를 준다. 당신이 새 컴퓨터 시스템이 필요하다면, 나의 임무는 당신이 그것을 확실히 갖도록 하는 것이다. 두 번째는 팀의 성과를 방해하는 장애물들을 제거하는 것이다. 한 가지 흔한 장애물은 관료제다. 관료제보다 빠르게 팀의 동맥을 틀어막는 것은 없다. 세 번째는 상상력을 자극하는 것이다.

모든 코치들의 행동 요점은 경기의 팀 관할권을 주고, 신뢰를 쌓는 것이다. 그들은 코치가 얼음판으로 나갈 수 없고, 어떻게 경기를 하라고 말해 줄 수도 없다는 것을 안다. 그러나 그들은 나에게 돌아와서 보고하고, "새 스틱이 필요해요."라든지 "우리가 지금 대인관계적인 문제에 직면해 있는데 해결방안이 필요해요."라고 말한다. 게임의 규칙은 당신이 경기할 때 지키는 가치들, 즉 도덕적 기준들, 우수함, 관객의 기쁨 등이다. 당신이 승리했을 때, 엄청난 성취감을 공유하게 된다. 그것은 스탠리 컵(Stanley Cup)에서 모든 사람이 똑같이 승리하는 것과 같다."[6]

격려 순환: 조직에서 격려를 수행하기

격려는 즉흥적인, 체계적인 혹은 계획된 것일 수 있다. 격려는 보통 리더에 의해서 주어지지만, 격려 순환은 구성원들 모두에게 직장과 그들의 생활 속에서 격려의 힘을 배울 수 있는 기회를 제공한다. 순환은 문제를 해결하고 피드백을 처리하고 사기를 형성하도록 고안된다('부록 8. 격려 순환 과정'을 참조하라.).

격려 순환은 6명에서 8명이 자기와 타인에게 보다 더 격려적이 되도록 학습하기 위해서 협력하는 조직화된 집단과정이다. 참여는 자발적이고, 집단은 각 구성원의 자기존중감과 협력하려는 욕구의 발달에 관심을 갖는다.

격려 순환은 모든 사람에게 관심을 갖는다. 그러므로 업무 중이든 아니든, 집단이 편안하게 느끼고, 다룰 수 있다고 느끼는 어떤 관심사나 도전에 대해서 논의할 수 있다. 그러나 주요한 초점은 업무관련 문제들과 격려를 통한 문제해결에 있다. 집단은 교육적 방법과 경험적 방법 두 가지 방법을 통해 학습 효과를 높이는 데 기여한다. 각 구성원은 자기의 신념, 태도, 가치, 목표를 조사한다.

집단의 목표는 다음과 같다.

① 모든 성원들이 자신의 자기존중감을 높이는 것
② 성원들이 그들이 선택한 것을 수행할 때 이용 가능한 권한과 만족을 인식하도록 돕는 것
③ 대인관계를 향상시키기 위하여 사회적 관심이나 협동 그리고 각 개인에 대한 배려를 증가시키는 것
④ 경영자와 직원 간의 협력 관계를 발달시키고 '그들은(they)'과 '그들을(them)' 대신에 '우리는(we)'과 '우리를(us)'의 감정을 증진시키기
⑤ 팀 정신을 발달시키기
⑥ 모든 가능한 해결책을 탐색할 수 있도록 학습하는 것
⑦ 격려 과정이 삶의 모든 도전에 적용될 수 있음을 알게 하는 것
⑧ 직장생활의 질을 향상시키고, 스트레스와 긴장을 감소시키며, 직무만족도를 높이고, 문제해결 과정에서 관여와 참여를 증가시키기 위한 것

비록 집단 구성원이 자발적이라도, 격려 순환은 조직의 모든 계층에서 지지될 필요가 있다. 경영자와 직원은 똑같이 집단을 신뢰하고, 지지를 보내야 하며, 가능하다면 전적으로 관여되어야 한다. 핵심 직원들이 시작부터 격려 순환에 관여되는 것은 중요하다.

집단의 리더는 주요한 문제에 대한 경영자 측과 직원 측 모두에게 공평한 지각을 갖고 있는 사람이어야 한다. 그는 존경받는 사람이어야 하고, 상호 존중을 발달시킬 수 있는 사람이어야 한다. 리더는 의사소통 기술, 집단지도 기술, 집단역동의 지식 그리고 피드백을 처리하는 방법과 책을 읽고, 공부하고, 실천을 통해서 획득될 수 있는 모든 것이 필요하다.

격려심리학 전문가이고 훈련과정을 잘 지도할 수 있는 자문가들이 또한 훈련을 제공할 수 있다. 구체적인 회기들은 집단 지도력, 집단과정, 집단역학 그리고 상호작용과 문제해결을 촉진시키는 방법으로 구성될 수 있다.

리더의 책임은 다음을 포함한다.

① 구성원들의 시간제약을 고려하여 집단모임의 일정을 짠다.
② 구성원들이 서로의 감정과 의견을 쉽게 공유(직원들이 집단 토의에서 사적인 정보에 대한 비밀 유지에 동의했으므로 첫 번째 회의에서는 비밀이 강조된다)할 수 있는 안전한 환경을 조성한다.
③ 집단지도 기술들을 이용함으로써 집단으로부터 나온 정보를 처리한다.
④ 집단으로 하여금 격려적인 접근에 계속 초점을 맞추도록 한다.

격려 순환의 형식

1. 첫 번째 회기에서, 리더는 집단의 목표와 목적을 명확히 한다.

집단은 기술의 발달을 촉진할 수 있는 유인물을 읽고 실행한다. 리더는 집단의 목적을 명확하게 말하여 논의될 수 있는 것과 논의될 수 없는 것에 대해 모든 이가 이해하도록 한다. 집단의 목적이 문제를 공유하고 피드백을 할 수 있는 기회를 제공하는 것임을 집단성원들이 이해하도록 하는 것이 중요하다. 모임은 사람들이 불만만을 이야기하고 아무것도 해결되지 않는 불평 토론회가 아니다. 만약 집단이 기본 목적에서 벗어난다면, 리더는 집단에게 현재의 토론이 집단의 목적과 어떻게 연관이 있는지 묻는다.

2. 자기소개는 집단성원들이 서로 더 친해지도록 돕는다. 각각 자기 이름을 말하고 왜 자신이 이 집단의 일원이 되고 싶은지에 대해 말한다. 리더는 그 예로, "나는 무엇이 나를 동기부여시키고 어떻게 하면 사람들과 더 효율적으로 일할 수 있을지에 대해 관심이 있어 이 집단에 들어오게 됐습니다."와 같이 적절하고, 열린 마음으로 정직한 발언의 모범을 보임으로써 연습을 시작한다. 또한 리더는 집단의 목적에 대한 혼란을 명확하게 하는 것을 돕는다.

3. 집단성원들은 자기 자신에 대해 좋아하는 것 두 가지를 이야기한다.

4. 리더는 어떻게 하면 격려가 언어적이 될 수도 있고 비언어적이 될 수도 있는지에 대해 토론한다. 리더는 특정 표정처럼 사람을 낙담시키는 몇 가지 비언어적 방법과, 미소 또는 접촉으로 어떻게 격려할 수 있는지에 대해 말한다.

5. 집단성원들은 여기저기 돌아다니며 사람들을 비언어적으로 격려하도록 요구받고, 리더의 신호에 따라 파트너를 고른다.
6. 파트너와 함께 자신의 장점 세 가지를 이야기 나눈 다음, 인생에서 가장 격려적인 사람과 그 사람의 독특한 특징에 대해서 이야기한다.
7. 격려하는 사람은 실제로 어떤 행동을 하는지를 규명하기 위해 이러한 특성들을 전체 집단에서 함께 나눈다. 그 특성들을 칠판이나 흰 종이에 열거한다.
8. 2인조 집단을 각기 통합하여 4인조 집단으로 만들어 서로의 장점에 대해 소개하고, 일과 인생에 대해 긍정적인 관점을 유지하고 발전시키는 방법들에 대해 이야기한다.

이 도입 회기는 아마 첫 번째 회기의 시간 전부가 소요될 것이다. 그러나 시간이 허용하는 한 리더는 하나의 관심사를 골라 어떻게 그 집단이 그 관심사를 해결하기 위해 격려과정을 사용할 것인지 보여 주기 위해 사례토론을 한다.

관심사에 대해 토론하는 5단계에 대해 다음에 설명해 놓았다. 집단이 그 과정에 익숙해질 때까지 초기 회기에서 체계적으로 그 형식을 따르는 것이 중요하다.

격려 순환 과정

1. 느낌과 믿음에 귀를 기울이고, '발사 후 재장전(Shoot and

reload)' 식 대화를 피하며, 공감은 하되 그 공감이 항상 화자의 말에 동의해야 하는 것을 의미하지는 않는다.
2. 지배, 완벽주의, 타인을 즐겁게 하기, 희생자, 피해자, 우월감, 안정, 관심받기, 권력과 같은 실제 문제점을 규명하라.
3. 도전과제나 실제 문제점을 다루기 위해 사람들이 역할을 잘 수행하는 분야들과, 개인적인 자산, 장점, 가능성, 잠재력에 대한 목록을 만들라. 집단은 그 문제점을 다루기 위한 개인의 장점들에 대해 브레인스토밍하기를 요구받는다. 또한 집단은 개인이 그 문제에 어떻게 공헌할 수 있는지 알도록 돕는다.
4. 리더는 어떻게 지각적인 대안들을 발전시키는지 또는 상황을 어떻게 긍정적으로 바라보고 이해하는지에 대해 가르친다.
5. 개인은 도전과제에 대한 능동적이고 건설적인 접근을 하고 변화에 공헌하도록 격려받는다.

격려과정에 대해 설명한 다음에, 집단은 관심사나 도전과제를 선정하고 이 형식에 따라 그것을 다룬다. 여기서 강조할 것은 공감, 실제 문제점을 규명하는 것, 격려적이 되는 것이다. 집단의 숙련 정도에 따라 리더는 구체적인 격려기술들에 대한 추가적인 연습을 제공해야 한다.

회기의 마지막에서, 집단성원들에게 그들이 배운 내용과 다음 회기에 대한 그들의 구체적인 계획과 참가 여부를 서로 공유하도록 장려한다. 각 성원들은 다음 문장을 완성한다. "나는 ~에 대해 배웠다. 또는 나는 ~에 대해 다시 배웠다."와 "이번 주에 나는 ~할 것이다."

그들이 성공적으로 격려받았던 경험과 그렇지 못했을 때의 문제점에 대해 공유하는 것으로 반드시 회기를 시작하라.

집단성원들이 문제점 또는 도전과제들을 제안함에 따라, 집단은 중점을 두어 다룰 문제를 선정한다. 어떠한 문제 또는 도전과제이건, 특정 개인의 특성이지만 모든 이가 배울 수 있는 일반적인 요소를 많이 지닌 특성을 규명하는 것은 집단에게 중요한 일이다.

발전시켜야 할 기술에는 다음과 같은 것들이 있다.

① 서로의 의사소통에 귀를 기울여라.
② 비판하지 말고 들어라.
③ 집단이 자신의 문제에 관심을 갖도록 하기보다는 타인의 관심사에 반응하라.
④ 타인의 노력, 자원, 자산에 집중하고 그들을 비난하지 않으면서 책임감을 부여함으로써 책임감과 생산성을 향상시켜라.
⑤ 타인의 능력을 신뢰하고, 그들의 관심사에 초점을 두며, 그들의 발전을 장려하고, 경쟁하는 대신에 협동함으로써 존중감을 향상시켜라.
⑥ 유머 감각과 자신에 대한 균형 잡힌 관점을 갖는 능력을 배양하라.
⑦ 타인을 돕는 기술과 그들을 낙담시키는 생각들을 극복하게 할 수 있는 기술을 향상시켜라.
⑧ 장기적인 목표와 단기적인 목표를 세우는 기술을 향상시켜라.

집단성원들이 이러한 기술을 위해 노력하면, 그들에게 좀 더 동기부여가 되고 더 협동적이 된다. 그들은 자존감이 높아지고 긍정적인 태도를 갖게 된다. 자신의 행동에 대해 전적으로 책임을 지며 변명과 비난은 하지 않는다.

격려집단은 성원들을 지원하고 그들이 훌륭한 인격체라는 것을 인정한다. 그것은 강력한 동기부여를 낳는다. 성원들은 참여, 지지, 격려를 통해 소속될 수 있음을 배운다. 그들이 타인뿐만 아니라 자신에 대한 부정적인 믿음에 대해 인식하게 됨으로써, 집단성원들은 자신들이 긍정적인 믿음들을 선택할 수 있다는 것을 깨닫는다. 그들은 자신의 장래성과 타인의 성과의 중요성에 대해 아는 것을 배운다.

격려 순환의 목표는 구성원이 격려과정을 집단 밖에서 적용할 뿐만 아니라 자신과 타인에게 격려하도록 하는 것이다. 이렇게 함으로써 그 집단은 점차 확장되어 다른 사람들을 강화시키게 된다.

요약

이번 장의 중심 주제는 격려하는 조직 환경을 조성하는 것이다. 격려는 평범함과 훌륭함을 구별해 낼 수 있는 미묘한 개념이다. 현재의 도전적인 경제상황에서 생존하기 위해서는 조직과 리더는 능동적으로 인간관계 훈련 활동들을 활성화시켜야 한다.

요점

❶ 격려심리학은 조직에 대한 격려를 향상시키는 것에 초점을 둔 과정이다.
❷ 참여 리더십은 가장 성공한 조직들의 특징 중 하나다.
❸ 참여 리더십은 팀과 개인의 힘 모두를 최대화한다.
❹ 격려 집단은 격려를 위한 조직적인 노력의 구체적인 예다.

격려기술

❶ 피드백에 대해 모색하는 것은 격려 리더십의 핵심 기술이다. 370쪽에 나열된 열 가지 충고를 이용하여, 당신의 직원들을 위한 질문지를 만들라. 항목마다 1부터 10까지(1=낮음, 10=높음)의 점수를 부여한 후, 향상을 위한 구체적인 서면 피드백/제안을 작성하게 하라. 허심탄회한 응답을 위해 무기명 피드백을 이용하는 것이 좋다.
❷ 결과에 대한 요약본을 나누어 주라. 그다음 개인적인 격려와 브레인스토밍/문제해결 결합활동을 하게 함으로써 격려 순환을 촉진시키는 기술을 예시로서 보여 주어라.

| Leadership by Encouragement |

부록

개관

   격려 리더십을 수행하기 위한 실제적인 도구와 정보가 다음 활동들을 통해 제공된다. 이 자료는 기업, 산업 그리고 다른 조직들에서 격려 프로그램으로 리더십을 개발하는 데 사용되고 있다. 그것들은 리더에게 단순하고 설득력 있는 방식으로 이론, 실제, 기술을 제공한다.

- 격려는 다양한 리더십 도전과제에 적용된다.
- 리더는 그런 철학을 수행하기 위한 격려의 언어를 갖추고 있다.
- 격려하는 리더로서 자기평가 방법이 포함되어 있다.

- 격려하는 경영 접근법을 아홉 가지 본질적 측면에서 설명한다.
- 격려하는 리더는 해결책을 찾는 데 초점을 맞춘다. 과정적 해결을 위한 다섯 단계의 방법이 제시된다.
- 격려 순환은 독특한 팀 구축과정으로서 도전적인 상황에 대한 장점, 자원, 지각적 대안 그리고 능동적-건설적 접근에 초점을 맞춘다.
- 격려집단에 대한 개관은 격려 수업을 통해 리더십을 확립하기 위한 개요를 제공한다. 그것은 격려기술과 함께 사용된다.
- 격려훈련 자료는 격려훈련의 목표와 기술을 설명하고 확인한다.
- 격려기술을 통한 자존감 구축하기는 자존감을 기르고 긍정적 접근을 하기 위해 고안된 일련의 훈련이면서 집단형성의 도구로서 격려를 뒷받침한다.
- 업무평가는 긍정적인 점에 초점을 맞추는 것에 대한 좋은 예가 된다.
- 자기평가와 사정은 직원의 평가에 사용된 형식을 이용한다.
- 자산에 초점 두기는 개인의 장점, 자원 그리고 자산에 초점을 맞춤으로써 격려과정을 개발한다. 이 부분은 리더에게 각 개인의 잠재력을 더 잘 인식하게 해 준다.
- 참여 경영은 조직에서 참여 경영 과정을 평가하는 과정이다.

1. 격려 리더십

기본 철학

1. 사람들은 조직에서 가장 개발되어 있지 않은 자원이다. 격려받은 사람은 자존감을 갖게 되고, 협동적이 되며, 생산성을 높이고자 노력한다.
2. 생산성은 모든 계층에 있는 직원들의 아이디어를 얻고 그것을 사용함으로써 증가된다. 이것은 체계적으로 이루어져야 한다.
3. 효과적인 리더는 직원들이 성장할 수 있고, 기여할 수 있으며, 이윤을 창출할 수 있는 환경을 만드는 촉진자다.
4. 우수성은 분명한 목표, 모든 사람이 전적으로 참여한 개방된 논의를 통해 이루어진 의사결정과 결단력 있는 행동으로부터 나온다. 각 개인은 자신의 행위와 결과에 완전히 책임을 진다.
5. 사람들은 자신의 목표와 소속감에 의해 동기화된다. 당신이 개인적인 목표와 조직의 목표를 연계하고, 수용적이고 친밀한 조직사회를 만들면, 파괴적인 긴장은 감소되고 생산성은 증가한다.

격려심리학

1. 개인은 자신의 목표와 의도에 따라 선택하고, 결정하고, 행동한다. 목표는 모든 행동에 대한 궁극적인 원인이다.
2. 소속감은 개인의 기본적인 욕구이고 조직의 성장을 자극하는 데 필요하다.
3. 사람들은 덜 중요한 위치로부터 인정받고 높이 평가받는 위치로 이동하려고 애쓴다.
4. 행동은 우리의 경험에 부여하는 인식이나 의미의 결과다.
5. 낙담한 사람들은 자기존중감과 협동하려는 마음이 부족하다. 그들은 공헌을 통해서는 성공할 수 없다고 믿기 때문에 수동적이고 파괴적인 방식의 관계에 의존한다. 그들은 자신의 능력에 대해 의심한다. 그들은 외적 통제와 평가, 비현실적인 기준에 초점을 두고 개인적인 이득을 중시하는 특징을 가진다.
6. 격려는 모든 상황에서 긍정적인 잠재력이 드러나게 한다.
7. 격려는 긍정적인 피드백의 힘을 통해서 공로를 인정한다.
8. 격려하는 리더는 타인에게 행사하던 권력을 타인에게 권능을 부여하는 것으로 변화시킨다.

격려리더십 실제

참여 경영에서 모든 참여자들은 과정에 동등하게 참여한다. 격려하는 리더와 동료는 다음과 같다.

부록

1. 상황을 문제로 보기보다는 도전과 기회로 본다. 그들은 긍정적 행동의 본보기가 되고, 서로의 잠재력을 이끌어 내기 위해 협력하며 타인에게 권한을 위임한다.
2. 모든 사람과 상황에 대해 경청하고, 행동을 관찰하며, 의미를 이해할 수 있도록 메시지에 대해 공감적으로 숙고함으로써 긍정성과 잠재력을 확인한다. 그들은 자산, 자원, 노력에 초점을 맞춘다.
3. 개성을 존중하고 유사성을 확인한다. 그들은 독특함에 가치를 두며 조직에서 그것을 이용할 수 있는 방법을 찾는다. 그들은 사람들이 그들의 유사성을 확인하고 그것으로부터 이익을 얻을 수 있도록 돕는다.
4. 일관되게 반응하고 의사소통한다. 그들은 그들이 생각하는 것을 말하고 진심을 담아 말한다. 그들은 긍정적이고 부정적인 관찰을 의사소통하기 위해서 '나-전달법(I-message)'을 사용하며 긍정적 피드백의 힘을 이용한다. 그들은 특정한, 시의적절한 그리고 개인적인 인정을 제공한다.
5. 책임을 부여한다. 그들은 의사결정을 할 수 있는 기회를 제공하고 결과에 대한 책임을 질 수 있도록 한다. 각 개인은 분명한 목표, 역할, 책임을 가지고 있으며 그의 행동과 결과에 온전히 책임을 진다.
6. 긍정적인 업무평가를 제공한다.

체계적인 격려는 우발적이 아니라 리더십 계획의 일부다. 참여 경영은 다음과 같은 것을 포함한다.
- A. 부정적 행동에 개입하기
- B. 규칙적인 브레인스토밍 회기, 공동체적 사고, 공동체적 책임
- C. 개별적 긍정과 구체화

격려기술

1. 의미와 감정을 경청하기, 함께하기
2. 이해를 전달하기 위해 깊이 생각하고 반응하기
3. 다른 사람들이 전달한 메시지와 의미에 대해서 열성적이기, 긍정성을 기대하기
4. 강점, 자산 그리고 자원에 초점을 맞추기
5. 지각적 대안을 개발하거나 대안적 의미를 찾기
6. 올바른 견해를 가지고 자기 자신과 상황을 보기. 유머감각을 갖기
7. 노력과 기여에 초점을 맞추기
8. 낙담시키는 가상적 신념을 확인하고 없애기
9. 다른 사람의 목표를 위한 헌신과 실천을 독려하기, 그 사람의 목표와 조직의 목표를 일치시키도록 돕기
10. 상호 피드백을 독려하기

2. 격려의 과정

격려 과정은 다양한 리더십의 도전과제를 처리하는 데 적용된다.

1. 도전을 제시한다.
    A. 감정과 신념을 경청하기
    B. 이러한 감정에 이해로써 반응하기
    C. 기본적인 염려를 확인하기
2. 실제적인 문제점을 확인한다.
    A. 그것이 기술(예: 능력, 지식, 역량)의 문제인가?
    B. 그것이 동기(예: 통제, 호감, 권력, 앙갚음)의 문제인가?
    C. 그것이 기술과 동기가 결합된 문제인가?
3. 개인과 회사의 자산, 강점, 노력, 가능성 그리고 잠재적 자원의 목록을 작성한다.
4. 행동하기 전에 창조적 브레인스토밍을 통해서 대안적 의미와 선택을 찾는다.
5. 행동계획을 개발한다.
    A. 변화를 위한 헌신을 얻어 낸다.
    B. 개인적 계획과 조직의 목표를 제휴한다.
6. 업무평가의 형식에서 긍정성을 이용하고 있는지 평가한다.
7. 결과들(예: 격려, 칭찬, 징계)을 이행한다.

3. 격려의 특수언어

　사람들의 노력에 대하여 언급할 때 그들의 행위에 대하여 가치판단을 하지 않도록 매우 조심해야 한다. 종종 우리는 칭찬하는 방식으로 긍정적인 코멘트를 하는데, 그것은 그 사람들로 하여금 스스로에 대해 믿음을 갖게 하는 것이라기보다는 우리의 가치와 의견을 표현하는 것이다.

　격려하는 리더는 이러한 순간에 그들의 언어에서 '좋아(good)' '잘했어(great)' '아주 잘했어(excellent)'와 같이 가치가 실려 있는 단어들을 사용하지 않기 위해 노력한다. 그들은 칭찬의 단어들을 격려의 특별한 의미를 표현하는 말로 바꾸어 말한다.

　• 수용을 예시하는 말
　"나는 당신이 그것을 처리하는 방식이 좋아요."
　"나는 당신이 문제를 해결하려고 노력하는 방식이 맘에 들어요."
　"나는 당신이 그것에 만족하는 게 기뻐요."
　"당신은 지금 그것에 만족하지 못하는데, 어떻게 하면 당신은 그것에 만족할 수 있죠?"
　"당신은 그것을 즐기시는군요."
　"기분이 어떠세요?"

부록

- 신뢰를 나타내는 말

"알다시피, 나는 당신이 잘될 거라고 믿어요."

"당신은 그 일을 해내고 말거예요."

"나는 당신의 판단을 믿어요."

"그것이 어려운 일이지만, 나는 당신이 그것을 완수하리라고 믿어요."

"당신은 그것을 잘 해결할 거예요."

- 기여, 자산 그리고 감사에 초점을 맞추는 말

"많은 도움을 줘서 고맙습니다."

"~에 대한 당신의 사려 깊음에 감사합니다."

"일을 쉽게 처리할 수 있도록 해 주어서 진심으로 감사합니다."

"나는 ~에 대한 당신의 도움이 필요합니다."

- 노력과 향상을 구체적으로 인정하는 말

"당신은 그 일을 참으로 열심히 하고 있군요."

"그 일에 많은 시간 심사숙고하는 것처럼 보이네요."

"당신은 계속해서 노력하고 있군요."

"당신이 이루어 낸 진전을 보세요."

"당신은 계속 향상되고 있군요."

"당신은 당신의 목표에 도달하였는지 느낄 수 없겠지만, 얼마나 많이 이루었는지 보세요."

4. 격려하는 리더를 평가하기: 격려하는 경영자로서의 당신

리더는 다음 질문을 통해서 감독자들의 격려하는 행동을 평가하도록 돕기 위해 그들과 만난다.

1. 당신의 부하들을 개발하도록 돕는 것이 당신의 책임이라고 느끼십니까?
2. 모든 사람의 긍정적인 점을 확인할 수 있는 계획을 가지고 있습니까?
3. 당신은 주의 깊게 경청하는 사람입니까?
4. 당신은 공감적으로 직원들의 감정에 반응하십니까? 당신은 그들이 이해받았다고 느낄 수 있도록 그들의 느낌과 생각을 말로 표현할 수 있습니까? 당신은 그들의 메시지를 듣고 당신이 들은 것을 분명하게 표현할 수 있습니까?
5. 당신은 직원들의 생각이 당신의 생각과 다르다고 하더라도 그들의 생각을 존중합니까?
6. 당신은 직원들의 관심을 이해하고 그들에게 이러한 이해를 전달합니까?
7. 당신은 열정을 가지고 직원들을 인정하고 그들에게 반응합니까?
8. 당신은 직원들의 강점과 자원에 초점을 맞춥니까?
9. 당신은 당신에게 제시된 문제해결에 대한 대안들을 찾습니까?
10. 당신은 열정, 노력, 참여를 인정하고 그것에 초점을 맞춥니까?

11. 당신은 대부분의 문제에 긍정적인 태도를 갖고 있으며 모범을 보입니까?
12. 당신은 경영과정에서도 마찬가지로 참여를 격려하십니까?
13. 당신은 정직하고 개방된 피드백을 제공합니까?
14. 당신은 응당 신뢰를 주어야 할 곳에 신뢰를 보냅니까?

5. 리더십 관계 평가하기

모든 사람은 _____이 필요하다

1. 소속감과 사랑, 수용, 타인을 배려하는 마음
   - 당신의 동료는 소속감과 수용을 느낍니까?
2. 그들의 의견에 대한 힘과 존경(이것은 수용과 동일한 것이 아니다.)
   - 당신의 동료들이 당신과 함께 있을 때 그들을 중요하게 느낍니까?
   - 당신은 그들의 기술과 역량을 존중합니까?
   - 당신은 그들을 인정합니까?
3. 흥미, 유머감각, 전망
   - 당신의 동료는 직장을 즐깁니까?
   - 그들은 당신이 유머 감각과 전망을 갖고 있다고 봅니까?
4. 자유
   - 당신 동료들의 의사결정을 허용합니까?
   - 그들은 독립적이며 책임감을 느낍니까?
5. 목적과 목표의 성취
   - 당신의 동료들은 집단의 목표뿐만 아니라 그들의 개인적 목표를 추구합니까?
6. 격려
   - 당신의 동료들은 인정받고, 가치 있으며, 관여되어 있다고 느

낍니까?
- 당신은 그들의 진전에 대해서 그들을 인정합니까?
- 용기와 위험을 감수하려는 당신의 동료들의 행동이 증가하고 있습니까?

7. 자신만의 독특한 방식이 중요하고 인정받는다고 느끼기
   - 당신의 동료들은 작업과정에서 자부심, 성취, 가치를 느낍니까?
   - 당신은 당신의 동료들의 구체적인 욕구를 어떻게 충족시킵니까?
   - 어떤 동료들이 당신의 욕구를 충족시킵니까?

6. 경영에 격려적으로 접근하기

격려하는 리더는,

1. 상황을 문제로 보기보다는 도전과 기회로 본다.
2. 모든 사람과 상황에서 긍정성과 잠재성을 확인한다.
    이것은 공감적으로 경청하고, 행동을 관찰하며, 반응함으로써 이루어진다. 어떠한 자산, 자원 그리고 잠재적 노력에도 초점을 맞춘다.
3. 개성을 존중하고 유사성을 확인한다.
4. 인정한다. 긍정적 피드백의 힘을 특별하고 시의적절하게 사용한다. 개인화하고 개별화한다.
5. 적절하게 반응하고 의사소통한다. 그들이 생각하고 의도하는 것을 말한다.
6. 타인의 책임감을 개발하고 격려한다. 그들의 열정을 자극한다.
7. 긍정적인 업무평가를 제공한다.
8. 과정에 동등하게 참여한다.
9. 다음과 같은 기본적인 문제들에 답한다.
    - 무엇이 격려되고 있는가?
    - 격려가 필요한 사람은 누구인가?

부록

7. 문제해결 처리과정: 경영성과를 증진하는 사이클

간단하지만 효율적인 다음의 방법은 리더십 수행을 향상시킬 수 있다. 문제가 발생할 때마다 경영성과를 증진하는 사이클의 다음 단계를 따르라.

1. 문제점 확인하기: 분명한 사실을 선택하고 증상과 대비되는 문제점이 무엇인지 정확히 결정한다. 직원들의 우선고려사항들과 원하는 것, 통제되는 것 혹은 옳게 행동하는 것과 같이 그들에게 중요한 것이 무엇인지를 확인하는 것은 중요하다.
   컨의 생활양식척도(Kern Lifestyle Scale)는 직원들의 우선사항을 확인하는 데 특히 유익하다. 그것은 몇 분 내에 실시하고 채점할 수 있다.
   ① 통제
   ② 완벽주의
   ③ 타인을 즐겁게 하려는 욕구
   ④ 희생양
   ⑤ 순교자
2. 자산 목록: 상황에 관계없이 긍정성을 찾아라. 상황에 대한 좋은 것, 옳은 것, 긍정적인 모든 것을 보기 시작하라. 이 상황에서 직원은 그들 자신의 자산, 강점을 확인하는 데 도움을 받을 수 있다. 물론 당신은 이러한 자산의 목록을 추가할 수 있다.

3. 목표설정과 목표조정: 이 시점에서 분명하고, 성취 가능하고 현실적이며 직원의 관여를 확보할 수행기준을 확립하는 것이 중요하다. 그때 리더는 직원의 목표가 조직의 목표와 어떻게 조화될 수 있는지를 확인할 필요가 있다.

4. 성과평가: 일단 목표들이 형성되고 계획들이 시작되면 수행과 진보에 대해 체계적이고 효율적으로 관찰하고, 평가하고, 피드백하는 것은 중요하다. 리더는 현재 일어나고 있는 일을 이따금씩 관찰하지 않는다. 그들은 체계적인 진전에 대해 분명한 그림을 가지고 있다.

5. 결과: 다양한 논리적 결과가 직원의 성과로부터 나온다. 리더가 격려를 하거나 진전이 이루어진 모든 것을 인식함에 따라, 직원들은 자주 효과적으로 기능한다.

현저한 성과가 있을 때 직원은 분명히 칭찬을 받을 것이다. 그러나 직원이 실수를 하거나 효과적으로 기능하지 못할 때, 당신은 리더로서 즉각적인 피드백이 될 충고를 그에게 해야 한다. 직원이 효과적으로 기능하는 데 실패했다는 사실을 확인하라. 예상했던 것과 실제적으로 일어났던 것에 대하여 명확히 하라. 간결하고 핵심적으로 반응하라. 그리고 사람에 대해 비평하지 말고 문제에 대해서 비평할 것을 기억하라. '나-전달법'은 매우 유익하다. 즉, "~ 할 때 ~ 하기 때문에 나는 ~하게 느낀다." (예를 들어, 나는 우리가 이것을 달성할 수 있는 방안을 계획했다고 생각했기 때문에 당신이 할당량에 이르지 못할 때 나는 실망감을 느낍니다.)

부록

그 단계는 다음과 같고, 이는 재순환될 수 있다.

A. 문제점을 확인하라.

B. 문제가 기술적인 문제인지 동기화의 문제인지를 분명히 하라.

C. 구체적인 동기화 요소들을 확인하라.

D. 어떤 자산들을 이용할 수 있는지 확인하라.

E. 분명하고, 효과적인 방식으로 성과를 평가하라.

참여 경영은 견고한 일련의 심리적 개념과 방법에 근거하여 형성된 리더십에 대한 인간관계적 접근이다. 갈등을 해결하고 협동과 생산성의 향상을 위한 경영방법은 변화를 실행하기 위한 기초가 된다. 인적자원 부서와 심리학적인 훈련을 받은 조직자문가들은 이러한 프로그램을 실행에 옮길 수 있다.

8. 격려 순환 과정

격려 순환 과정*은 다음 단계를 포함하고 있다.

1. 감정과 신념을 경청하라. 감정과 신념을 확인하면서 공감적이 되라.
2. 실제적인 문제를 확인하라. 그것은 통제, 완벽주의, 희생양, 순교자, 우월성, 위안, 타인을 즐겁게 하기, 힘 추구, 복수, 부적절함 찾기 등이 될 수 있다.
   A. 구체적인 상황을 확인한다.
   B. 일어난 사건을 말한다.
   C. 당신이 어떻게 느꼈는지를 말한다.
3. 도전을 다루기 위해서 개인의 자원, 강점, 가능성 그리고 잠재력의 목록을 작성한다. 그 사람이 효과적으로 기능하고 있는 인생의 한 부분에 존재하는 다른 도전과제를 확인한다(예: 그가 효율적으로 권력을 다루고 있는 곳).
4. 지각적 대안 혹은 상황을 이해할 수 있는 다른 긍정적인 방법을 개발하라.
5. 도전에 대한 적극적-건설적인 접근 그리고 변화를 위한 구체적인 노력을 개발하라.

---

* Dinkmeyer, D. & Losoncy, L., *The Skills of Encouragement: Bringing Out the Best in Yourself and Others*, Delray Beach, FL: St. Lucie Press, 1996.

각 회기가 끝날 때에 집단성원들은 그들이 학습했던 것과 그들의 구체적인 계획 혹은 다음 주 동안에 해야 할 일에 대해 공유하도록 한다. 모든 성원들은 다음 진술문을 완성한다.

"나는 _____을 학습하였다."
"이번 주에 나는 _____을 할 것이다."

이어진 회기에서 성원들이 성공적이라고 느끼지 못했을 때 격려 받으면서 그리고 도전과제에 대해 토론하면서 경험했던 성공에 대해 공유함으로써 시작한다.

격려집단은 지지와 인정을 제공한다. 성원들은 참여하고, 지지하고, 격려함으로써 그들이 소속되어 있다는 것을 학습한다. 그들은 긍정성에 초점을 맞추는 것을 학습한다.

9. 격려집단의 소개

교실분위기와 피드백

• 목표
1. 격려하는 방식으로 경청하기
2. 자신과 타인을 긍정하고 격려하기
3. 강점과 자원에 초점을 맞추기
4. 낙담을 긍정적으로 다루기
5. 의사결정 과정에서 긍정적인 대안을 찾고 그러한 가능성을 찾기 위해서 그 사람의 능력을 향상시키기
6. 더 용기를 가지기
7. 타인의 강점, 자원, 노력에 초점을 맞추기

격려는 사람들의 자기존중감과 자신감을 형성하기 위해서 자원에 초점을 맞추는 과정이다.
격려자는,

1. 외적 통제가 아니라 내적 통제에 초점을 맞춘다.
2. 외적인 평가가 아니라 내적인 평가를 추구한다.
3. 성취를 요구하지 않고 노력과 진전을 인정한다.
4. 타인에 대해 긍정성을 찾고, 수용적이며, 신뢰를 가진다.

• 연습

1. 모든 집단성원들은 그들 자신에 대해서 좋아하는 세 가지를 열거한다.

    각 개인에게 다음 질문에 대한 생각을 묻는다.

    A. 당신은 이 주에 긍정적이고 유익한 일을 하면서 얼마나 많은 시간을 보냈습니까?

    B. 당신은 대개 목표에 도달합니까? 그렇지 않으면 목표에 도달하는 데 거의 진전이 없습니까?

    C. 당신은 명성을 추구합니까? 당신은 어떻게 해서 유명해지려고 합니까? 업무 분야에서 당신의 평판은 어떠합니까?

2. 각 집단성원들은 그들의 인생에서 가장 격려적인 사람들의 다섯 가지 특성을 작성한다. 집단은 격려자의 지배적 특성을 기술하기 위해 이러한 특성들을 종합한다.

3. 각 집단성원들은 그들의 인생에서 가장 낙담시키는 사람들의 다섯 가지 특성을 작성한다. 집단은 낙담시키는 사람의 지배적 특성을 기술하기 위해 이러한 특성들을 종합한다.

당신이 대인관계 스타일로 격려를 선택할지 혹은 위협을 선택할지는 당신에게 달려 있다.

10. 격려훈련

　격려적인 방식으로 기능하도록 조직을 발달시키는 것은 우연히 일어나지 않는다. 그것은 목표, 계획, 모델링, 훈련 그리고 격려하는 행동의 관찰과 인식을 요구한다. 성원들은 그들의 자기존중감을 조직의 가치와 진가에 대한 만족으로 전환시킨다. 그들은 소속감, 협동 그리고 목표의 상호 제휴를 수용한다.

- 목표
- 긍정적인 자기인식
- 긍정적인 자기존중감
- 자기결정
- 자기동기화
- 자신에 대한 긍정적 기대
- 긍정적인 자기 이미지
- 바람직한 목표설정

- 격려훈련: 역량기반 프로그램
  Ⅰ. 의사소통을 통한 관계의 증진
    A. 주의를 기울이기
       1. 시선을 계속 마주친다.
       2. 적극적인 자세를 유지한다.

3. 주제를 유지한다.

　B. 경청하기

　　　1. 감정, 근심, 신념에 초점을 맞춘다.

　　　2. 비판단적 분위기를 만든다.

　C. 반응하기

　　　1. 폐쇄적 반응이 아니라 개방적 반응을 한다.

　　　2. '발사후 재장전' 식의 대화를 피한다.

　　　3. 메시지를 이해했음을 드러낸다.

　D. 공감하기

　　　1. 감정과 신념을 전달한다.

II. 격려기술의 개발

　A. 책임감 향상시키기

　　　1. 노력과 기여에 초점을 맞춘다.

　　　2. 자원과 잠재력을 인식한다.

　　　3. 사람들을 비난하지 않고 책임감을 갖도록 기대한다.

　B. 생산성 증진시키기

　　　1. 당신의 리더십이 생산성을 감소시키는지 조사한다.

　　　2. 당신의 리더십이 생산성을 증가시키는지 조사한다.

　C. 타인들을 존중하는 의사소통을 개발하기

　　　1. 긍정적 기대를 공유한다.

　　　2. 사람들에게 신뢰를 표현한다.

　　　3. 명성에 대한 그들의 요구를 인식한다.

4. 그들의 흥미에 초점을 맞춘다.

D. 협력을 구축하기

    1. 다른 사람과 협력한다.

    2. 경쟁을 피한다.

    3. 상호 존중을 형성한다.

    4. 차이점과 독특함의 가치를 인식한다.

E. 유사성을 확인하기

    1. 상호 결연을 형성한다.

    2. 결연을 증가시킨다.

    3. '우리'라는 감정을 개발한다.

F. 상황 속에서 유머 찾기

G. 그들이 낙담적인 생각을 극복하도록 조력하기

    1. 부정적인 신념을 확인한다.

    2. 부정적인 행동을 다룬다.

H. 단기 목표와 장기 목표를 설정하기

I. 상호 평가의 과정

J. 열정을 향상시키기

K. 지각적 대안을 개발하기

L. 노력과 기여에 초점을 맞추기

M. 강점, 자산, 잠재력을 찾기

N. 헌신과 활동에 대해 격려하기

O. 자기격려하기

11. 격려기술을 통한 자기존중감 형성

개인적 강점과 자원을 확인하기

목표는 당신 자신의 긍정적인 점이 무엇인지 아는 것이다. 당신의 강점을 인식하고 확인하고 나누는 것은 당신의 자신감을 증가시키고 격려자로서 당신의 기술을 발달시키는 데 있어서의 기초가 된다.
이러한 연습은 당신의 개인적 강점을 인식하고, 더욱더 자기를 인정하고 자신감을 경험할 수 있도록 용기를 향상하는 데 도움을 준다.

A. 당신의 강점 혹은 자원 세 가지를 확인한다. 이것들은 당신이 긍정적으로 느끼는 특성이나 능력이다.
B. 파트너와 이러한 자원을 공유하라. 당신의 파트너가 가지고 있는 세 가지의 강점과 자원을 당신과 공유하게 하라. 만약 공유하는 것에 대해서 자의식이 느껴진다면, 그것은 자만하거나 경쟁하는 것이 아니라, 당신의 강점을 인식하고 인정하는 것이란 점을 이해하라.
C. 당신은 현재 당신의 자원을 개인적이나 전문적으로 어떻게 사용하고 있나? 이러한 자원이 당신의 삶 속에서 정기적으로 사용되고 있는 방법을 보여 줘라. 당신의 파트너로 하여금 자신의 자원 이용방법에 대해 나누도록 하라.
D. 당신의 자원 이용을 어떻게 증가시킬 수 있을까?

당신의 자기존중감과 정서적 상태에 대해 더 많은 책임감을 갖기

당신이 자신의 정신적이고 신체적인 자원(당신의 정서적 상태)에 기꺼이 책임을 지려고 할 때, 당신은 자신에 대해서 어떻게 느끼는지(느낌)에 대한 더 큰 책임감을 갖게 된다. 당신의 현재 상태를 지각하기 시작하는 것은 중요하다. 당신은 긍정적이고, 열정적이며 활기가 있는가? 그렇지 않으면 부정적이고, 냉담하고, 낙담해 있는가?

당신의 상태에 대해 책임을 질 수 있는 당신의 능력을 인식하라. 당신이 긍정적이고 열정적으로 느낄 때가 언제인지 생각해 보라. 그 상태에 어떻게 도달했는가? 그것은 당신이 자신에게 말한 어떤 것이었는가 아니면 당신이 들은 어떤 것이었는가?

우리는 우리 삶에 존재하는 상황들에 의해 자극된다. 당신은 스스로를 낙담하는 혹은 격려하는 상태에 놓기 위한 어떤 경험을 사용한다. 그것은 당신이 호흡하고 이완하는 방식과 밀접하게 관련이 있고, 긍정적인 상황을 볼 수 있는 당신의 능력과 당신이 자신에게 하는 말과 밀접하게 관련되어 있다.

당신은 자신의 상태에 책임을 가지고 있는지를 시험할 수 있다. 긍정적인 상태를 확립할 수 있는 한 가지 방법은 자아 확인을 통해서다. 자아 확인은 부정적 자기 대화에서부터 긍정적 자기 대화로 옮겨 간다. 당신은 자신에게 자기확신적인 어떤 진술을 하고 있는지 확인함으로써 알 수 있다(예를 들어, '나는 내 자신을 믿는다.' '나는 책임질 수 있다.' '나는 자신을 좋아한다.' '나는 어떤 상황에서도 긍정성을 볼 수 있다.'). 당신의 신념과 긍정적인 지각에 근거하여 당신이 만들어 낼 수 있는 다른 많은 진술문들이 분명히 존재한다.

당신은 다음의 단계에 근거하여 자아 확인을 한다.

A. 손을 무릎 위에 올려놓은 채 몸을 이완시켜라.
B. 눈을 감고, 깊게 숨을 쉬어라. 자아 확인의 문장을 말하라. 당신은 규칙적으로 자아 확인을 실행하여 당신의 자신감과 자아 상태에 책임을 질 수 있는 능력을 형성한다.
C. 감정을 경청하고 이해할 수 있는 능력을 개발하라. 감정에 공감적으로 반응함으로써, 당신은 결국 다른 사람들이 그들의 감정을 표현할 수 있도록 이끌어 내고 격려한다. 파트너를 선정하고 지금 당신이 가지고 있는 어떤 정서와 감정에 대하여 이야기함으로써 시작한다. 파트너가 당신의 말을 친밀하게 경청하게 하고 "당신은 화나 있고, 혼란스럽고, 행복하고, 짜증 나 있다."고 말함으로써 당신이 들은 감정을 표현하게 한다. 그리고 당신의 파트너가 자신의 이야기를 공유하게 하고, 당신이 들은 것을 간단하게 말한다.

당신이 감정을 이해하고 공감하는 방법을 배운다면, 다른 사람들이 당신과 보다 더 효과적으로 관계할 것임을 인식하라.
D. 당신의 자산과 자원에 초점을 맞춤으로써 능력을 확장하라. 당신의 인식을 확장하기 위해, 어떤 상황 속에 존재하는 모든 가능한 자산에 마음과 지각을 개방하라. 그것은 신체적, 사회적, 정서적, 심리적인 것이 될 수 있다. 이러한 자산에 대한 당신의 지각을 넓히기 위해서, 다음 문제를 고려하라.

- 건강
- 자신감
- 사회성
- 유머감각
- 인내
- 공감
- 전망

당신은 현재 이러한 자산을 어떻게 사용할 수 있는지에 대해 간단히 말해 보라.

E. 한계점 대신 가능성을 지각할 수 있고, 유연하고 창조적이 될 수 있는 능력을 개발하라. 당신은 어떤 상황을 선택하여, 그것을 부정적인 것에서 긍정적인 것으로 바꿀 수 있다. 긍정적인 학습은 모든 경험으로부터 올 수 있다. 부정적인 특성은 다른 관점에서 인식될 때 어떤 긍정적인 잠재력을 갖게 된다(예를 들어, 고집 센 것은 단호한 것이고, 지나치게 요구가 많은 것은 끈기 있는 것이며, 공격적인 것은 정력적인 것이 된다.).

당신이 부정적인 특성을 보게 된 친구들이나 사랑하는 사람들과 어떤 개인적인 상황을 토론하라. 당신의 파트너가 이러한 구체적인 특성의 긍정적인 측면을 확인할 수 있는지를 찾아보라.

노력과 기여에 초점 맞추기

우리는 완전한 노력만을 보상하거나 인정하는 경향이 있다. 그러나 이것은 현재 완전한 노력을 하고 있지 못하는 개인들의 동기화를 제한한다. 우리는 최소한의 노력으로만 진전을 이루고 있는 사람들을 동기화하는 방법을 알 필요가 있다. 우리는 긍정적인 점을 발견하기보다는 결점을 더 쉽게 찾는 경우가 있다. 다음 연습에서 어떠한 상황 속에서 긍정적인 잠재력을 지속적으로 보라.

사람들이 노력을 적게 하는 어떤 상황을 당신의 파트너와 함께 확인하라. 당신은 어떤 긍정적인 행동을 확인할 수 있는가?

당신 자신의 성공에 대해 책임을 가져라. 한 가지 방법은 당신 자신의 규준에 대해 스스로 책임지는 것이다. 당신에게 성공의 감정을 갖게 하고, 규칙적으로 타인과 경쟁하기를 요구하지 않는 기준을 설정할 수 있는 능력을 개발하라.

만약 당신이 운동경기나 훈련을 한다면 어떤 변화나 진전을 이루어 낼지를 인식하라. 예를 들어, 음악, 무용 혹은 어떤 다른 예술 분야에서 만약 당신이 새로운 기술을 배운다면, 어떤 진전의 신호를 인식하라.

12. 업무평가

이름: _____   자기평가 날짜 : _____

1. 현재 직위(직무기술서 그리고 고용주와 감독관의 기대): _____
   _____

2. 어떤 일이 잘 되어 가고 있고 무엇을 성취했나? 자랑스럽게 생각하는 것은 무엇인가? _____
   _____

3. 무엇이 향상될 필요가 있는가?
   _____

4. 감독자 평가
   장점, 자산, 잘 되어 가고 있는 것: _____
   _____

   향상이 필요한 것: _____
   _____

   향상을 위해 합의된 계획: _____
   _____

5. 합의된 성취 가능한 목표: _____
   _____

13. 자기평가와 사정

이름: _____   직위: _____

결혼여부: _____

자녀: _____

- 직업적 목표와 기대

직무만족도(10점 척도, 1 = 낮음, 10 = 높음)

_____ 일   _____ 자기
_____ 우정   _____ 여가
_____ 이성   _____ 부모역할

- 강점들

_____
_____
_____

- 가족형상

_____
_____
_____

평점	최고	최저
지능	_____	_____
성취	_____	_____
책임감	_____	_____
고집	_____	_____
타인을 즐겁게 하려 함	_____	_____
유머감각	_____	_____
누가 당신과 가장 다른가?	_____	_____
누가 당신과 가장 유사한가?	_____	_____

- **초기 회상**

_____

_____

_____

14. 자산 초점화

리더는 약점과 실수에 초점을 맞추기 때문에 종종 제약을 받는다. 그들의 비관적, 부정적 초점화는 부정적 자기 이미지를 형성한다.

당신은 자산에 초점을 맞춤으로써 누구든지 격려할 수 있다. 우리는 우리가 초점을 맞추고 지각할 것이 무엇인지 선택한다.

『동기부여하는 지도자(The Motivating Leader)』에서 로손시(Losoncy)*는 자산 초점화의 개념을 개발하였다. 우리가 사람들을 볼 때, 우리는 광범위한 영역의 잠재적 자산을 인식할 필요가 있다. 로손시는 다음과 같이 간단하게 말하고 있다.

> "자산 초점화는 '무엇이 옳은 것인지' 혹은 '무엇이 다른 사람의 잠재적인 자원인지' 관찰하는 데에 초점을 맞추는 것을 포함한다. 자산 초점화는 어떤 개인을 보다 더 긍정적인 자기이미지로 재이미지화하도록 돕기 위한 접근이다. 자산 초점화는 구성을 통해 형성하는 리더의 방법이다. 리더로서 당신은 당신의 조직에서 어떻게 자산 초점화를 이용할 수 있을까?"

다음 목록은 로손시의 장점 목록이다.

---

* Losoncy, L., *The Motivating Leader*, New York: Prentice-Hall, 1985, pp. 71-73.

쾌히 받아들임	자비로움	단호함	발전함
친해지기 쉬움	명확함	부지런히 애씀	행복함
호의적임	유능함	느긋함	건전함
성취적임	이해력이 있음	정력적임	정직함
행동중심	간단명료함	계몽적임	희망을 줌
융통성이 있음	자신감이 있음	진취적임	유머 감각이 있음
패기가 있음	즐거워함	열정적임	상상력이 풍부함
순종적임	양심적임	윤리적임	공정함
재미있음	협력적임	철저함	유익함
가까이하기 쉬움	거짓이 없음	이기적임	임시변통에 능함
주장이 강함	용감함	숨김이 없음	자주적임
끈기가 있음	독창적임	충실함	필요 불가결함
열심히 일함	신뢰할 수 있음	관용을 보임	개인주의적임
기민함	비판적임	솔직함	근면함
세심함	호기심이 강함	인생을 즐김	재간이 있음
진정성이 있음	결단력 있음	관대함	용기를 줌
마음이 넓음	생각이 깊음	성실함	정직
거리낌이 없음	신중함	베풂	집중
유능함	요구가 지나침	고맙게 여김	창의력이 풍부함
개성이 강함	의지할 만함	사교적임	열중
현명함	동기부여적임	설득력이 있음	자신감이 있음
친절함	협의가 가능함	적극적임	민감함
지식이 풍부함	체계적임	강인함	협동업무에 능함
지도력이 있음	두드러짐	정확함	철저함
학구적임	참여적임	생산지향적임	생각이 깊음
호감적임	온화함	목적지향적임	비실제적임
충성스러움	지각력이 있음	현실적임	주의깊음
자비로움	참을성이 있음	의지할 수 있음	전심전력을 다함
도덕적임	고집이 셈	책임감이 있음	슬기로움
동기부여되어 있음			

부록

15. 참여 경영의 평가

나의 회사에서 참여 경영에 대한 나의 지각

4 = 항상   3 = 자주   2 = 때때로   1 = 거의 없음

_____ 1. 참여 경영 스타일은 회사의 모든 계층에서 주인의식을 격려한다.

_____ 2. 참여 경영은 모든 계층에서 널리 퍼져 있는 신뢰와 존경을 제공한다.

_____ 3. 참여 경영은 제휴되고 상호 수용 가능한 그리고 구체적인 결과를 이끌어 내는 목표를 개발한다.

_____ 4. 조직 목표는 모든 사람들에게 분명하게 설명되고, 이해되고, 수용된다.

_____ 5. 역할, 목표 그리고 책임감이 분명하게 드러난다.

_____ 6. 각 개인들은 자신의 행동에 충분히 책임을 져야 하고, 그것은 긍정적이거나 부정적인 두 가지 측면의 결과를 가질 수 있다.

_____ 7. 일과 훈련은 자기 지시적이지만, 팀의 기대와 공동의 목표와 일치된다.

_____ 8. 비난하기보다는 문제해결을 강조한다.

_____ 9. 브레인스토밍 회기는 창조성, 기여, 참여를 자극한다.

_____ 10. 모든 사람들이 개발과 계획에 관여되어 있다. 사

_____ 람들 간 그리고 부서 간의 경쟁은 거의 없다.

_____ 11. 협동과 팀워크는 성공의 지름길이다. 모든 리더와 모든 경영자는 회사를 개선하는 데 참여한다.

_____ 12. 생각을 개방적으로 표현하고 의사결정에 개방된 참여가 이루어진다.

_____ 13. 제안이 회사의 전 부서에서 나온다. 제안이 기대되고, 환영되고, 평가되고 적절하게 실행된다.

_____ 14. 참여자들은 그들의 의견이 수용되고 실행되어야 한다고 느끼기보다는 그들이 수용된다고 느낀다.

_____ 15. 모든 사람은 조직의 주요한 측면에 대해 교육받는다. 정보는 회사 전체와 각 부서에 정기적으로 공유된다.

_____ 16. 위로, 아래로 그리고 양방향으로의 의사소통이 이루어진다. 의사소통은 상황과 관계를 증진시킬 목적으로 이루어진다.

_____ 17. 리더에 대한 피드백은 도전적일 뿐만 아니라 격려적이다.

_____ 18. 리더는 직원의 참여와 관여를 위협으로 느끼지 않는다. 리더의 결정은 면밀한 조사를 위해 개방되어 있다.

_____ 19. 회사의 모든 계층의 관리자들은 모든 직원들의 성공과 발달에 관심을 갖는 지도자들로 여겨진다.

_____ 20. 변화는 진전으로 나아가는 길에 놓인 삶의 방식

으로 볼 수 있다. 안정성은 변화가 규칙적으로 발생해야 함을 학습하는 것으로부터 나온다.

_____ 21. 문제 영역은 전문적 기술을 적용하고 대안을 발달시킬 수 있는 기회와 가능성으로 볼 수 있다.

_____ 22. 전체 팀에 의해 성취되고 통합 목표에 의해 측정되는 최종목표에 초점을 맞춘다.

_____ 23. 직장 분위기는 용기, 위험감수, 책임감 그리고 자신의 행위 결과를 수용하는 것으로 특징지워진다.

_____ 24. 업무는 격려하는, 긍정적인 분위기에서 협동을 통해 성취된다.

_____ 25. 참여 경영은 다양한 의견, 아이디어, 경험 그리고 창조성이 소속감뿐만 아니라 훌륭한 업무를 위해 참여하도록 하기 위해 사용되는 환경을 육성하고 창조한다.

문항분석을 통해서, 리더는 특별한 문제가 존재하는 영역을 결정할 수 있고 그들의 참여 경영 프로그램에서 강점을 확인할 수 있다.

16. 격려하는 리더를 평가하기 위한 지침

당신이 어떻게 하면 격려하는 리더가 될 수 있는가? 당신은 자신의 잠재력을 인식하고 인정함으로써 시작할 수 있다. 그러면 당신은 타인을 격려할 수 있는 기회를 더 인식하게 될 것이다.

다음 지침은 당신의 현재의 지위와 목표를 사정하기 위한 과정을 확립한다. 각 문항을 읽어 본 후 (1) 당신은 진술문이 당신의 강점이라고 믿는다, (2) 당신은 적절하게 그 장점을 가지고 있다, (3) 당신은 향상될 필요가 있다 중에서 표시하라.

	(1) 강점	(2) 적절함	(3) 향상될 필요
1. 나는 문제보다는 도전과 기회를 확인한다.			
2. 나는 사람들과 많은 상황에서 긍정적인 잠재력을 확인한다.			
3. 나는 해결중심적이다.			
4. 나는 강점에 초점을 맞추고 약점을 관리한다.			
5. 나는 자산의 목록을 작성한다-나는 다른 사람들의 강점을 가지고 그들에 대해 생각한다.			
6. 나는 사람들에게 그들의 장점을 상기시킨다.			
7. 나는 조직과 직원 간의 목표를 형성하고 조정한다.			

부록

	(1) 강점	(2) 적절함	(3) 향상될 필요
8. 나는 긍정적인 업무평가를 통해서 수행을 평가한다.			
9. 나는 선택과 결과에 헌신한다.			
10. 나는 개방적으로 그리고 자주 의사소통한다.			
11. 나는 단면 평가의 역할로부터 벗어나 직원들이 보다 더 자기평가적이 되도록 한다.			
12. 나는 직원들이 내적 기대를 개발하도록 격려하며 그들의 꿈, 희망 그리고 목표를 이루도록 돕는다.			
13. 나는 사람들의 말을 경청하면서 상당한 시간을 보내며, 메시지 전체를 듣는다.			
14. 나는 긍정적('나는 당신에 대한 좋은 점들을 알고 있다'), 낙관적 태도를 가지고 있다.			
15. 나는 직원들이 잘하고 있는 것을 지적하려고 의식적으로 노력한다.			
16. 나는 모든 직원들이 그들의 기여의 타당성들을 인정하도록 돕는다.			
17. 나는 모든 사람들을 상호존중과 존엄성에 따라서 동등하게 대우한다.			
18. 나는 직원들에게서 숨겨진 자산과 자원들을 찾아 그것들을 집중 조명해 준다.			
19. 나는 부정적인 결점을 긍정적인 강점으로 받아들여 재구조화하도록 돕는다.			
20. 나는 과업의 결과만을 인정해 주는 대신에 노력과 향상을 인정해 준다.			

후주

서론

1. Jeremiah, D., *Acts of Love: The Power of Encouragement*, Gresham, OR: Vision House, 1994.
2. Barclay, W., *New Testament Words*, Philadelphia: Westminster Press, 1994, p. 221.
3. Clark, K., Clark, M., & Campbell, K., *Impact of Leadership*, Greensboro, NC: Center for Creative Leadership, p. 2.
4. Champy, J., *Reengineering the Corporation*, New York: Harper & Collins, 1993, p. 93.
5. Champy, J., *Reengineering Management*, New York: Harper & Collins, 1995, p. 95.
6. Champy, J., *Reengineering Management*, New York: Harper & Collins, 1995, p. 4.
7. Wills, G., "What makes a good leader?" *The Atlantic*, *273*(4), April 1994, p. 63.
8. Price, R., "An investment of path-goal leadership theory of marketing." *Journal of Retailing*, September 1991.
9. Capowski, G., "Anatomy of a leader: where are the leaders of tomorrow?" *Management Review*, March 1994.
10. Huey, J., "The new post-heroic leadership." *Fortune*, February 21, 1994, p. 42.
11. Coleman, Daniel, *Emotional Intelligence*, New York: Bantam, 1995.
12. Kiechel, N., "The leader as servant." *Fortune*, May 4, 1992, pp. 121-122.
13. Neuborne, E., "Mr.Sam's secret." *USA Today*, April 6, 1992, p. 18.
14. Heil, G., Parks, T., & Tate, R., *Leadership and the Customer*

Revolution, New York: Van Nostrand Reinhold, 1995.
15. Bach, R., *Illusions*, New York: Dell, 1977.

1장

1. Kern, R., Leadership, group dynamics, and organizational effectiveness workshop presented in Ottawa, Canada, July 25-August 5, 1994.
2. Dinkmeyer, D., & Losoncy, L., *The Encouragement Book: Becoming a Positive Person*, New York: Prentice-Hall, 1980, p. 65.
3. Dreikurs, R., *Social Equality, The Challenge for Today*, Chicago: Henry Regnery, 1971.
4. Jampolsky, G., *Loves Is Letting Go of Fear*, Berkeley, CA: Celestial Arts, 1979.
5. Rogers, C., *Carl Rogers on Personal Power*, New York: Delacorte, 1977.
6. Seligman, M., *Learned Optimism*, New York: Simon & Schuster, 1992.
7. Ellis, A., *Reason and Emotion in Psychotherapy*, New York: Stuart, 1979.
8. Levine, S., & Crom, M., *The Leader in You*, New York: Simon & Schuster, 1993.
9. Covey, S. R., *Principle-Centered Leadership*, New York: Simon and Schuster, 1992.
10. Dinkmeyer, D., & Losoncy, L., *The Skills of Encouragement*, Delray Beach, FL: St.Lucie Press, 1995.
11. Losoncy, L., *The Motivating Team Leader*, New York: Prentice-Hall, 1985.

2장

1. Verespej, M., "When workers get new roles." *Industry Week*, *241*(3), 1992, p. 11.

2. Eckerson, W., "Challenging environment keeps workers motivated." *Network World*, 8(2), 1991, pp. 25–26.
3. Jain, P., "Fanrowscast words." *Information Week*, August 1994.
4. Bhide, A., "How entrepreneurs craft strategies that work." *Harvard Business Review*, April 1994.
5. Meeks, F., & Sullivan, H., "If at first you don't succeed." *Forbes*, November 1992, p. 172.
6. Naisbitt, J., & Aburdence, P., *Megatrends 2000*, New York: Avon Books, 1990.
7. Naisbitt, J., *Megatrends*, New York: Warner, 1982.
8. Davis, Andi, "Entrepreneurs: breaking out of the mold." *Florida Business–Tampa Bay*, February 1990, p. 14.
9. Kao, R., *Iacocca: An Autobiography*, New York: Bantam Books, 1984.
10. Cunningham, J., Barton, K., & Lischeron, J., "Defining entrepreneurship." *Journal of Small Business Management*, January 1991, p. 45.
11. Buskirk, R., *The Entrepreneur's Handbook*, Los Angeles: Robert Bryan, Inc., 1985.
12. Herzberg, F., *Work and the Nature of Man*, Cleveland, OH: World, 1966.
13. McGregor, D., *The Human Side of Enterprise*, New York: McGraw–Hill, 1960.
14. Ouchi, W., *Theory Z: How American Businesses Meet the Japanese Challenge*, Reading, MA: Addison–Wesley, 1981.
15. "Managing the healthy association." *Association Management*, August 1993.
16. Bennis, W., & Nanus, B., *Leaders: The Strategies for Taking Charge*, New York: Harper & Row, 1985.
17. Garfield, C., *Peak Performers: The Heroes of American Business*, New York: William Morrow, 1986.

18. Kogod, S., "Managing diversity in the workplace." *The 1992 Annual: Developing Human Resources*, San Diego, CA: Pfeiffer & Company, 1992, pp. 241-249.
19. Simons, G., Vazquez, C., & Harris, D., *Transcultural Leadership Empowering the Diverse Workplace*, Houston: Gulf Publishing, 1993.
20. "Investing in people." *The Economist*, March 26, 1994, p. 85.
21. Jacobs, N., *Success and Betrayal: The Crisis of Women in Corporate America*, New York: Touchstone/Simon and Schuster, 1987.
22. Nelton, S., "Men, women and leadership." *Nation's Business*, 79(5), 1991, pp. 16-22.
23. Rosener, J., "Ways women lead." *Harvard Business Review*, 68(6), 1991, pp. 119-125.
24. Haddock, C., "Transformational leadership and the employee discipline process." *Hospital and Health Services Administration*, June 1989.
25. Bass, B., "From transactional to transformational leadership." *Management for the 90's*, New York: American Management Association, 1991, pp. 101-113.
26. Ciampa, D., *Total Duality*, Reading, MA: Addison Wesley, 1992, p. 218.

3장

1. Eckstein, D., & Baroth, L., *An Introduction to the Theory and Practice of Life-Style Assessment*, Dubuque, IA: Kendall-Hunt, 1996.
2. O'Connell, W., "Humanistic identification." *Individual Psychology*, 47(1), 1991, pp. 26-27.
3. Kaplan, H., "A guide for explaining social interest to laypersons." *Individual Psychology*, 47(1), 1991, pp. 82-85.
4. Dewey, E., *Basic Applications of Adlerian Psychology*, Coral Springs,

FL: CMTI Press, 1978.
5. Myers, G., & Myers, M., *The Dynamics of Human Communication*, New York: McGraw-Hill, 1973.
6. Potter, C., *Adlerian Practices in Organizations Today*, unpublished manuscript, 1993.
7. Sicher, L., "Education for freedom." *American Journal of Individual Psychology*, 11, 1955, pp. 97-103.

4장

1. Kern, R., *Lifestyle Scale*, Coral Springs, FL: CMTI Press, 1995.
2. Larsen, E., & Goodstein, J., *Who's Driving Your Bus: Codependent Business Behaviors of Workaholics, Perfectionists, Martyrs, Tap Dancers, Caretakers, and People Pleasers*, San Diego, CA: Pfeiffer & Company, 1993.
3. Hersey, P., & Blanchard, K., *Management of Organizational Behavior* (5th ed.), Englewood Cliffs, NJ: Prentice Hall, 1988.
4. Field, L., *Skills Training for Tomorrow's Workforce*, San Diego: Pfeiffer & Company, 1994, pp. 33-41, 139-142.
5. Field, L., *Skills Training for Tomorrow's Workforce*, San Diego: Pfeiffer & Company, 1994, pp. 139-142.
6. Roseman, E., "Situational leadership, flexibility is the key." *Medical Laboratory Observer*, January 1983, p. 62.
7. Champy, J., *Reengineering Management*, New York: Harper Collins, 1995.
8. Pfeiffer, J., Goodstein, L., & Nolan, T., "Applied strategic planning." *The 1985 Annual: Developing Human Resources*, San Diego: Pfeiffer & Company, 1985.
9. Champy, J., *Reengineering Management*, New York: Harper Collins, 1995, pp. 161-162.
10. Davies, K., "Better performance from performance reviews."

National Management Association, March 1990, p. 11.

11. Hubbart, W., "Make performance reviews meaningful." *Supervision*, August 1991, p. 26.
12. Iacocca, L., *Iacocca*, New York: Bantam Books, 1984.
13. Polsky, W., "How to give painless performance reviews." *Food Processing*, September 1993, p. 130.
14. "A twist on performance reviews." *Small Business Reports*, July 1993, p. 27.
15. Pfeiffer, J., "Encouraging managers to deal with marginal employees." *The 1984 Annual: Developing Human Resources*, San Diego: Pfeiffer & Company, 1984.
16. Kindler, H., "Managing conflict and disagreement constructively." *The 1995 Annual, Volume I: Training*, San Diego: Pfeiffer and Company, 1995, pp. 169–174.
17. James, R., "How to fire an employee legally." *Foundry Management and Technology*, March 1993, p. 50.
18. Webster, G., "How to fire an employee." *Association Management*, June 1993, p. 109.
19. Jacobs, D., "How to fire someone without getting sued." *Working Woman*, January 1990, p. 24.
20. Springins, E., "How to fire." *Inc.*, May 1992, p. 67.

5장

1. Levering, R., *A Great Place to Work*, New York: Random House, 1988.
2. Losoncy, L., *The Motivating Leader*, New York: Simon & Schuster, 1992.
3. Simon, S., *Getting Unstuck*, New York: Warner Books, 1988.
4. Cox, A., *Straight Talk for Monday Morning*, New York: John Wiley & Sons, 1990.

5. Levine, S., & Crom, M., *The Leader in You*, New York: Simon & Schuster, 1993, p. 87.
6. Levine, S., & Crom, M., *The Leader in You*, New York: Simon & Schuster, 1993.
7. Plunkett, L., & Fournier, R., *Participative Management: Implementing Empowerment*, New York: John Wiley & Sons, 1991.

6장

1. Cox, A., *The Making of the Achiever*, New York: Dodd, Mead, 1985.
2. Flores, F., *Management & Communication in the Office of the Future*, unpublished monograph, 1982.
3. Flores, F., & Wenograd, L., *Understanding Cognition*, Reading, MA: Addison Wesley, 1987.
4. Simons, G., Vazquez, C., & Harris, P., *Transcultural Leadership: Empowering the Diverse Workforce*, Houston: Gulf Publishing, 1993.
5. Heil, G., Parkes, T., & Tate, R., *Leadership and the Customer Revolution*, New York: Van Nostrand Reinhold, 1995.
6. Bracey, H., Rosenblum, J., Sanford, A., & Trueblood, R., *Managing from the Heart*, New York: Delacorte Press, 1990.
7. Boyett, J., & Conn, H., *Workplace 2000: The Revolution Reshaping American Business*, New York: Dutton, 1991.
8. Semler, R., *Maverick*, New York: Warner, 1993, p. 106.

7장

1. Peters, T., *Thriving on Chaos*, New York: Alfred A. Knopf, 1987.
2. Peters, T., & Waterman, R., *In Search of Excellence: Lessons from America's Best-Run Companies*, New York: Harper & Row, 1982.
3. Waterman, R. H. Jr., *The Renewal Factor*, New York: Bantam Books, 1987.

4. Marsh, W., "The six R's of motivation." *Australian Accountant*, November 1988, pp. 26–29.
5. Kern, R., *Lifestyle Scale*, Coral Springs, FL: CMTI Press, 1990.
6. Wellins, R., "Taking the mystery out of self-directed teams." *Tapping the Network Journal*, Spring/Summer 1991, pp. 19–23.
7. Dinkmeyer, D., & Losoncy, L., *The Encouragement Book: How to Become a Positive Person*, New York: Prentice Hall, 1980.

8장

1. DePree, M., *Leadership Is an Art*, New York: Dell Trade Paperback, 1989.
2. Kelly, R., *The Power of Followership*, New York: Doubleday, 1992.
3. Plunkett, L., & Fournier, R., *Participative Management: Implementing Empowerment*, New York: John Wiley & Sons, 1991.
4. Losoncy, L., *The Motivating Team Leader*, Delray Beach, FL: St. Lucie Press, 1995.
5. Reilly, A., & Jones, J., "Team-building." *The 1974 Handbook for Group Facilitators*, San Diego: University Associates, 1974, pp. 227–237.
6. Champy, J., *Reengineering Management*, New York: Harper Collins, 1995, pp. 134–135.

후기

1. Bracey, H., Rosenblum, J., Sanford, A., & Trueblood, R., *Managing from the Heart*, New York: Delacorte, 1990.
2. Heil, G., & Parker, T., *Leadership and the Customer Revolution*, New York: Van Nostrand Reinhold, 1995.

| Leadership by Encouragement |

후기

> "1980년대 슬로건인 변화와 지속적인 향상(일본말로 카이젠(Kaizen))은
> 이제 더 이상 충분하지 않다. 더이상 비슷하지도 않다.
> 그것에 대한 개혁 그리고 지속적인 개혁만이 이루어질 것이다."
>
> 톰 피터스 Tom Peters

우리는 격려의 철학과 원리를 정의하고 설명함으로써 우리가 시작하였던 곳으로 되돌아가기로 결정하였다. 이 책을 통해서 우리는 격려가 태도이며 일련의 구체적인 기술이라는 점을 강조하였다. 우리는 또 격려의 실제적인 적용에 대한 아들러와 드레이커스의 심리학적 구조를 제공함으로써 이론적 근거가 있음을 제안하였다. 현대 조직의 역할모델들로서 샘 월턴, 잭 웰치 그리고 맥스 디프리를 제시하였다.

> "나는 21세기를 살아가게 될 새로운 조직의 형태들을 창안하는 과정을 우리가 이제 막 시작하였다고 믿는다. 또한 책임 있는 창조자와 발견자가 되기 위해서, 지난 세계를 떨쳐 낼 수 있는, 우리가 소중히 여겼던 대부분

의 것들을 포기할 수 있는, 무엇이 잘 되어 갈지 아닐지에 대한 우리의 판단을 포기할 수 있는 용기가 필요하다. 우리는 새로운 세계를 볼 수 있는 안목을 배워야 한다."

마거릿 휘틀리 Margaret Wheatley

우리는 리더들을 위한 발달 모델로서 경영성과 증진 사이클을 제안하였으며 격려훈련에 대한 논의와 성과평가에 대한 격려하는 접근들을 제시하였다.

각 장에는 요점의 요약, 격려기술의 적용 그리고 리더들이 직무에서 사용할 수 있는 특수한 행동단계들을 제시하였다. 이 책을 통해서 우리는 격려에 대한 우리 자신의 아이디어와 다른 전문직 동료들로부터의 관련된 연구와 통찰을 연결시키려고 하였다.

"존경, 충성심, 보장, 존엄—최신의 경제에 대한 구식의 특성들. 금세기 초 기계들이 들판의 토양에서 우리의 조상들을 자유롭게 해 주었다. 이 세대에서 경이로운 기술이 일관작업대에서의 단조로운 일로부터 우리를 해방시켜 주었으며 우리가 원거리 시장으로 새로운 상품을 빨리 보낼 수 있게 하였다. 새로운 세기가 시작함에 따라, 우리를 앞으로 나아가게 할 것은 사람들이다. 서비스 위에 세워진 경제에서, 우리가 성공하는 정도는 우리 스스로를 그리고 서로서로를 교육하고, 즐기고, 권능을 부여하고, 품위를 부여할 수 있는 우리의 능력에 달려 있다."

『포춘(Fortune)』

우리는 또한 구체적인 사례연구들과 사례들을 제공하여 대부분의 리더들이 채택을 하기는 하나 실제로 실행은 거의 하지 않는 개념에 대해 생기를 불어넣으려고 노력했다. 우리는 당신의 조직에서의 격려의 원칙과 그것의 적용에 대한 당신의 의견을 환영한다.

●●

"미래는 자신들의 꿈들의 아름다움을 믿는 사람들의 몫이다."

엘리너 루스벨트 Eleanor Roosevelt

격려하는 것은 사람들이 그들의 부모, 그들의 문화, 그들의 조직 그리고 물론 그들 자신들의 결점과 부족함에 대해서 너무 자주 정보 공세를 받는 작업환경에서 초점상의 미묘한 변화를 요구한다. 철학자이며 정신적 스승인 마푸(Mafu)는 격려에로의 지각적 이동을 날카롭게 예증하고 있다. "만약 개인의 우선적 초점이 거름에 있다면, 그는 거름을 찾고 있기 때문에 '방해가 되는' 꽃으로부터 결국 방향을 돌리고 말 것이다."

●●

"우리가 직면한 중요한 문제는 우리가 그것들을 창조할 때와 같은
동일한 수준의 사고로는 해결될 수 없다."

알베르트 아인슈타인 Albert Einstein

격려하는 리더는 모든 직원이 가지고 있는 잠재성의 불꽃을 알아

채고, 그래서 그들에게 힘과 잠재성을 반영하는 거울로서 행동할 수 있는 능력을 가지고 있다. 이것은 현저하게 구분되는 위대한 리더십의 특성이다. 그런 리더들은 꿈을 현실로 바꾸도록 돕는다. 가장 위대한 리더들은 삶의 더 많은 것들을 추구하도록 우리에게 영감을 주는 사람들이고, 우리의 꿈을 기억하도록 해 주는 사람들이며, 모든 사물들 속에 내재하는 장점들을 볼 수 있는 능력으로 우리의 마음을 어루만지는 사람들이다.

    ••

"우리가 여러 가지 방식으로 변함없이 사물들을 바라보아야만 한다는 것을 스스로 상기시키기 위해서 나는 나의 책상 위에 서 있다. 너희들이 알고 있듯이 세상은 여기 위에서 보면 매우 다르게 보인다. 너희들이 어떤 것을 알고 있다고 생각하게 될 바로 그때에 너희들은 다른 방식으로 그것을 보아야 한다. 심지어 어리석고 잘못 볼 수 있다고 하더라도, 너희들은 시도해야 한다. 너희들이 책을 읽을 때, 작가가 생각하는 것을 정확하게 고려하지 말고, 너희들이 생각하는 것을 고려해라. 물론 너희들은 시작하기 위해 기다리면 기다릴수록 그것을 발견할 가능성이 줄어들기 때문에 너희들의 목소리를 들으려고 노력해야 한다. 소로(Thoreau)는, '대부분의 사람들은 대단히 필사적으로 삶을 살아간다.'고 말했다. 그것을 포기하지 마라. 시작해라! 나그네 쥐처럼 변두리를 배회하지만 마라. 주위를 봐라. 대담하게 전진하여 새로운 세상을 찾아라."

『죽은 시인의 사회(Dead Poets Society)』에서
키팅 교수 역할의 로빈 윌리엄스[Robin Williams] 대사

『가슴으로 경영하기(Managing from the Heart)』에서 적절하게 기술된 것처럼 격려하는 리더들은 우리의 마음을 어루만진다.[1]

- 저의 이야기를 듣고 이해해 주십시오(Hear and understand me).
- 저의 의견을 받아들이지 않더라도 저의 인격을 나무라지 마십시오(Even if you disagree, don't make me wrong.).
- 제 안에 숨겨진 장점을 인정해 주십시오(Acknowledge the greatness within me).
- 저의 애정 어린 의도를 꼭 기억해 주십시오(Remember to look for my loving intentions).
- 따뜻한 마음으로 저에게 진실을 말해 주십시오(Tell me the truth with compassion).

격려로 이끈다는 것은 『리더십과 고객혁명(Leadership and Consumer Revolution)』에 기술된 영웅적인 변혁적 시각을 갖추는 것이다. 그러한 리더는 다음과 같다.

- 변혁적 변화를 다룬다.
- 가장 높은 가치를 채택하고 역경에 처해서도 이러한 가치들을 수행한다.
- 원하는 변화를 창조할 수 있는 그의 능력을 위협하는 많은 실질적 장애들을 극복한다.

- 불확실성을 효과적으로 다룬다.
- 거의 혼자서 일하지 않는다.
- 가치를 추구한다.
- 극도의 회의론에 직면해서도 지속한다.
- 다르게 생각한다.
- 질서의 다른 의미를 창조한다.
- 내적으로 충전되어 있고 외적인 보수, 위협 혹은 처벌에 비교적 영향을 받지 않는 것 같다.[2]

성공적인 격려는 인지적 결정으로 전환시키는 정서적 경험이다. 격려하는 것은 부정적이고 긍정적인 정서가 있다고 하더라도 그것은 궁극적으로 자기 자신의 삶의 관점에서, 삶에 대한 반응에서, 삶에 대한 접근에서 심오한 차이를 만들어 내는 자기 자신의 지각임을 깨닫는 것이다. 격려는 우리의 잠재력과 우리에게 부과된 한계 사이의 간격을 메우도록 도울 수 있는 실제적인 건축물 중의 하나다.

"만약 당신이 그것을 꿈꿀 수 있다면 당신은 그것을 할 수 있다.
항상 이 모든 것이 한 마리의 쥐로부터 시작되었음을 기억하라."

월트 디즈니 Walt Disney

찾아보기

인명

Aburdence P. 89, 106
Adler, A. 21, 130
Ash, M. K. 117
Autry, J. 22, 102

Bach, R. 30
Barclay, W. 15
Bass, B. 120
Bennis, W. 106
Blanchard, K. 163, 244
Burns, J. M. 119, 123
Buskirk, R. 91, 98

Carnegie, D. 49
Champy, J. 16, 179,
Cooper, J. F. 174
Cousins, N. 42
Covey, S. 49, 108, 145
Cox, A. 105

DePree, M. 25, 28, 98, 108
Dinkmeyer, D. 37
Doolittle, E. 39
Dreikurs, R. 21, 38, 130
Druker, P. 83

Eckstein, D. 134
Edison, T. 134
Ellis, A. 42

Ferguson, M. 277
Field, L. 165
Ford, H. 21
Fournier 259, 335

Goodstein, J. 162
Gretzky, W. 84

Hackman, C. 148
Half, R. 105
Handy, C. 137
Hardy, M. 90
Harris, P. 9, 110
Heil, G. 29
Hersey, P. 163
Herzberg, F. 99

Iacocca, L. 187
Iuppa, N. 241

Jacobs, N. 114
Jampolsky, G. 39

Jeremiah, D. 15
Johnson, S. 244

Keller, H. 49
Kennedy, J. F. 62, 65
Kindler, H. 205
King, M. L. Jr. 66
Krapotkin, P. 137

Larsen, E. 162
Lincoln, A. 134
Lombardi, V. 221

Makahilahila, B. 254
Mayer, L. B. 103
Miller, H. 28
Moldt, E. 84
Moran, R. 109

Naisbitt, J. 86, 89, 100, 106
Nanus, B. 106
Navarro, A. 252
Nelton, S. 116

O'Toole, J. 20

Ohmae, K. 148
Ouchi, W. 99

Pickens, T. B. 158
Potter, C. 145

Riley, P. 136, 317
Robbins, T. 118
Rogers, C. 39
Roosevelt, T. 32
Rosener, J. 116

Sackett, J. 186
Sandburg, C. 122
Schwab, C. 240, 257

Sears, W. Jr. 270
Seligman, M. 41, 43
Shaver, K. 246
Shell, E. 260
Show, G. B. 332
Shusta, A. 117
Simon, S. 232
Simpson, O. J. 19
Smith, R. 62
Swindoll, C. 42

Ulmer, W. F. 16

Vail, P. 338

Waitley, D. 40
Walton, S. 28, 134
Welch, J. 28
Westland, C. 286
Wexler, A. 115
Wheatly, M. J. 119
White, R. Jr. 51
Wilson, W. 135
Witt, R. 40
Wooden, J. 29, 102

Yanagidaira, S. 112

Zenger, J. H. 107
Zigler, Z. 132, 143

내용

3D 204
80/20 법칙 111
BOGSAT 현상 114
HEART 297
Y이론 99, 126
Z이론 99

가치명료화 232
갈매기의 꿈 30
감성지능 20
개별화 43
거래적 리더십 119, 120
격려 순환 348
격려 철학 160
격려/낙담 31
격려심리학 81
격려의 기술 66

격려철학 80
경영성과 증진 사이클 160
경영의 개선 17
과정-목표 이론 18
권위주의적 혹은 변혁적 리더십 16
기술문화 165
기업가 핸드북 91
길잡이 174
끈기 85

낙관적(격려된) 태도 41
낙관주의 51
남성 리더십 116
남성성 추구 149

대담성 85

독립심 85
동기요인 99
동기화시키는 6R 311
동화 109

리더: 주도권을 잡기 위한 전략 107
리더십 119
리더십/경영 중재 모델 160
리더십과 고객혁명 29, 291
리더십은 예술이다 332

매니지먼트 시스템스 사 81
맥그리거의 X이론 126
메가트렌드 2000 115
모토로라 그룹 185
문화적 적응 109

미래의 노동력을 위한 기술 훈련 165

반이나 빈 41
반이나 찬 41
변혁적 리더 119, 120
변혁적 리더십 119, 120
비관적 태도 41
비관적(낙담한) 태도 41
비지니스 위크 115
빨간색 연필 심리 233

사랑은 두려움을 극복하게 한다 39
사적 논리 142
사회적 관심 131
상황적 리더십 모델 168
성공과 배반: 미국 기업에서 여성의 위기 114
성공하는 사람들의 7가지 습관 49
성과평가 24
수직적인 접근 149
수평적 접근 149
수평적 조직 336
신속한 회복력 85

아마에 113
아이아코카 187

안신칸 113
여성 리더십 116
역 20/80의 법칙 136
열등감 150
영속성 43
영속성 요소 43
오우치의 Z이론 126
우월감 150
우월성의 추구 150
워킹 우먼 115
원칙 중심의 지도력 49
위생요인 99
유에스에이 투데이 28
음(陰)과 양(陽)의 개념 122
인간의 힘에 대한 칼 로저스의 견해 39
인적자본 101
1990년대: 여성 리더십의 시대 115

자기민족중심주의 150
자기존중감 276
자기확신 85
자산 초점화 259
자아존중감 276
자유주의 리더십 347
장점 열거 목록 202
조직의 개선 16
주도성(솔선성) 260

집단사고 62

착각 30
참여 경영 313
참여적 문제해결 315
첨단기술-인간적 접촉 89

카네기 인간관계론 49
카이젠 113
컨 생활양식 척도 162
코코로자시 112

타율 31
통합성 141
팀 312

포브스 84, 115
포춘 28, 31, 115
풍부의 철학 51
피그스 만 62

하우스홀드 인터네셔널 117
학습된 낙관주의 41
해고 체크리스트 210
확산성 43
황금률 135

○ 저자 소개

돈 딩크마이어(Don Dinkmeyer) 박사는 플로리다의 코랄 스프링스에 있는 의사소통 및 동기화 훈련 연구소 소장으로, 상담심리 전문가이자 가족치료전문가다. 그는 1986년 미국 상담 및 발달 학회에서 전문적 발달을 이끈 공로로 수상하였으며, 1990년 미국심리학회(APA)에 의해 상담심리학의 출중한 최고의 기여자로 명명되었다. 150편 이상의 전문적인 논문과 30권 이상의 저서를 집필하였고, 캐나다, 멕시코, 남아프리카, 영국, 독일, 스위스, 일본 등 46개 국가에서 자문을 하였으며, 워크숍을 수행하였다.

대니얼 엑스타인(Daniel Eckstein) 박사는 피닉스에 있는 오타와 대학교 심리학과 조교수이자 스콧스데일 다문화 연구소 소장이며, 애리조나 그렌데일에 있는 선더버드 미국 국제경영대학원의 겸임 조교수로, 미국 전문심리학자협의회에서 주는 상담심리학의 자격증을 가지고 있다. 샌디에이고 단기 대학의 선임 컨설턴트로 봉사하였으며, 애틀랜타 자문회사와 하와이 국제 연구소의 컨설턴트로도 활동하였다. 1968년 코치들을 위한 전미 미식축구게임에 참가하였고, 이후에 그린 베이 파커스, 해밀턴(온타리오) 타이거-캣츠, 마이애미 돌핀스에서 전문 미식축구선수로 2년 동안 활약하였다. 40편의 논문과 7권의 저서를 공동으로 집필하였다.

○ 역자 소개

김광운

- 학력
  - 전남대학교 대학원 심리학과 석사(상담)
  - 전남대학교 대학원 교육학과 박사(상담)
- 경력
  - 현) 광주보건대학 사회복지학과 교수
    - 광주보건대학 교수학습지원센터 소장
    - 한국심리극·연극치료학회 부회장
  - 전) 전남대학교 학생생활연구소 카운슬러
    - 광주보건대학 학생생활연구소장
    - 광주보건대학 종합인력개발센터 소장

- 자격
  한국상담학회 수련감독 전문상담사(아동·청소년상담, 제28호)
  한국심리극·연극치료학회 수련감독 심리극 전문가(제3호)
- 저서 및 논문
  저서: 스트레스를 넘어 건강한 생활 가꾸기(학지사, 2003)
  역서: 사회극을 통한 우리들의 만남(학지사, 1999)
       심리극의 세계(학지사, 2005)
       아들러상담의 이론과 실제(학지사, 2005)
       심리극으로의 초대(시그마프레스, 2007)
       경험치료와 심리극을 활용한 집단상담(학지사, 2008) 외 다수
  논문: 심리극의 효과와 실존적-현상학적 의미분석(2000)
       The Effects of Being the Protagonist in Psychodrama(**JGPPS**, 2003)
       심리극 주인공 경험의 공통요인(2008) 외 다수

오명자

- 학력
  숙명여자대학교 정경대학 경영학과 학사
  전남대학교 대학원 교육학과 석사(상담)
  전남대학교 대학원 교육학과 박사(상담)
- 경력
  현) 동원대학 외래교수
      P to P 심리상담연구소 소장
      CONSUS PARTERS 감사
  전) 광주보건대학 외래교수
- 자격
  APT(적극적 부모역할 훈련) 지도자
  MBTI 지도자
  교류분석(TA) 상담전문가
  가족상담 전문가(1급)
- 저·역서 및 논문
  저서: 아들러상담이론과 실제(학지사, 2005)
       명상심리치료입문(학지사, 2006)
  논문: 중년기 여성의 주부생활스트레스와 스트레스 대처방식의 관계에서 사회적 지지의
       조절효과(**한국상담심리학회: 여성**, 2008)

김미례

- 학력
  - 전남대학교 대학원 교육학과 석사(상담)
  - 전남대학교 대학원 교육학과 박사(상담)
- 경력
  - 현) 남부대학교 겸임교수
    - 교류분석 광주북부지회장
  - 전) 광주보건대학 외래교수
    - 전남대학교 외래교수
- 자격
  - APT(적극적 부모역할 훈련) 지도자
  - MBTI · 에니어그램 지도자
  - 교류분석(TA) 상담전문가
  - 가족상담 전문가(1급)
  - 한국상담학회 전문상담사(초월 · 영성 1급 330호)
- 논문
  - Adler의 생활양식이론의 관점에서 본 중년기 여성의 사회적 관심정도 및 활동수준과 주부생활스트레스의 관계(**상담학연구**, 2007)
  - 교류분석(TA)이론에 기초한 초기 청소년의 자아상태 및 스트로크와 학교적응의 관계(**한국심리학회지: 상담 및 심리치료**, 2008)
  - 적극적 부모역할 훈련(Active Parenting Today: APT)이 장애아 어머니의 자기격려와 자기낙담 및 양육스트레스에 미치는 효과(**상담학연구**, 2008)
  - 초기기억에 나타난 생활양식과 시간구조화의 관계(**상담학연구**, 2009) 외 다수

격려 리더십 Leadership by Encouragement

2009년 8월 10일 1판 1쇄 발행
2012년 3월 10일 1판 3쇄 발행

지은이 | Don Dinkmeyer, Ph. D. · Daniel Eckstein, Ph. D.
옮긴이 | 김광운 · 오명자 · 김미례
펴낸이 | 김진환
펴낸곳 | ㈜학지사 · INNER BOOKS 이너북스

121-837 서울시 마포구 서교동 352-29 마인드월드빌딩 5층
대표전화_ 02-330-5114 팩스_ 02-324-2345
등 록 | 2006년 11월 13일 제 313-2006-000238호
홈페이지 | www.innerbooks.co.kr

ISBN 978-89-92654-12-8 03180

가격 13,000 원

- 역자와의 협약으로 인지는 생략합니다.
- 파본은 구입처에서 바꾸어 드립니다.

이 책을 무단 전재 또는 복제 행위 시 저작권법에 따라 처벌을 받게 됩니다.

※ 이너북스는 학지사의 자매회사입니다.